Reihe: Politik–Ökonomie

Band 3: Jürgen Große: Der ferne Westen – Umrisse eines Phantoms

edition fatal

Jürgen Große

Der ferne Westen

Umrisse eines Phantoms

edition fatal

»edition fatal« Verlagsgesellschaft bR, München
Gesellschafter: Mario R. M. Beilhack, Anil K. Jain
www.edition-fatal.de, kontakt@edition-fatal.de

Reihe: Politik–Ökonomie, Band 3
Herausgeber: Anil K. Jain

Jürgen Große: Der ferne Westen – Umrisse eines Phantoms

Originalausgabe, München 2016

Titelbild: Hafen von Caesarea (Foto: Andreas Weigelt)

Der Autor dankt der Touristik Union International für die Gewährung eines kostenfreien Kreta-Aufenthaltes, der zur raschen Ausarbeitung des vorliegenden Buches beitrug.

Bibliografische Information der Deutschen Nationalbibliothek:

Die Deutsche Nationalbibliothek verzeichnet diese Publikation in der Deutschen Nationalbibliografie. Detaillierte bibliografische Daten sind im Internet über die Seite http://dnb.d-nb.de abrufbar.

ISBN 978-3-935147-36-1

Herstellung: Books on Demand GmbH

Inhaltsverzeichnis

Inhaltsverzeichnis

I. Der ewige Okzident

»Das übergroße weiße, enthauptete Phantom treibt schon fern und immer ferner ...«

Herman Melville: Moby Dick oder Der Wal

Eifriger als nach dem Geheimnis der Unsterblichkeit hat der Okzident nach einer Formel für sein Nachleben geforscht. Ein Verzicht auf die bemessene Ausbeute der Gegenwart zugunsten unermeßlichen Gewinns in der Zukunft, begrenzte Einschnitte zugunsten einer vielleicht minderwüchsigen, dafür jedoch grenzenlosen Wucherung – welchem Okzidentalen wären diese Daseinstechniken nicht vertraut? Sofern das Abendland noch bürgerlich ist und erst recht, solange es christlich war, schien ihm das Leben, ob begriffen als beglückende Gabe, ob befolgt als verpflichtendes Gebot, ein verlockendes Geschäft mit seinem Epigonen. Epigonal, ja postum ist ein Dasein, das weit mehr als bloß vitale Wirklichkeit verspricht, nämlich moralische Wahrheit und materielle Wohlfahrt. Nicht, daß letztere sich als Sinn des westlichen Lebens stets so aufdringlich angeboten hätte wie an seinem Ende! Immerhin war unter allen Parolen, mit denen der Okzident das menschliche Dasein umwand, auch jene der nutzlosen Passion, einer edel-erhabenen Verschwendung. Doch selbst wo der Okzident nur verständige Ökonomie, nur nüchterne Aktivität zu sein glaubte, ging es großartig spekulativ und nicht weniger abenteuerlich zu. Sich selbst aufs Spiel setzen, um die Welt zu gewinnen, das Leben riskieren, um es in einem Nachleben zu verewigen – typisch für das okzidentale Wagen und Rechnen schien immer dieser Tausch des Umgrenzten fürs Unbegrenzbare gewesen zu sein, was dem abendländischen Leben allerdings auch die Opfer oder Kniffe willkürlicher Selbstbegrenzung abforderte. Im Archetypus seiner griechischen Vorgeschichte, auf die sich der Okzident in besinnlichen Stunden gern beruft, trug das Maß seinen Wert in sich. Im Christen und im Bürger hingegen schielt die Mäßigung nach dem Unermeßlichen. Ob ewige Seligkeit, ob grenzenloser Zinseszins aus begrenzter Investition – die späten Typen des Okzidentalen huldigen mit all ihren Selbstverkleinerungen mehr oder minder offen der Vermessenheit. Ihre Hoffnung und zugleich ihr schlechtes Gewissen ist es, daß ein begrenzter Urfrevel grenzenlosen – geistigen wie materiellen – Gewinn abwerfe, ohne moralisch weiter fühlbar zu sein. Die berühmte ›Doppelmoral‹ des bürgerlich-christlichen

Weltalters ist somit auch Versuch einer Doppelexistenz in der stets umgrenzten Sphäre individuellen Lebens *und* der grenzenlosen Daseinstüchtigkeit überindividueller Systeme – mögen diese Gott, Geist, Gesellschaft, Technik, Wissenschaft, Wirtschaft, Wachstum oder anders getauft sein. Ihnen allen scheint gemeinsam, daß sie des individuellen Lebens nicht mehr bedürfen, um zu sein, was sie sind, so daß dieses seinerseits, für eine begrenzte Spende, an ihren unbegrenzten Reichtümern teilhaben könne. Existenzübersteigende *essentia!* Derlei von den Wechselfällen des Daseins abgekoppelte Wesenslogik verheißt auch dem sterblichen Leben ein Nachleben, das es bereits in seiner bemessenen Zeit antreten könne: Es muß hierfür nur die Sprache einer entleibten Existenz sprechen. Sicherlich ist der Okzidentale, der sich in den formalen Systemen des Rechts, der Moral, des Wissens, auch der Progressivität und Prosperität bewegt, dadurch nicht leib- und leblos geworden: Über seine ›natürliche‹ (kulturell ererbte wie individuell gewachsene) Leiblichkeit verfügt er ja dank den Entleibungssystemen und -techniken; erst sie gaben ihm die Sprache, worin er seine begrenzten Wünsche und Interessen im Idiom der Zeitlosigkeit (lange war's ihm: Ewigkeit) hersagen kann. Dies hat ihm etliche Verkleinerungen dessen abverlangt, was er, solange noch nicht getauft oder verbürgerlicht, wohl einmal war. Anders jedoch als jeglicher Orient lehrt der Okzident den Menschen nicht die Verkleinerung seiner selbst zwecks einer fremden Verkleinerung oder einer eigenen Vergrößerung gleichen Werts, als Struktur und Geschehen *zwischen Individuen*, sondern als Geschäft zwischen dem individuellen Leben und einem *überindividuellen* Sein. Hierfür muß der souverän zum formalen Rechts- und natürlichen Bedürfniswesen (wie zuvor zum Gottesknecht und dadurch Herrn aller Welt) formatierte Mensch aber auch dauerhaft bleiben, wozu er sich machte; seine Selbstfixierung (›Selbstbestimmung‹) ist der erste Schritt ins unsterbliche Leben. Nichts mehr kann den Menschen beugen, der sich unter eine Idee von sich selbst gebeugt hat, nichts kann die Freien und Gleichen des Westens überwinden denn ein anderer, größerer, weltweit gewordener Westen. Was dem Okzidentalen individuell das Absterben zugunsten eines unsterblichen, wenngleich ein wenig untot anmutenden Lebens, das ist dem Okzident insgesamt das von ihm ins Werk gesetzte Fortleben in seinen Schöpfungen, die, da gebaut aus seinen abstraktesten Ideologien und leibfernsten Technologien, oft weniger verwundbar, zumindest lebenstüchtiger, gewiß aber weltmächtiger wirken als er selbst. Die Geschichte des Okzidents war immer wieder diese Überwältigung des Schöpfers durch seine Geschöpfe, des Mutterlands durch seine Kolonien. Die Kreaturen des Okzidents hatten oft in wenigen Jahren jene klonhafte Perfektion erlangt, die bei ihm daheim selbst in einer Jahrtausendgeschichte von Selbsterniedrigungen bzw. Selbstbestimmungen zum *ens perfectum* kaum erreichbar schien. Die abendländische Ambition, ausgeheckt in einem kalten, nordwestlich-trüben Winkel Europas, war Unabhängigkeit von den Wechselfällen des Klimas und der Geschichte, von Licht-Dunkel, Wärme-Kälte, war eine naturfreie, ›ungeschichtliche‹ Geschichte, eine zur Zeit bzw. Dauer formatierte Ewigkeit. Doch was dauern soll, muß einst begonnen haben, fordert die Vorleistung an Zeit und Leben. Das grenzenlose Nachleben dank einem befristeten Vorleben aus Verkleinerung und Versagung, diese Zweideutigkeit im Zeitlichen, wird dem zur Welt geweiteten Westen zuletzt ein Raumschicksal: Von aller Welt fühlt sich der Kontinent bedrängt und bedroht, der alle Welt für sein Aus- und Nachleben in Wohlstand und Wachstum in Bewegung setzte oder in Bewirtschaftung nahm. Der Westen, zuletzt nur noch der Name für den Kontinent des Sach- und Selbstbesitzes, kommt so vielleicht auf die einzige Weise zum Bewußtsein seiner selbst, die Besitzernaturen vergönnt ist, in der Angst vorm Verlust. Verloren geht sein Vertrauen darauf, daß man autochthon begrenzte Form, zugleich aber unendlich zu nähren sei durch den Stoff der Welt. Der drohende Zerfall des Westens in einer zunächst durch ihn verwestlichten, später sich selbst verwestlichenden Welt läßt ihm zwei mögliche Restexistenzen. Die eine ist der Wiedergewinn von Gestaltsicherheit durch angstvoll-abwehrende Verkrampfung, eine Selbstschrumpfung zur umzäunten Zone, ideologisch ausgeschmückt als Kerneuropa oder originaler Westen. Die andere wäre ein kräftiges Weiterschreiten in der Entleiblichung, wie sie seine formalen Systeme schon von sich aus abfordern, der Verzicht auf Gehalt und Gestalt zugunsten einer grenzenlosen, das Individuum freilich auch leibseelisch verschleißenden Bewegung von Reflexion, von Selbstproblematisierung im intellektuell-virtuosen Sinne. Über- statt unterbelichteter Verzweiflung, scharfer Blick statt glotzender Starre; unerwartete Rehabilitation des Intellektuellen!

Der rehabilitierte Intellektuelle, um nun auch von uns selbst zu sprechen, wäre der vollendete Abendländer, einer nämlich, dem das Bewußtsein eigener Westlichkeit ein naives Dasein als Westler verwehrt. Vor allem ist ihm der westliche Glaube versagt, man könne sich des Geistes bedienen, ohne die Seele dranzugeben – Hoffnungsinbrunst und Erfolgsformel der westlichen Intellektualität! Benutzen zu können, ohne bezahlen zu müssen: in diesem unschuldig-bigotten Credo wirkt der westliche Durchschnittsintellektuelle noch naiver als der westliche Durchschnittsbürger und -christ, die immerhin mit dem Bezahlmodus der *Spekulation* – Investition und Gewinnüberfluß, Opfertag und Gnadenewigkeit – vertraut sind. Der westliche Geist und somit auch seine Arbeiter, die Intellektuellen, sind in sonnigen Zeiten lediglich die folgsamen Schatten des westlichen Daseins, das Weltheimsuchung um des Heimweltvorteils willen fordert. Die neuzeitliche Verweltlichung des Geistes als reines Mittel zu jeglichem Zweck hat die Simplizität westlichen Daseins wie die Naivität westlichen Bewußtseins ermöglicht. Als Fernwaffe eines immer kleineren, immer eifersüchtiger sein Territorium bewachenden Seelentyps ist dem Geist und damit auch dem Geistestäter des Westens eine Selbsterkenntnis, -differenzierung, -kritik, gar -ironie, schwergemacht, gerade weil er als bloßer Handlanger ungemein erfolgreich war. So ließ sich diesem Geist nur noch die Ersatzreligion der formalen Bewährung – Pflichtethos einer Wissenschaft um der Wissenschaft, Kunst um der Kunst, Philosophie um der Philosophie, Bereicherung um der Bereicherung willen und dergleichen – unterschieben. Das erfolgreich verwendete Mittel hat sich noch immer als Selbstzweck empfohlen. Deshalb konnte aber auch eine vermeintlich allein durch den Intellekt und seine Macht geprägte Zivilisation die naivsten Bürger züchten. Geistig wie geistlich selten gefordert, wird deren seelischer Kümmerwuchs oft eindrucksvoll durch eine überquellende Leiblichkeit illustriert. Der Durchschnittswestler haßt oder fürchtet oft in ›den Intellektuellen‹, diesen fiebrig-asketischen Geschöpfen, eine ihm unheimliche Kulturerinnerung, mehr noch eine ihm unbekannte Lebensform; er wittert da eine allzu persönlich, allzu gefährlich geratene Freiheit des Geistes. Lieber sähe der westliche Bürger-Christ den Geist in Kirchen- und Gesetzbüchern verwahrt. Das paradoxe Verhältnis des Okzidents zu seiner eigenen Intellektualität zeigt sich grell in Krisenzeiten, wenn die künstliche Synthese von Kleinweltbehaglichkeit und Weltverwertungseifer brüchig und der Geist vom Angriffs- zum Abwehrinstrument wird: Sobald die Simplizität des westlichen Lebens bedroht scheint, versimpelt sich das westliche Denken seinerseits; der Bruch im westlichen Dasein – seit je fragiles Gleichgewicht zweier Fraktionen – erklärt die zweifach-einfältige Verhärtung des Bewußtseins. Die bürgerlich-westliche Synthese zerfällt in den Konservatismus der Kleinwelt und den zum Universalheilmittel ausgerufenen Progressivismus, in reaktionären Trotz und positivistische Forschheit, in Regression auf ausgewählte Vergangenheit und Aggression im unendlich Beliebigen. Der geistig-seelische Simplizismus heutiger ›Konservativer‹ und ›Liberaler‹ ist deshalb so außerordentlich, weil sie sich je ins Extrem einer kulturellen Seinshüterschaft oder einer wissenschaftlich-technisch-ökonomischen Sinnproduktion fallen lassen können, im Vertrauen darauf, daß die je andere Fraktion fürs Fehlende schon sorgen werde. Doch wissen beide Fraktionen sich als Bewohner desselben Großmilieus, desselben Raumschiffs jenseits irdischer Verantwortlichkeiten und vitaler Risiken: Sogenannte Kulturkonservative wollen auf die Segnungen der verwissenschaftlicht-technisierten Zivilisation ebensowenig verzichten, wie sogenannte Freidenker sich jemals von irgend etwas frei, d. h. aus einer Bindung ins schwindelerregende Offene denken mußten; sie imitieren lediglich den für die Weltverwertung freigewordenen Furor einer geistlosen Wissenschaft und Technik. Der rehabilitierte, genauer: sich beständig rehabilitierende Intellektuelle ist weniger komfortabel dran in seinem Leben, weil konsequenter im Denken. Er weiß sich als Teil desselben weltgewordenen Westens, dessen Prinzip er aber persönlich nimmt und so in seiner anonymen Totalität erfassen kann. Der redliche Intellektuelle schämt sich, wie jeder Geistige, seines plumpfaktischen Daseins, hier: seines Daseins als Westler; der Ort seiner Geburt ist ihm die Wunde, aus der sein Intellekt leuchtet und verlischt. Er *repräsentiert* Westlichkeit durch kontinuierliche Selbstdistanzierung im Geiste – ein Durchdenken bzw. denkendes Durchgliedern eigenen Daseins – und *relativiert* sie dadurch. Aus der so gewonnenen Souveränität schlägt er selbst kein Kapital. Es ist die existentiell gewordene Ironie jenes Frommen, der die Gebote eines ihm aufgehalsten unbekannten Gottes wörtlich nahm und daher mehr von diesem zu sehen und zu spüren bekommt als dessen locker dahinlebendes, lose dahindenkendes Kirchenvolk. Geistigkeit wie Geistlichkeit entfaltet er durch Buchstabentreue: Die Götzen des Okzidents, die reine Kunst, Wissenschaft, Religion, Philosophie usw., all diese Imperative formalisierter und dadurch grenzenlos anwendbarer Systeme münzte er aufs eigene Leben: sein begrenztes Kapital an Leib und Seele und Gesundheit geht dabei drauf. Als lebender Leichnam zehrt er nicht mehr, wie sein Kontinent, von fremden Kulturen, sondern an sich selbst. Konservative Revolutionen sind ihm ebensosehr Blendwerk wie der Supraindustrialismus jener Fortschrittlichen, die bloß das Genre, nicht die Richtung der Verwertungswut wechseln wollen. Der anständige Intellektuelle bleibt *bei sich*, unaufhörlich. Er entfaltet das innere Telos des Westens (Vergeistigung, Seinsauszehrung im Begriff), indem er das Verwestlichungsprinzip von der Welt auf die Seele zurückbiegt: Widerlegung durch konsequente Verwirklichung, ein restloser Aufbrauch zugeteilten Lebenskapitals. Die Exzesse des Geistes, der als solcher ja Distanzierung, Aneignung, Zerlegung, Verwertung von Nicht-Geistigem ist, hat der ehrliche Intellektuelle – kein Weltverbesserer, doch ein Weltverschoner – auf das eigene Dasein beschränkt. Indem er es dem gefräßigen Gast seiner Seele opfert, sorgt er zugleich für dessen Verschwinden. Er macht die Welt ein wenig freier und größer durch diesen zum Menschen gewordenen, als Mensch gestorbenen Geist. Der Niedergang des aufrichtigen Intellektuellen am menschgewordenen Geiste ist dennoch keineswegs einheitlich, gar einförmig. Als Häretiker der christkapitalistischen Mehrheitskirche darf er sowohl das individuelle Verrecken als auch den kollektiven Groll der braven Bürger gewärtigen – und den Groll ihrer Spezialisten fürs rechte Leben, Denken, Glauben, all dieser fahlen, von frommer Empörung geröteten Seelen. Der seelische Selbstverschleiß einer Minorität von Geistestätern verdeckt womöglich eine Seelenstarre im Großenganzen.

Ankläger und Verteidiger des zum ›Westen‹ geblähten bzw. geschrumpften Abendlandes sind sich einig darin, daß es diesem an Realität – an Substanz, Leben, ›Blut‹ – mangele, sei's aufgrund seiner prinzipiellen Verschleuderungssucht, sei's aufgrund eines historischen Verarmungsschicksals. Die nichtwestlichen Völker sind schon längst zu diesem Schluß gekommen: Bleichgesichter, Revenants, Leblose nennen sie die Okzidentalen, Leute, nach deren vornehmer Blässe man strebt oder vor deren vampirischer Blutgier man flieht. Was das Gespenstische des Daseins im Westen selbst angeht, so wird es dort durchaus eingeräumt, mit dem Hinweis jedoch, daß die Gespenster Europas bereits zu Lebzeiten ihrer Vorgänger und Vorbilder umzugehen begannen. Haben den Westen nicht meistens die Nachahmer seiner Nachahmungen erschreckt, jene kräftig gegen ihn vordringenden oder heftig durch ihn verwundeten Barbaren, die seine Ideen und Techniken der Lebensimitation übernahmen, ohne sie als ihre ›Werte‹ annehmen zu wollen? Zu schweigen von seinen gleichfalls ›barbarisch‹ wirkenden intellektuellen Extremisten; linken und rechten Konsequenzmachern aus den nachtumgrenzten Träumen des Okzidents selbst – der sich so gern christlich, bürgerlich, mittelschichtiggemütvoll hätte! Der Extremismus Europas, die Verwestlichung der Welt mag derartige Rückwirkungen in einer dialektischen Nemesis zu verantworten haben, die ideologischen Verwestlicher des Planeten mögen das als externen Einbruch oder zuinnerst vorbereitetes Endgericht deuten. Dennoch bedeutete Verwestlichung für den Westen selbst nichts weniger als seinen frevlerischen Ausfallschritt in die Welt, dem etwa mit Besinnung und Bescheidung aufs ›Alte Europa‹ vorzubeugen gewesen wäre. Worin das ›Alte Europa‹ und der kapitalistische Westen übereinstimmen, das ist ja eben dieser Glaube an ein Sekundärdasein zu Lebzeiten bzw. der Drang danach. Dem zeitlosen Sein pfropfte der Okzident die Zeit auf, der Zeit die Geschichte, der

Geschichte den Fortschritt, dem Fortschritt ein Behagen ohne Rücksicht – Formen einer schier endlosen Kolonisierung von Welt und Leben, die gerade nicht die begrenzten Kräfte des Mutterlandes schwächen sollten. Erst die vom sekundärkreativen, verwertungstüchtigen Eifer angesteckten Völker machen den Daheimgebliebenen im Westen klar, daß es *ihr* Leben war, das sie so verschwenderisch in Welt und Zeit entließen. Nicht grundlos erfaßt die – ob heimgesuchten, ob eingewanderten – Fremden eine Mischung aus Mitleid und Verachtung vor solchem Verschwendertum, mehr noch ein Staunen. Es reicht bis zum Zweifel daran, daß die zu Schatten ihres verschwendeten Lebens Entleerten ihr aktuelles Gespensterdasein noch nicht bemerkt haben sollen. Die staunenden Fremdlinge können und wollen nicht glauben, wie man als bloße Erinnerung, als Form und Umriß entschwundener Substanz existieren könne. Sie sehen ›das Eigene‹ des Westens schlecht verteidigt und verachten es bald – falls sie es nicht noch, ob seiner Mischung aus Ignoranz und Arroganz gegenüber einem vermeintlich primären, ›substantiellen‹, aber nicht mehr oder noch nicht formstabilen Dasein hassen. Hasser und Verächter des Westens spüren, wenn sie sich als machtvoll andrängende oder würdig widerstehende Substanz gerieren, nichts mehr von dem giftigen Stachel des Okzidents, weil sie diesen ganz in sich aufgenommen haben. Der weltweit ausgelagerte Westen, die verschobene Substanz – es ist der Glaube des Abendlands gewesen, daß man sich im Zeichen eines Wissens, Glaubens, Kreuzes ›gehen‹ lassen könne, daß am Leben ein unerlösbarer Teil sei, der nur entweder auszutilgen oder hinzunehmen wäre. Selbst die ›der Welt absterben‹ wollten, hatten gerade dadurch ihr Leben dort gelassen. Das Entquollene, Verwahrloste des abendländischen Lebens bildet ein, ja *das* Formalcharakteristikum seiner globalen Verbreitungstauglichkeit. Das Monströse, dadurch aber bald nicht mehr Schauwertige der abendländischen Physis ist sogar etwas, das in der verwestlichten Welt zuerst nachgeahmt wird. Die fremden Völker behalten zwar eine Weile ihren abschätzig-abgeschreckten Blick für die Phantome und Phantasmen der westlichen Lebens*form*, soweit diese aus puren Ideen und Techniken gefertigt scheint. Sie verlieren jedoch rasch den Blick für die formlosen, ins Vage verfallenden Körper, denen sie nun nach Kräften zu gleichen versuchen. Schönheit ist lokal, Häßlichkeit global. So substanzleer die Formensprache des Okzidents, so formlos die weltweit verwestlichte Lebenssubstanz. Es sind möchtegern-›reaktionäre‹ Fabeleien, wenn behauptet wird, das ›Alte Europa‹ bzw. ›das christliche Abendland‹ hätten eine Form-Substanz-Einheit besessen, die nur modern leider in ihre Extreme zerfallen sei und durch kraftvoll gläubigen, gar diktatorisch nachhelfenden Zugriff wiederherzustellen wäre. Genuin westlich ist vielmehr die Suspension des Lebens für eine Form ›reineren‹, ›höheren‹, ›besseren Lebens‹, der Substanzverlust mit Spekulation auf Substanzgewinn. Auch und gerade, wenn das Abendland glaubt, rechnet es.

Gewiß ist es nicht nur Prahlerei, wenn die Verwestlichten dieser Welt bekennen, im Westen – ob als Erdteil, ob als Epoche – nichts oder wenig Neues mehr gelernt zu haben. Das Verlernen, vielleicht auch Vergessen einer bewertbar und dadurch wertlos gewordenen Daseinsform ist ihre erste, einzige Lektion. Zur Westlichkeit kann niemand erzogen, auf ihren Namen aber jeder getauft werden. Der *Glaube* an den Westen fordert allerdings, daß man diesen für eine bewohnbare Provinz, nicht bloß für ein allwaltendes Prinzip halte. Die Provinz des Westens erschauen die wenigsten in diesem Leben, ersterbend oftmals; gerade der Glaube an das Unsichtbare hat sie hoffen und sterben lassen. Das Prinzip der Verwestlichung hingegen ist eine jedem Lebenden sichtbare Religion und Kirche. Dieses Prinzip ist allmächtig, weil es jenseits von wahr und falsch, gut und schlecht, tot und lebendig ist; seine Verbreitung bedeutet Vernichtung aller lokal geltenden Prinzipien. Manchmal behalten die Verwestlichten jedoch die Erinnerung an letztere und gewinnen damit den doppelten Blick, für das Provinzielle und das Prinzipielle des Westens. Man rühmt, schmäht oder registriert dies als ihre Flexibilität, ihren ideologiefreien Pragmatismus; man fürchtet dies auch, als ihren Unernst. Tatsächlich bezweifeln sie nicht den ›Ernst‹ eines Lebens nach Prinzipien (Parteiprogrammen, Gefühlsseminaren, Ratgeberseiten, Sonntagsbeilagen usw.), kurz: nach Maßen der Hersagbarkeit, doch ist es ihnen kulturell gesetzter, nicht persönlich erlernter oder ererbter Ernst. Die Westlichkeit, der Prinzipienglaube und -eifer, wird für sie ewig das Air eines Spiels, vielleicht sogar einer Posse behalten. Ihr doppelter Blick fürs Provinzielle und Prinzipielle des Westens, dem eingeborenen Westler so unbegreiflich wie unabstreitbar, muß diesen verstören. Gerade seine Gewitztheit von Geburt, die Beurteilungsflinkheit und Verwertungsschläue von klein auf, verleiht dem Westler etwas Unbewegliches, eine Schwere des Begreifens. Sein Witz ist unbedingter, um Dinge und Menschen unbekümmerter Reflex, schnell und stumpf. Der westlichen, kalten Synthese von Starre und Geschäftigkeit (lebloses Auge, rührige Hand) fehlt ganz offensichtlich eine Dimension des Daseins. Das Größere des Lebens ist dem Okzidentalen nicht ein zugleich drückendes und päppelndes Gegenüber, eine Gegenmacht, sondern ein reduziertes All, welt- und gott- und menschenleer, worin er sich bedenkenlos aus- bzw.

einliefert als in eine allerreinste Stube. Die Systeme der Industrialität, des Urteils und des Komforts lassen kein Zipfelchen des Daseins für ein Bewußtsein davon; zur Geschäftigkeit des Tuns gesellt sich die Trägheit des Gedankens, mehr noch des Gefühls. Die Gedanken- und Gefühllosigkeit einer westlich systematisierten Seele läßt als einzigen Weg zur Welt nur deren Eroberung, Belehrung, Verarbeitung übrig, die Taufe mit allen Wassern der Verwertungsgewitztheit. Gehalten gegen ein reicheres, weil wählerisches Welt-Verhältnis mag das erbärmlich wirken. Lächerlich ist es nicht. Die Lächerlichkeit ist eher bei jenen Täuflingen und Klippschülern der Verwestlichung, die glauben, dort etwas lernen zu können, wo es nur etwas zu verlernen, zu verlieren gibt. Naivitäten eines schülerhaften Orients! Orientalisch war einst auch die Einsicht in die Nichtigkeit, weil Vergänglichkeit des individuellen Seins, okzidentalisch ist der Glaube an das Sein eines Behaupteten, Gewirkten, per definitionem also Nichtigen. Ins Leere wird ein Sein gesetzt, Lebloses in Bewegung versetzt. Darum wirkt ein Westler in seinem Behauptungseifer bloß leichenhaft, ein Verwestlichter in seiner Lernbereitschaft hingegen lächerlich. Geglaubt werden muß schließlich nur, was sich nicht sehen läßt; die Weltwirkungen des Verwertungs- und Vernichtungsprinzips sind aber allerorten sichtbar, etwa in den Bergen weltweit wie westlich-autochthon angehäuften Mülls. Es ist klar, daß die Naiv-Gelehrigen mit der Verwestlichung kein Prinzip (leer, abstrakt, ›nichtig‹) anhimmeln können, daß sie aber auch an dem konkreten Unrat, zu dem dieses Prinzip ihren Hausrat, ihre Heimat usw. werden läßt, nichts Verehrungswürdiges finden werden. Den Verehrungshunger dieser Fromm-Gelehrigen kann nur die flüchtigste Synthese von Sein und Nichts stillen, das im Ergreifen schon verbrauchte, im Verbrauch weggeworfene *Ding*: künstlich und gegenwärtig in einem. Europas ewiges Jahr blüht aus dem Müll des Tages.

Dieses Europa aber ist ganz und gar keine Lebensform, die durch ihre eigenen Subtilitäten, eine Verfeinerung bis ins Ätherische gefährdet wäre. Überfeinerung wäre Kultur- so gut wie Naturgeschehen, die ›Spätzivilisation‹ ein Tier mit zarten Händen und schwerem Hirn. Alles, was heute Westen heißt, weist auf das Gegenteil. Nicht, daß dies nun die berühmten ›verkrusteten Strukturen‹ wären, porös und zerbrechlich, jener angemaßte Übergang aus dem Organischen ins Anorganische. Was westlicher Seminar- und Salonmarxismus als Lebens-, gar Menschseinsentfremdung bejammern mochte, auch das noch wäre ja Natur-Kultur-Geschehen. Davon findet sich im Westen aber nichts. Der Eindruck des *Anorganischen* ist umfassend; organisch, wenngleich einzellerhaft mag das winzigfeine Wimmeln im bunten Schaum heißen, das der Fremde dort sogleich auch ohne Lupe erkennt. Nicht zufällig hat der Westen mit dem seelischen Zwergmenschen, seriell herstellbar als Kultur- und Konsenskleinbürgertum, die bislang stabilste, wenngleich nicht unbedingt ›vitalste‹ Daseinsform des Planeten ermöglicht. Einfach im statischen Sinne war sie nie. Das Wesen zwergbürgerlichen Daseins ist *Vereinfachung*, nicht Verfeinerung; ein Rückbau ins Simple, Unzerspaltbare. Bewußtsein ätzt hier nicht, gilt nur der Darstellung individuierten Seins (wertnotiert, vernutzungsfroh) im Ganzen: gedankenlose Selbstdarstellung, gewissenloser Selbstverkauf. Globuli des Daseins, so überzuckert wie gehärtet; weder Reflexion noch Erfahrung können sie gefährden. Eine ›Überfeinerung‹ fände schlicht keinen Ansatzpunkt, es fehlt die Spalte des Seins, aus der Bewußtsein und Reflexion erwachsen könnten, gar Geistigkeit, die sich gegen den eigenen Ursprung wendet. Der drohende Untergang aus Überfeinheit, gar ein fataler Drall der Geschichte, sich in zerbrechlicher Zivilisation zu übergipfeln und zu vollenden – pure Propagandamythen, Kulturkleinbürgerängste! Das subtile, schwächlich-verwöhnte Dasein, das barbarischen Horden anheimfallen werde – man findet keine Spur davon außer im Frohlocken eines ›linken‹, im Flennen eines ›rechten‹ Vitalismus. Derlei Bourgeois-Metaphysik des Lebendigen verkennt jedoch, daß im Westen seit Anbeginn Leben durch Dasein ersetzt ist. Seine Vereinfachung ergibt die Formel westlicher Kultur. Lebendiges, Natürliches, Organisches wird nicht einfacher, wie es sich auch nicht neuen Bedingungen erst ›anpassen‹ müßte. Verwestlichung ist Daseinsgeschehen, nicht Epoche oder gar Ende einer Geschichte des Lebens. Dieses Geschehen bedarf demnach auch keiner Vorbereitung, sowenig wie Geschicke, Zufälle oder Notwendigkeiten überhaupt. Die Verwestlichung des Daseins fordert sogleich ›den ganzen Menschen‹, sein Zerspringen in den Stoff eigener gleichwie weltlicher Verformung bzw. Vernutzung, ein Sprung in jenes Nachleben, das Unsterblichkeit bzw. die unermüdliche Geschäftigkeit von Gespenstern verheißt.

Das Wesen des Gespenstischen bzw. Phantomhaften ist die Wiederholung, das Sosein des westlichen Daseins mithin seine endlose Reproduzierbarkeit. Dasein heißt westlich: Anwesendsein-Können, wiederholbar und deshalb wesensvage, ja wesensfrei. Naturstoff des Lebens, falls er zugrunde lag, muß hierfür in kleinste, unsterblich, weil unbeweglich anmutende Einheiten zerschlagen worden sein. (Gewimmel, Geschäftigkeit nur im Großenganzen!) Natürlich sind sie das nicht. Dem Untoten der unermüdlichen Bewegung – verwertungstüchtig, vernutzungsfromm – entspricht molekular ein nicht unsterbliches, sondern nur unendlich verkleinertes Leben, Einzeller der Erlebnisse, Erwartungen, Ansprüche, einzulösen sofort, enttäuschend sogleich und deshalb immer wieder. In einer Zivilisation des Wachstums wächst nichts mehr. Das Leben ist gefangen und gesichert im Vorteil des Tages, die Endlosigkeit der Tage eine Verheißung gleichwie Evidenz. Langeweile und Angst sind darin unentwirrbar, fast ununterscheidbar. Der unendlich verkleinerte Mensch des Westens wüßte nicht zu sagen, was hier Grund, was Folge sei; genug damit, daß er täglich das eine im anderen fühlt. Unfühlbar ist ihm der Destruktivismus der Daseinsverwestlichung insgesamt, einer allumfassenden, alles verarbeitenden Maschine, die dies All nur ausspeit in Massen und nach Maßen eines präformierten Etwas. Stets wirkt dieses Etwas geringer als das All, das seinetwegen verstofflicht wurde. Wenn es anklagend heißt, dieser Westen – sein Lebensstil, sein industrielles Verschleißprinzip – benötige eine zweite Erde, so vergessen die Ankläger, daß eben dies gelebter Industrialismus ist. Die Ersetzung des Vorfindlichen durch Machbares und Machwerk ist nicht einfach Tat oder Untat, sondern Daseinsform, ja – den Ihren – Daseinsort; die zweite Erde ist die erste, einzige, die fortwährend für ein Allerweltsdasein verholzt wird.

Europas Drang nach Verholzung der Erde erfaßt auch es selbst. Die europäische Geschichte – sofern abendländischer Kern des ewigen Westens – ist deshalb so kurz und unvergeßlich, weil ein anderes, zurückhaltendes Europa kaum vorstellbar wäre. Als einzig mögliche Weise europäischer Weltverschonung erscheint eine Selbstzersetzung Europas, eine geistige (ästhetische, religiöse, philosophische) Imitation und Übertreibung seines Verarbeitungseifers, der das westliche Daseinsprinzip bildet. Denkerrechte, Dichterlaunen! Das *Da*sein des Okzidents aber ist Wesensfraß, Verschleiß natürlichen *So*seins zugunsten künstlicher Formbildung, insofern uranfänglich sich selbst als Stoff ergreifend. Es versteht sich, daß kaum noch etwas von ›europäischer Substanz‹ übrig sein kann, sobald man nach ihr zu suchen beginnt. Selbst diese Suche folgt ja der Logik okzidentaler Wertbildung: Sinngewinn durch Seinsverschleiß. ›Substantielle Form‹, wie von Aristoteles gedacht und von Alteuropäern geträumt, konnte Europa somit nie werden, höchstens verlieren. Im weltweit tendierenden Westen besagt Form von jeher, was Stoff verarbeitet und verwertet, daher die grenzenlose, auf Wiederholung drängende Unruhe okzidentaler Formbildung. Daher auch ›das Individuum‹ – das einzelne Leben – als Vorbild abendländischer Stoffvernutzung und Formgewinnung. Allein individuell nämlich ist die Erstarrung von Leben in Gestalt, die Verhärtung von Substanz durch Idee tatsächlich erfahrbar als durchgehender Trend. Die Weltgeschichte des Westens ist einer Individualgeschichte nachgebildet, die Erde nicht ihre Grenze. Europas Vorteil vor seinen Nachfolgern in der Verwestlichung war sein Primat der Erstarrung, aufgrund der Leblosigkeit wie Unermüdlichkeit seines formalen Eifers. Noch vor anderen Kontinenten war es naturstofflich leer, leibleer, gleichsam leblos und damit unverwundbar geworden, der unsterbliche Westen. Sterblich und zerbrechlich wäre Europa als einmalige, nur imitierbare Form. Das ist es nie gewesen. Seine Einmaligkeit findet es im Imaginären seiner Form, dem Mythos des ewigen Tages, der mit einmal-für-immer zu verwertendem Stoff gewirkt wird. Der ewige Tag, die Ausmünzung einer zu bloßem Stoff erniedrigten Weltsubstanz in reproduzierbarer Form – dergleichen deutet auf eine nahezu unfaßbare, anscheinend willkürlich wirkende Kraft. Die Opfer der Verwestlichung mögen sie charakterlos, ja betrügerisch nennen, meist aus enttäuschter Erwartung einer ebenbürtigen, widrig-widerständigen Formsubstanz. Um ihr Wirken zu begreifen, genügt es jedoch, sich an ihre Wirkungen zu halten; sie selbst will nicht mehr sein und scheinen als das, *actus purus:* Tatsächlichkeit. An seinem unermüdlichen Wirken für ein ›Reich der Tatsachen‹ – positiv, kohärent, end- und verlustlos reproduzierbar – gibt sich die gestaltbildende Kraft des Westens als höchste Formlosigkeit zu erkennen. Ein Ungeheures, gemacht aus Angst und Anmaßung, die es regelmäßig auf die gewirkte (gekünstelte) Form verfallen lassen, ein All aus Phantomen. Der tatkräftige Tatsachensinn des Okzidents ist sein Prinzip, nicht seine Geschichte, etwa aus Ernüchterung an höheren, gar unfaßbaren Tatsachen. Wenn der Okzident nur an das glauben kann, was sich machen läßt bzw. was er selbst gemacht hat (sich selbst, eine Welt aus Machwerk), dann folgt er darin so fromm wie nüchtern den Lehren seiner Religion, seines ersten Machwerks. In ihrer Angst vor einem namenlosen, allgegenwärtigen Göttlichen war sie anmaßend geworden, hatte ihm Namen und Gestalt gegeben, es zum Gott, Menschen, Leichnam am Holz heruntergebracht, kurz: zum toten Ding, immerdar zu vervielfältigen und immer wieder anzubeten. Es ist die formlose, adipös-areligiöse Seele, die der Stützen von faktenharter Form bedarf und sie nur als Machination duldet. Wo der Okzident von sich reden – sich in Form bringen – will, muß er fremde Form verneinen, Täufer und Krieger und Händler in einem. Der quellsüchtigen Seele quillt alle Welt über von formfreiem Stoff.

Der greise Goethe konnte, frivol und andächtig zugleich, den Orient als Sehnsuchtsort eines seiner Eigenform halb überdrüssigen, halb ungewissen

Okzidents preisen. Doch blieb dieser Okzident gerade durch solch vages Sehnsuchtsschweifen der eigenen Gestaltfestigkeit gewiß. Der Orient wiederum war, seinerseits als fremde Gestalt und fernes Zentrum imaginiert, unheimlich durch die Vagheit der Wünsche, die ihm der Okzident zuschrieb und durch deren Ausschweifen er sich umfaßt glaubte; vage, weil womöglich grenzenlose und daher unerfüllbare Wünsche. Aus- und Gegeneinanderstrahlen zweier Mittelpunkte – eine Polarität, die bis in den Weltanschauungskrieg des 20. Jahrhunderts ihre Gültigkeit behielt. Seitdem der Osten sich leerende Landschaft oder anarchisches Mächtegerangel ist, hat auch der Westen seinen welthistorischen Richtungssinn verloren. Er ist nur mehr undefinierbare, kaum fixierbare Metropole einer weltweiten Provinz, die ihrerseits von sich nichts weiter weiß, als daß sie ebenfalls Metropole, Weltstadt, Ungestalt sein will. Die Verwestlichung der Welt, gleichermaßen ein (materieller) Zwang und ein (kultureller) Drang, wiederholt jedoch in dem energischen Strebertum der Migranten wie der Schwäche ihrer ›autochthonen‹ Sittenkodizes etwas von der Bipolarität der klassischen Moderne mitsamt ihren kalten Kriegen. Die Fremden streben in ein Gehäuse, dessen Ordnungs- und Funktionssicherheit ihnen ebenso unfraglich ist wie die Schlappheit der dort schon länger Eingefügten. So aggressiv und expansiv als Kulturtotalität, in Staat, Ökonomie, Wissenschaft, Technologie, so passiv als auch regressiv macht der Westen doch den Menschen in der Individualkultur. Man kann das seelenwie weltgeschichtlich deuten: nach dem Vorpreschen das Sich-Fallenlassen, die Erschöpfung nach einer universellen und daher irgendwann durch Objektmangel irritierten Anstrengung.

Man kann darin aber auch eine Struktur erblicken, worin der Westen seit je auf einen Osten verwiesen ist. Das reicht bis in feinste psychische Verästelungen. Im Blick des Okzidents – und nirgends sonst, denn es gibt keinen archimedischen Punkt für die historische Topographie! – erscheint das Seelenleben der außer-, vor- oder immer-noch-nicht-westlichen Kulturen individuell reicher: widerstreitende Antriebe und Wünsche, ein heftiges inneres Gewimmel unter mal wüsten, mal milden, in ihrer Weltsicherheit und Gottesgewißheit stets aber auch etwas schlampigen Despoten. Deren Forderungen an die Einzelnen, die nur als Masse auftreten dürfen, richten sich auf sichtbare Zustimmung, erwecken somit früh den individuellen Sinn dafür, was der Unterschied von Innen- und Außenleben, von einem selbst und dem Nächsten sei. Mag man im Westen dem Osten auch welthistorische Kindlichkeit zugeschrieben haben, so ist er doch in der Begegnung mit ihm unvermeidlich der Ältere, denn er zeigt die Erwachsenheit der Gefühle aus deren jahrhundertelangem

Widerstreit. Der Pluralismus der Seele profitiert von materiell wie ideell monotonen Außenbedingungen, die seelische Geschmeidigkeit von der sozialen Starre und der Starre des Staatswesens, wozu auch das gute Sitzfleisch der Herrscher bzw. Regierungen gehört. Sie begnügen sich mit rituellen Reverenzen der Regierten. Während bei diesen somit eine erfahrene, erwachsene Skepsis aus weithin unbeaufsichtigtem Individualleben erblüht, versinken die Herrscher in kindlicher Einfalt bei physischer Vergreisung; Simpel, die eines Tages die Welt nicht mehr verstehen. Eine höchste, jedoch ebenfalls individuelle Kläglichkeit, welche solchen Despoten, ob als Völkerschlächter, ob als Volksbeglücker, jedesmal persönliche Unsterblichkeit im Gedächtnis ihrer Untertanen sichert. Es sind Einsame, die, seelisch starr und nuancenarm, nur physisch sich bewegen, d. h. untergehen können, im Siechtum oder auf Richtplätzen.

Und nun komplementär die von keinem Fallbeil, keinem Arterienverschluß bedrohten Mächte des Westens, die Kollektivkulturen von Herrschaft, Arbeit, Verwaltung, ja ›Kultur‹ selbst: Differenziertheit, Pluralismus, Individualität und dergleichen sind hier zugleich Phrase und Institution, ja eigentlich Phrase, *weil* Institution. Antriebsdivergenz, Wertrelativität, Skepsis sind vor aller Augen und im Angebot, öffentlich-käuflich; das schafft das Komödiantentum dieser Kultur, ihre anonyme Durchtriebenheit, aber auch ihre Langeweile. Unmöglich, dergleichen zu begründen, zu rechtfertigen, gar zu verteidigen! (Hand aufs kalte Herz: Gab es je eine ›Demokratie‹, die nicht bloß erkämpft, sondern bewahrt wurde, vom Demos selbst, durch Kampf und Opfer?) Wo Freiheit und Demokratie, um nur einmal die größten und leersten Worte des Westens zu nehmen, Institutionen sind, muß jeder Hauch von ihnen aus den Individuen entwichen sein. Die Simplizität der westlichen Seele, die nicht Schlichtheit ist, sondern Primitivismus, gewollte und erlittene Vereinfachung, zeigt keine Spur individueller Freiheitserfahrung, gar -bedürftigkeit. Es fehlt hierfür schlicht an Binnengliederung, an Differenziertheit und Nuance der Existenzhinsicht, wie sie allein ein gelebter Pluralismus von Seelen- und Sozialleben, politischen und privaten Dienstbarkeiten erzeugen. Der *homo occidentalis* muß immer *ganz* da und zu haben sein, ein Darsteller seines momentanen Ichs, dem somit jede seelische Entwicklung verschlossen ist. Die anstrengungslose Parteinahme, der schülerhafte Bekenntnis- und Begeisterungseifer für dieses und jenes, überhaupt: diese Bereitschaft zur Ausfertigung und Auslieferung seiner selbst als leibseelisches Ganzes, an wiederum Einzelnes und Beliebiges, je schon Bereitstehendes aus Markthallen und auf Wahlzetteln, all dies zeigt eine gewitzte und zugleich einfältige Mentalität. Auf widrige Weise unschuldig,

genauer: historisch schuld- oder zumindest schicksallos, wirkt der *homo occidentalis* egozentrisch-einfältig; ein Daumenlutscher, gebettet in spätkulturellen Komfort.
Die ideologisch-psychologische ebenso wie die politisch-soziale Alimentiertheit des westlichen Menschen ist unter den Völkern ringsum sprichwörtlich. Sie scheint jede individuelle Initiative, jenen Drang des Sich-losreißen-Wollens von sich selbst und der stumpfstarren Gegenwart, den man Ehrgeiz nennt, auszuschließen. Das scheint jedoch nur so. Denn der welterobernde, rohstoffraffende *Drang* des westlichen Kulturkollektivs ist in seinen Individuen zum *Hang* geworden, wider den nichts gilt. Gerade die Absenz von Gefühlsnuance oder Gewissenszerrüttung, also seelischer Binnenbeschäftigung und Aggressionshinderung, erleichtert die Expansion der sekundären Seelenkräfte, von Wille und Kalkül, Hoffen und Tüfteln. Was solche Kulturen in die Welt entbinden, ist gefühlsfrei erdacht und zugleich von logisch-kalkülhafter Geschlossenheit, wie jedes rein menschengemachte Unheil; es hat die Scheinlebendigkeit des Künstlichen und die Überzeugungskraft der Sache, die man ihrer eigenen Logik überläßt. Sie ließe sich aufhalten, aber nicht verändern in ihrem Lauf; solche Aufenthalte waren die großen religiösen und moralischen Krisen des Westens, seine einbekannten Nihilismen und Langenweilen. Seelenleeren, meist sogleich mit orientalischem Plunder gestopft, hin und wieder mit einer Revolte, einem Absolutheitsgewitterchen illuminiert. Der wirkliche Osten blieb welthistorisch kindlich darin, daß er glaubte, sich der Machinationen des Westens, seiner technischen und ökonomischen und politischen Erfindungen, bedienen zu können; ein Glaube, der *dem Widersacher* seine Herrschaft über diese Welt verbürgt. (Den Postchristen zur Erinnerung: Der Teufel herrscht durch die vermeinte Autonomie der Mittel, nicht durch die verheißene Reinheit der Zwecke.) Das starke, dumme, kindliche Wünschen, die leuchtenden Augen beim Griff nach okzidentalem Machtbesteck und Genußplunder, all das zeigt die Lebens- und Sterbenskraft des Ostens, dessen Wünsche aber stets erfüllbar, also begrenzt sind. Seine Kräfte hingegen mögen auf die gelähmten und verengten Seelen unter sinkender Sonne geradezu übermenschlich, weil unerschöpflich wirken; die Pfiffigsten des Westens fordern auf, sie in den Dienst eines Daseins ohne eigenen Kraftaufwand zu nehmen.

Wenn das Dasein des Westens – man möchte nicht ohne weiteres von einem Leben sprechen – aufgrund seiner Ideenbedürftigkeit, Wortberauschtheit, Meinungseifrigkeit, Verkündungsbesessenheit substanzleer, ja nichtig erscheint, dann ist die Versuchung groß, ihn des Parasitismus an fremder Substanz zu zeihen. Zeugt es nicht von vitaler Bleichgesichtigkeit und zugleich von hemmungslosem Blutdurst und Wortfluß, seine ›Werte‹ aller Welt aufschwatzen, seinem Glauben und seiner Industrie alle Völker unterwerfen zu wollen? Tatsächlich ermuntern die Professionellen der ›westlichen Werte‹ ihre (zumeist unsichtbaren) Widersacher heftig, diesen Vorwurf zu erheben, in einem wohl christlich ererbten Vertrauen auf die höhere Dignität des Opfers, hier: des Verleumdeten. Doch der Westen ist durchaus nicht der Geist, der alles Leben dieser Welt vernutzte, ohne ihm etwas zurückzugeben, im Gegenteil. Der Westen ermutigt alle Welt, es ihm gleichzutun; er will sich nur von getauftem, durch ›westliche Werte‹ geläutertem Fleisch ernähren, er lebt spirituell nicht weniger als ökonomisch auf Kredit. Die Unruhe, um nicht zu sagen Ängstlichkeit des Westens kreist um jenen Stoff des Lebens, das sich noch nicht von seiner eingeborenen Gestalt gelöst hat, das noch ›Formsubstanz‹ ist, autochthone Kultur, unemanzipiert und unbeweglich. Der Okzidentale weiß: dergleichen Dasein ist tatsächlich so individuell, wie er selbst es immer propagiert hat und nimmer sein wird, es ist nur zu vernichten, nicht zu verwandeln. Es stürbe ihm unter den Händen weg, die doch zum Ergreifen, nicht zum Erwürgen gemacht sind. Über das Leben dieser Welt gebietet der Westen nur, wo es sich selbst verwestlicht, zuerst also verstofflicht, wo es sich frei macht von eigener Gestalt. Beginnt es sich ›westlich‹ zu formen, so geht es dabei allzu plump zu Werke, es hat noch nicht begriffen, was im urtümlichen Westen der Welt jedes Kind weiß, daß nämlich Verwertung des Stoffs nicht Arbeit, sondern Technik ist, eine Idee, ein Kniff. Im Ungeschlachten, Rohen ihrer angeborenen Kräfte müssen die Aspiranten der Verwestlichung daher ihren vorerst einzigen Besitz erkennen. Er wäre wertlos, wenn er nicht völlig formbefreit der ›fremden‹, eigentlich aber jeder Form anzutragen wäre. In der Einfügung barbarischer Kräfte in die Weltkirche und Weltmanufaktur des Westens bzw. der ›westlichen Werte‹ begegnet die sich selbst verleugnende Angst der zuhöchst um sich selbst besorgten. Der Westen hat kein eigenes Leben, er hat ›Werte‹ und nichts sonst, deren Dasein nur wieder endlos das Recht darauf besagt, sie zu haben. Nicht zufällig ist selbst das Leben im Westen zum Recht verkümmert. Es wird als ein Dasein begriffen, dessen Wesen sich in der Selbstbejahung verwirklicht und erschöpft. Einen eigentümlich westlichen Lebensstil gibt es nicht (Leben ist lokal und geschichtlich); was dafür gilt, ist nur die stärkste der westlichen Lokalkulturen – Provinz, die sich verallgemeinern ließ. Weltweit westlich kann das Leben niemals sein, gewiß jedoch die Art, es als Dasein zu bejahen. Der weltweite Westen ist Glaube, Überzeugung, vor allem aber Redensart. Nichts verängstigt den Westen in seiner endlosen Redseligkeit mehr als das Schweigen aus irdischen Räumen.

Europas Ängste vor unermeßlichen Räumen mögen zuweilen irrational, jedoch in konkreten Gegnerschaften zu beruhigen gewesen sein. Europas Flucht in das Unermeßliche einer selbstgesetzten Zeit und Geschichte aus Furcht vor dem Ungeheuren des Raums und seines Schweigens hat hingegen alle Welt mit europäischen Ängsten und Aspirationen angesteckt. Gewiß hat diese Zeit ihren konkreten, raumgebundenen Anfang gehabt in den Nöten eines von der Natur wenig begünstigten Weltwinkels. Gegen Dunkel und Kälte halfen wohl nur unermüdliche Bewegung, eine Geschäftigkeit aus Prinzip. Doch Prinzipielles ist in sich selbst ohne Halt noch Bindung. Der Okzident, sobald gelöst von seiner Scholle, seinem abendtrüben Land, konnte nicht länger eine geographische und geschichtliche Größe sein, er wurde Prinzip, Dogma, Technik und Idee, kurz: ›der Westen‹. Als Himmelsrichtung gibt er Orientierung, ohne die Orientierten in einem Orient oder Okzident ankommen zu lassen; ›der Westen‹ ist das Abendland, dessen sinkender Sonne man stets vergeblich hinterherläuft. Der Glaube des sinkenden Okzidents ist es, daß er sich als weltweiter Westen selbst überleben könne, vielleicht als eine Buße, da er sich moralisch überlebt habe, vielleicht als Belohnung für ein Leben, das über die eigenen Kräfte ging. Die Einsicht der verwestlichten Völker hingegen ist es, daß die Verwestlichung älter sei als der Westen – wie jede Bewegung früher sein muß als die Orte, die sie durchläuft. Verwestlichung ist irreversibles Bewußtsein davon, daß etwas Wert habe, also zu verwerten sei, die Verwestlichung bildet die Unruhe des allspähenden Auges und der allergreifenden Hand, eine Unruhe, die sich auch als befriedigte nicht vergessen läßt. Man weiß, was man berührt und geführt hat und was somit nicht mehr zu gebrauchen ist. Auch die Selbstverwertung, die Verwertung des zum Westler gewordenen Menschen, ist einsinnig in der Zeit; der Westler erträgt sich nur in dem Wissen, daß er etwas ›aus sich gemacht‹, d. h. sich einen Wert abgewonnen habe. Inbegriff eines unerträglichen, nunmehr wertlos gewordenen Daseins ist ihm die Vergangenheit. Die Gegenwart des Westens ist darum stets das, was die Vergangenheit nicht mehr ist, die Vergangenheit *kat exochen* des Westens aber ist das Unverwertbare, z. B. ein unvordenkliches Glück oder Leid. Der verwestlichte Mensch erträgt sich nur, wenn er diesem Glück oder Leid seine Nutzlosigkeit – ihm ist's: Unerträglichkeit – nachgewiesen hat, ganz wie der Bürger ein Besitzer nur unter Besitzlosen, der Christ ein Begnadeter nur unter Unbegnadeten ist. Doch sein Taufen, Gleichmachen, Missionieren aller Welt im Zeichen der ›westlichen Werte‹? Es ist ihm die einzige Möglichkeit des Selbstwert-Gefühls, weil Selbst-Besitzes: in der Gewißheit, daß ja *er* es sei, der alle Welt im Zeichen seiner Werte ›gleich‹ mache. Der Westen herrscht weltweit durch den Aufweis, daß alles, was er dort antrifft, wesentlich Mensch, Bürger, Christ usw. sei, also einander gleich, dieser Gleichheitsaufweis ist Prinzip, Struktur, Funktion seiner Existenz, niemals ihre Substanz, die sie gar nicht benötigt. Genauso könnte ›der Westen‹ die Welt lehren, daß alles Sein ›Nichts‹ bzw. nichts wert sei – es bliebe bei der Tat seines Bewußtseins, ein vorfindliches Sein über die Klinge der Idee, in die Vergangenheit des nicht nutzbaren Lebens springen zu lassen. Und tatsächlich ist dies ja das Gefühl der Völker, über die er kam: sie sehen sich beschwert zum Ersticken von wertloser Substanz – von dem, was sie bis eben waren.

Als Geschehen von Ewigkeit her wäre die Verwestlichung undramatisch. Es gäbe kein Volk, das sein leibliches oder seelisches (z. B. religiöses) Wesen schicksalhaft ans Gelingen dieser Mission knüpfen, kein Endliches, das mit seinem Untergang den Fortgang dieser unendlichen Bewegung sichern müßte. Auch gäbe es keine Völker, die sich der Verwestlichung entziehen könnten, da ja schon der Blick eines Westlers auf sie gefallen sein muß, um sie als schützenswerte, mithin der (materiellen, technischen, seelischen) Verwertung zu entziehende Substanz begreifen zu können, kurz: als westlich wesensgleich, menschen- und bürgerwesentlich. Vielleicht trifft die Verwestlichung darum bei den allermeisten Missionierten auf nicht mehr denn ein Achselzucken: In ontologischer Hinsicht steht das Ewige für das Gemeine, in intellektueller für das Primitive, in ästhetischer für das Gewöhnliche, in moralischer für das Indifferente. Ohnehin gibt es ein Wissen vom Westen nicht für den Westler selbst, sondern nur für den Westler gewordenen Menschen. Es ist das indirekte Wissen von dem, was der Verwestlichte nie wieder sein wird. Wenn der Westen sich zuweilen für das Ende der Geschichte hält, ist das darum nicht falsch, denn noch ehe eine Geschichte beginnen konnte in einer Welt, worin Verwestlichung wirkt, war sie bereits an ihrem Ende. Eine vollkommen verwestlichte Welt ist somit eine Idee, der keine Erfahrung entsprechen kann: Ein weltweiter Westen hätte keine Zeugen mehr. Höchstens Erinnerungen oder zu Erinnerung gewordene Phantasien könnte es dort geben, Phantasien aus dem Glauben, daß unter dem westlich produzierten Dingkosmos ein Äquivalent von einst vorwestlichem Leben liegen müsse, das Gestern als einbetonierter Trümmerberg. Sichtbar darf er nicht sein, sowenig wie im Westen überhaupt das Gestern größer als das Heute, das Heute größer als das Morgen sein dürfte. Mag die Weltwerdung des Westens aber auch ein innerlich – dank ihrem steten Stoffhunger und Stoffverschleiß – lückenloser Vorgang sein, so kann sie es doch unmöglich an jedem Weltort zugleich sein. Eine Verwestlichung der Welt kann es nur geben, solange der Anschein unverwerteten Seins bzw. unverbrauchten Stoffs besteht. So entdecken die Scouts und Stalker des Okzidents immer wieder kulturelles Barbarentum, auf unverdienten, weil beispielsweise ungeförderten Rohstoffreichtümern sitzend, oder Hochzivilisationen, deren harte Sozialdisziplin einen bestrickend bedürfnislosen Knechtstypus hervorgebracht hat, das ›hochspezialisierte‹, ›hochmotivierte‹ Personal künftig westlicher Stoffausbeutung und Formproduktion. Ein leichter Stoß mit gestiefelter Fußspitze genügt, damit jene kompliziert-fragilen Staats- und Sozialgebilde zerfallen und ihre Kräfte freigeben für eine solidere, weil simplere Kultur. Wenn der Westen die heimischen Weine der Völker durch sein Wasser ersetzt, sie tauft auf den Namen seiner Werte und ihrer Wachstümer, so benötigt er bei manchen einen Tupfer, bei anderen ein heftiges Untertauchen bis knapp vorm Ersticken. Der Furor der westlichen Geisttaufe kommt daher, daß ›dem Westen‹ per definitionem nichts Gleichwertiges, Gleichartiges begegnen kann, nur Unter- oder Überzivilisiertes. So beispielsweise auch zweierlei Arten von Orient. Dem einen erscheint der Westen als Verkündung, Botschaft, Idee, der an ihrem Ausgangsort kein Dasein entspricht: eine Lüge, ja ein Betrug. Die gläubigen, aber enttäuschten Barbaren des Westens als Heimstatt fühlen dann eine nutz-, weil herrenlose Kraft in sich. Sie vollzogen die westliche Seinsspaltung in Prätention und Gratifikation, in heutigen Schmerz und Freuden des Morgen, temporäre Versagung und ewigen Gewinn, doch sie erblicken überall nur Menschenhälften, Seelenstücke; sie vermissen die Konkretion von Sein und Erfüllung. Den anderen, erfahrener mit Mächten, die durch eine Idee zu herrschen vorgeben, erscheint ein Sein rein aus Ideen-Produktion und -Verteilung, eine ontologische Selbstkreditierung, als ein naiver Selbstbetrug. Die zweite Welt ist in dieser Lage. In ihren Ohren redet der Westen als ganzer und weltweiter zwar mit gespaltener Zunge, im Verkünden universeller Werte und Ausgreifen nach lokalem Vorteil. Der Westler als Individuum aber ist in ihren Augen ein erstaunlich simpler, durch Verhärtung und Verkleinerung entstandener Schrumpftypus des Daseins. Der Mangel an seelischer Binnengliederung, an geistiger Nuance scheint ihm nicht nur restlose Selbstherstellbarkeit und Selbstdarstellbarkeit, sondern auch eine Totalbejahung seiner selbst zu erlauben, jenseits aller seelen- und kulturgeschichtlichen Mühen der Selbstrelativierung, Selbstveränderung und -kritik, sprich: der Bildung. Was den rohen und den feineren Osten lange einte, war ein Gefühl für das Geheimnis der Weltmächtigkeit und Welteinzigkeit des Westens, zusammengefaßt oft in Formeln wie: verlogene Unschuld, Dummdreistigkeit, falsches Bewußtsein. Seit nicht mehr der Kommunismus des Ostens als das Sprachrohr eines weltweiten Entsetzens über den Westen firmiert, ist das Gefühl für die westliche Sonderart so groß wie vage. Die Rohstoffreichen wie die Arbeitssklaven des Orients kämen nicht mehr auf die Idee, daß es derselbe Westen sei, der sich einmal in der Anmaßung einer Idee, andermal in der schlichten Selbstgenügsamkeit ideenlosen Seins verkündet. Als Melange aus Barbarei und Kunstfertigkeit bleibt die Lokalkultur ›Westen‹ so lange unbegriffen, wie man darin zwei widerstreitende Prinzipien oder gar Seinstypen erblickt. Doch das Barbarische (Rohe, Ungeschlachte) bildet ausschließlich das stoffliche Innere, die Kunstfertigkeit (in den Mitteln und Medien) das Außenwerk seiner distanzschaffend-distanzvernichtenden Technologien. Eine ›mechanische‹, ›gemachte‹ Synthese von Barbarei und Technik, Stoff und Form, Grobianismus und Künstelei – von Vorgeschichte und Nachgeschichte mithin. Der Okzidentale, wie er sich sieht und will, ist ohne innere Geschichte; die äußere ersetzt er durch (den Glauben an) die endlose Erneuerbarkeit seiner Machinationen. So regrediert Geschichte im Westen innerlich zu bloßem Dasein, äußerlich zu technischem Fortschritt. Unendlich kann letzterer nur als formales Tun sein, als Form und Imagination, Be- und Verwertung ihm äußerlichen Stoffs. Dasein hingegen ist stets historisch begrenzt, kulturell gebunden. Wenn der Westen auf die durch ihn heimgesuchte Welt als leibgewordene Fiktion wirkt, so aufgrund seiner Mentalität und Gläubigkeit: mit begrenzter Kraft, aus begrenztem Horizont über unendliche Weiten gebieten zu können, alles dort Gefundene nur Materie, Stoff ohne Form und dadurch dem eigenen dienstbar.

Die Techniken, durch die der Okzidentale den Weltstoff ins Heim holt, haben diese Welt zum Inbegriff des Entfernten werden lassen; ein Stoff in der Fremde, den wiederum allein die Technik heimholen kann. Die westliche Technik schafft formfreien Stoff, rückt Weltleben in die Ferne. Auch den Westen selbst rückt sie sich fern, zumindest, solange er Weltort ist. Doch haben die – spirituellen, materiellen, kulturellen – Techniken des fernen Westens diesen nicht seelisch feiner, nicht ›weltläufiger‹ gemacht, eher im Gegenteil. Das Ganze, als das er sich her- und darstellt und schließlich dar- und anbietet durch stets dieselbe Technik, muß hierfür kompakt, vor allem homogen sein.

Die Einfachheit der Welt erreicht der Okzidentale durch ihre Vereinheitlichung als rohen Stoff, die Einfachheit seiner selbst durch formale Reduktion: Der Mensch vielleicht eine Bestie (Metaphysik des Individuums), aber als solche doch von erforsch- und benennbarem Bedürfnis, berechtigtem Anspruch (Moral des Bürgers); ein Raubtier, das sich selbst an der Leine des Wissens hält. Gerade diese Harmlosigkeit des Okzidentalen, der Problematik des Ganzen (etwa seiner Stellung in der Natur) durch die Totalität seiner Lösungen zu begegnen, durch seine Führung des Unendlichen an der Leine seiner Wünsche und Prinzipien, verstört alle (nicht-westliche) Welt oft. Die Harmlosigkeit des Okzidentalen scheint freilich sein ureigenes Vorrecht und Bestreben. Geschichte des Okzidents, wenn ganz dessen Werk, ist – ob Tragödie oder Komödie – zumeist Behauptung und Verkündung, ›Welt als Vorstellung‹, bevölkert von Phantomen. Weltentfernung und Selbsterhebung erschaffen eine Sphäre des Phantastischen, der Freiheit von Haftbarkeit in Sein und Tun. Die Glätte eines Daseins, das an Welt und Geschichte kaum zu haften scheint, bildet die berühmte Unschuld des Okzidentalen. Die Völker halten sie für sein Wesen, er selbst hält sie für sein Werk und seinen Wert. Zu seinem Wesen wird sie dadurch, daß er sich tatsächlich je als Ganzes ins Sein setzt, durch die Totalität seiner Selbstbejahungen und Schuldverneinungen. Weil er sich selbst gehört, ist er niemandem, ist ihm alle Welt etwas schuldig. Selbst als hochmoralischer, hochgerüsteter Zerstörer und Eingreifer muß er nichts wissen von dem, was er vernichtet; ein schuldloser Schädling des Planeten. Was dem Okzidentalen eine Entwicklungsgeschichte durch Schuldigwerden, was ihm so eine Bildung seiner selbst an dieser Schuld erspart, ist zweifellos der Totalitarismus seines Welt- und Selbstverhältnisses: die Welt reiner Stoff, das Selbst reine Form seiner Verneinungen und Bejahungen. Noch ehe sein Dasein brüchig und zweifelhaft werden kann, hat der Okzidentale die Formel dafür gefunden und es so im ganzen verneint und erneuert. Sein Daseinsprinzip ist die Negation, nicht die Skepsis. Er überwindet sich (seine Geschichte, seine Vergangenheit) ständig, also niemals gründlich; ein Professioneller der Urteile über Welt und Leben. In seinen Beurteilungen, Be- und Verwertungen werden menschliche wie sachliche Substanz zu einer lückenlosen Kette des Seins, zu Seinsatomen dank der zergliedernd-vereinheitlichenden Kraft ›westlicher Prinzipien‹. Hier wird nichts verändert, aber jegliches vergessen und somit alles erneuerbar. Die Reduktion des westlichen Daseins sichert seine Kontinuität, hält es frei von Geschichte und bewahrt es vor seelischer Bildung, gar Entwicklung. Der Okzidentale mag auf Fremdlinge ›deformiert‹ wirken, nie aber im Griff einer Form, die so ihrerseits stoffliche Gewalt bewiese; als autonomer Zeuge und Erzeuger seiner selbst ist der okzidental Deformierte stets ›allhie‹, selbst in seiner Unform stets total. Hier wird nichts vollendet oder auch nur verändert, jedoch jegliches vergessen und alles erneuerbar. Die Reduziertheit des westlichen Daseins sichert seine Kontinuität, hält es frei von Schicksal und schützt es vor seelischer Bildung, gar Entwicklung. Immer schon fertig mit sich und der Welt, ist es zu einer schier endlosen Vervielfältigung seiner selbst berufen, zu einer fortlaufenden Rede von sich, zur Belehrung aller Welt. Das okzidentale Dasein will und macht sich einfältig, seine Einfalt erhebt es zum Herrn der Erde und Simpel unter den Völkern.

Verehrer wie Verächter des westlichen Verwertungsprinzips beschäftigt zumeist nur dessen *Grenzenlosigkeit* als Ambition wie als Realität. Übersehen bleibt so der inbrünstige Glaube des Westens an natürliche Grenzen. Das westliche Wuchern bedarf dieser Grenzen, um am Gefühl der Grenzüberschreitung seines eigenen Wachstums, mithin Erfolgs innewerden zu können. Immerhin hat sich der Okzident nicht gescheut, selbst das Göttliche aufs Maß des Menschen herabzubringen, damit dessen unverwesliches, unbegrenzt verzehrbares Fleisch zum Vorbild wie zur Gewißheit ewiger Wachstümer, endlosen Wünschens werde. Die Geschäfte des Westens erheischen die Begrenztheit ihrer Grundlage. Modern-industrieweltlich gilt das für seine kapitalistische wie für seine kommunistische Variante. Symbol des Umfriedungsbedürfnisses ist nicht zufällig der Wall geworden, hier einem Ansturm von innen, dort einem Ansturm von außen entgegengestellt, hier den Unzufriedenen, dort den Unbehausten als Grenze gesetzt, hier, um die Grenzenlosigkeit des Produzierens, dort, um die Unbegrenztheit des Konsums allen Völkern spürbar und zugleich vor ihnen sicher zu machen. In einer unumgrenzten, gar grenzenlos bewegten Welt wäre ein *gemachter* Wert nicht sicher noch spürbar. Ja, Grenzenloses überhaupt ließe sich nicht grenzenlos verwerten. Die Verwertung des Seins hätte keinen Sinn oder wäre kein Geschäft, wenn die Basis oder Investition nicht begrenzt wäre. Gleiches mit Gleichem vergelten, Metamorphose ohne Anfang noch Ende, Werden und Vergehen seit Ewigkeiten – das sind keine westlichen Denkmuster und Daseinsformen. Der Gewinn, den sich der Okzidentale aus der Verarbeitung von Vorfindlichem verspricht, wäre ihm so nicht fühlbar. Die Verwertbarkeit des Seins durch seine Begrenzung auf ein handliches Seiendes, auf Ding- und Zeugformat, beweist ihren Erfolg gerade in der grenzenlosen Verdünnung. Daher der Eindruck kultureller wie individueller Schrumpfung, der Verkümmerung – eines unendlichen Erbleichens. Das westliche Sekundärschöpfertum betrifft seine Objekte nicht weniger als seine Akteure. In beiden Fällen wird Lebendiges aus seinem Zusammenhang gelöst, wird isoliert, auf daß sich sein sukzessiver Wert messen lasse. (Es versteht sich, daß ein auf die Maße des Wertes geschrumpftes Sein selbst wiederum zum Seinsersatz und Urelement endloser Verwertungen tauglich wird; das Quengeln über einen allzu unbegrenzt, allzu naturwüchsig wuchernden Verwertungstrieb müßte letztlich der ontologischen Schattenwirtschaft des Westens überhaupt gelten.) Die Praxis der Weltverwertung braucht die Idee der Selbstverwirklichung aus begrenzten – ererbten oder angeborenen – Beständen. Das isolierte Wesen begegnet dem isolierten Sein und setzt ihm seinen Wert. Wertschöpfung als die Kreativität eines nachgeordneten, zweitrangigen Daseins ist nicht Wesenszeugung. Der westliche Wertschöpfer glaubt vielmehr an die umgrenzte, unveränderliche Existenz von Wesen – an die *essentia* eines Charakters, des Menschen, von Kulturen –, um sein Benennen, Benoten, Be- und Abwerten draufsetzen zu können Schicht um Schicht. *Credo, ut intelligam:* Was die Maschine im Großenganzen leitet, treibt noch den kleinsten Streber in ihr, der Glaube an den spaltbaren, grenzloser Raffinierung zuführbaren Stoff.

Verwestlichung, d. h. Westlichkeit als Prinzip – zum ersten Mal ist es in die Welt getreten in der Verehrung jenes allmächtigen Gottes, der auf das Format eines Sakraments verkleinerbar und in die Nähe seiner Anbeter berufbar schien. Das in die Grenzen eines Kultes gebrachte Grenzenlose ist die spirituelle Voraussetzung jener Missionswut, die umgekehrt verfährt, wenn sie den Kultus eines Erdenflecks, eines Seelenwinkels den Völkern der Erde anträgt. Man vergleiche den religiösen Schlendrian unter jenen Reichen, die sich mit *staatlicher* Oberherrschaft begnügten und ihre heterodoxen Untertanen als Schutzbefohlene begriffen oder als die verschiedenartigen Finger an Gottes Hand (Tschingis Khan)! Als die Papstkirche selbst nur mehr Macht unter Mächten war im neuzeitlichen Räubergerangel, zeigte sich das Prinzip Westen in einer nicht länger synthetischen, sondern analytischen Leistung: der Trennung von Gott und Welt, Idee und Kraft. Exportgut wie Unterwerfungsmittel konnte weltweit nur die Idee eines unsichtbaren, unberechenbaren Gottes jenseits allen Verrechnungs- und Verwertungseifers werden; die expansivste Kolonialisierung des Planeten ging folgerichtig von jener Sekte aus, die von ihrem Gott und seinen Eigenschaften am wenigsten zu berichten weiß. Dem Calvinismus der Seele, mit seiner Auszehrung und Brutalisierung der Idee Gott, gehen die in pure Weltlichkeit entbundenen Kräfte zur Seite, nunmehr reine Mittel und Methoden, der Anwendung durch alle zahlenden Kunden offenstehend. ›Die westlichen Werte‹ sind der Glaube, daß die Einigung der Welt im Gebrauch der wissenschaftlich-technisch-verwertungsökonomischen Mittel eine göttliche Idee sei. Und das muß sie wohl sein, denn auch Götter verarmen und lassen sich vertreten.

Der Gläubige des Westens ist oft Verkünder, meist Verkäufer und stets Vertreter einer Idee. Selbst wenn er nicht Bürger bzw. Besitzer ist, also nicht über die materiellen Mittel verfügt, deren unbeschränkten Gebrauch jene Idee üblicherweise heiligt, bleibt er dem okzidentalen Eifer der Missionierung treu. Er huldigt ihm, wenn materiell machtlos, sogar noch beflissener. Charakteristisch für die westliche Exaltation waren seit alters her der Kampf für Ideen und der Streit um Ideen, von denen unmittelbar keine Weisung fürs Dasein ausging und an denen keine Verbindlichkeit von Tradition haftete. Um nichts drehte man sich im Okzident aufgeregter als um fixe, für sich selbst, somit jenseits der Realität stehende Ideen, kurz: um Meinungen. Nur Ideen, an denen keine Materie klebt, lassen sich aller Welt antragen als Maßstäbe und sogar Mittel des Lebens. Typisch für den Westen war daher seit sophistischen Zeiten das Ringen um Hirngespinste sowie die Sorge darum, daß es genügend Zuschauer und Nachtäter finde, zuletzt global. Beileibe nicht nur beim ›westlichen Intellektuellen‹, sondern beim kleinsten Konsumschlucker des Okzidents findet man diese Obsession für Ideen, Dogmen, Theorien, die mit seinem Dasein nichts zu tun haben und ihm in dieser Reinheit desto brutalerer Verkündigung und Verbreitung wert scheinen. Wo das nicht mehr notwendig ist, weil alle Welt die Meinungen des Westens über sich selbst und alle Welt kennt, da kommt der westliche Ideenfanatismus keineswegs zur Ruhe. Es schlägt die Stunde der Verkünder des Selbstverständlichen, das aus Scham vor der Banalität einer Offenbarung Jahrhunderte lang verhüllt blieb. Kein Zweifel, auch in einem als Ideenreich vollständig entkräfteten Westen wird es noch Millionen von Eiferern geben, die genügend Kraft für ihre Bekenntnisse und Bekundungen und Beteuerungen in sich fühlen: Bekräftiger der Geschäftsidee und Urdifferenz des Abendlandes, daß eine Idee von aller Welt losgekauft sein müsse, damit sie aller Welt verkauft werden könne.

Westler sein heißt eine Idee von sich *selbst* haben, von sich selbst als *Ganzem*. Die Idee muß somit isolierbares Ding sein – vorfindlich, handgreiflich, erwerblich –, das Machen eines solchen Dinges bedeutet, einem Wesen nachträglich das Sein und dessen Wucherung, also ein Wachstum an Wert zuzuschreiben. Die freie Wesenswahl des Westlers bezeugt seinen archetypischen Seinsmangel; die Idee, daß Sein sich erschaffen bzw. anhäufen ließe, ist die eine, allumfassende Religion des Okzidents, seiner Heiligtümer wie seiner Wachstümer. Weil aber der Westen, um sich zu verwirklichen – sprich: zu verwerten –, an sich selbst ohne Wert und Wirklichkeit sein muß, kann er auch von sich selbst denken, was er will, ohne Grund noch Folgen. Westlich sein heißt, für nichts haften können noch müssen; das Wesen, die Idee, das Phantasma eines Dinges, mag dieses noch so verderblich wirken, läßt sich nicht in Haftung nehmen. Um so leichter ist es jedermann anzutragen. Wer also ein Westler sein will in dieser Welt, der muß zuerst eine Idee von sich haben, um sie der Welt mitteilen zu können. Derlei Mitteilung von etwas, das nur durch Willkür und Beschluß an einem haftet, da ja per definitionem seinsneutral (Idee, modern: ›Vorstellung‹), erklärt die anderen Menschen schier unglaubliche Unterworfenheit des Westlers unter sein Machwerk – Eingebildetes, Angenommenes –, die berühmt-berüchtigte freiwillige Knechtschaft. Der Westler hat ursprünglich keinen anderen Gedanken in sich als jenen, den er aller Welt mitteilt; das ewige Zittern des Westlers ist die Besorgnis, daß der andere – die Umwelt, das Ausland, der Osten – von ihm denke, was er von sich selbst denkt. Denken als Fürwahrhalten einer Idee bedarf des gläubigen Vorbilds, des Glaubenseifers. Der Idee des Westlers von sich selbst, an sich ja bloß Kälte des Gefühls und Kalkül der Vernunft, fügt er nachträglich den Affekt, das ›Engagement‹ an. Im einzelnen ohne Weiblichkeit, ohne Eros sowieso, wirkt der Westen im ganzen somit doch weibchenhaft-intrigant. Mit Grund nannte man ihn den Erdteil der Eheweibchen, zweifelsüchtig und glaubensfreudig in einem. So sehr es nämlich Schläue war, was dem Westler zu einer Idee von sich verhalf, so sehr muß es Einfalt sein, was ihn dann an diese, im gläubigen Nicken der Ideenbekehrten, seinerseits glauben läßt. (Glaubt nicht ebenso die *petite bourgeoise* an die Komplimente, deren Gehalt sie ihren Schmeichlern zuvor detailliert mitteilte?) Schläue und Einfalt statt Weisheit, die ja durch Umsicht zur Einfachheit findet: der Westen hat in der Ängstlichkeit und dem Eifer seines Plapperns über sich selbst die Zahl der Ideen ins Unermeßliche entgrenzt; es gibt nichts, was er nicht von sich sagen könnte und von sich glauben würde. Gelöst von allem Sein, ist er ein Wesen ohne natürliche Grenzen. Man versteht die Willkür, mit der er sie am Ende zieht und etwa auf den Namen eines Kontinents tauft, Europa.

Zum Schaden der Welt sind alle Hoffnungen des Okzidents auf den Himmel zu Erwartungen an diese Erde geschrumpft, die Erwartungen wiederum zu Ansprüchen geronnen, die Ansprüche schließlich als Anrechte konserviert. Die Idee des Westens, daß die Welt ihm etwas schulde, beherrscht westliche Menschen und Kulturen gleichermaßen. Sie ist untrennbar von der Idee, daß das Dasein des Westens ein Geschenk für die Welt sei, welches er dieser durch ein bestimmtes Sosein – einen *Lebensstil* – zuteile. Die Schuld der – solange unerlöst: groben, schlechten, rohen – Welt entspricht dem Opfer des Westens, mit sich selbst eine fragile, gefährdete Form der Existenz in die Erde gepflanzt zu haben: das Dasein aus Werten, auf Kredit, durch Zukunft, dank Gläubigkeit. Diese Daseinsform, schon vor aller Stoffzufuhr ja eine *Formidee* (Eidos, Typos, Mythos, Phantasma, Phantom), ist so blutarm wie anspruchsvoll. Sie ist das Wesen, dem das Sein nachzureichen ist. Die Idee eines westlichen Daseins ist daher spekulativ, Glaube an eine Welt, die der Erlösung durch den westlichen Stil des Lebens bedarf wie dieser ihres Stoffs. Woher solche fixen Ideen von der Schuld der Welt und dem Opfer des Westens? Für den Westen als Kultur ist das Faktum der eigenen Existenz, an der anfänglich so wenig Stoff und Sein klebt, das Ungeahnte, Einzigartige, also eigentlich Wunderbare. Es scheint ihm eher auf eine Bestimmung als auf eine Geschichte zu verweisen. Ebenso beginnt das Leben jedes einzelnen Westlers als etwas Heraus-, ja Überragendes, denn die westliche Gesellschaft ist stets schon voll und übervoll. Das Leben der Einzelnen in ihr ist darum der am schwersten verwertbare Überschuß, der Mensch hier ohnehin das Wesen, das eher ein Bewußtsein denn ein Dasein verbürgt, ein Bewußtsein der eigenen Überzähligkeit. Die seelische Geburt des Westlers ist sein als kritisch empfundenes Hineinragen in eine Welt gefertigter Existenzen, seine soziale Geburt ist die Suche nach der freien, leeren, jedermann zugänglichen und ihm zufallenden Stelle, in der Sprache seines Daseinspathos: nach *der Stellung*. Wie sollte diese Sozial- und Seelennot nicht erfinderisch machen, ja phantastisch-trugeslustig, spekulativ? Unter den Dingen dieser Welt, als welche der Westler von klein auf das Lebendige zu sehen lernt, ist das Leben des Einzelnen ein Überschuß des Seins, der keineswegs für sich selbst ein Geschenk bedeutet – der vielmehr drängt, sich als Geschenk für die Welt, als Vorschuß künftigen Gewinns, also als *Schuld der anderen* zu begreifen. Als isoliertes, wunderlich-wunderbares *zoon* seiner Rechte früher noch als seiner Möglichkeiten gewiß, ist der Westler der Bedürftige an sich; eine Qualität des Lebens, dem wie selbstverständlich Stoff zuzuführen ist. Früher noch als ein Leben hat der Westler eine Vorstellung von ihm, die Idee nämlich, was er selbst im Leben vorstellen werde; das westliche Dasein ist das einzige, worin das Wesen der Existenz vorangeht (das Dasein des Einzelnen, wohlgemerkt, denn das Dasein der westlichen Kultur insgesamt zeigt jahrhundertelanges Suchen nach einem Sinn, der dem aufreizend sinnfreien Sein und Werden des Westens anzuhängen wäre!). Diese ursprüngliche Verfrühtheit bzw. Vorwitzigkeit im westlichen Selbstbild begründet den westlichen Welthunger: die Welt wird zum Titel all dessen, was einem selbst abgeht und zusteht, so wie einst der Himmel eine vorenthaltene bessere Erde war, ein Gott der kommende bessere Mensch. Nichts empört den Westler daher stärker als eine Welt bzw. ein Weltteil, in dem man mit ihm rechnet, weil er darin schon *vorgesehen* ist wie der Nutzen des Nachteils; nicht hereinbrechendes Wunder und schenkende Gnade also, sondern Teil einer profanen Ökonomie von Geben und Nehmen, Kredit und Zahlung. Die Ansprüche des Westens auf die Welt, die er mit so gutem Gewissen verkündet, sind nicht lösbar von seinem Gefühl, sie tat- und anstrengungslos, durch seine bloße Weltanwesenheit, also durch das Wunder seines Lebensstils gewonnen zu haben, der jedes subsistente und zirkuläre Wirtschaften übersteigt. So kann es nicht wundernehmen, daß der Westler unter den Völkern dieser Erde als leibhaftiges Versprechen auch künftiger Wunder, als leib- und landgewordener Vorschuß überlebensgroßer Wachstumswunder umgeht. Wenn er sich durch Blicke und Hoffnungen der weltweiten Armut betastet fühlt, von der er wenig ahnt und kaum zu träumen wagt, wenn er sich umraunt meint als das Wunder des Lebens, den Luxus des Seins – wie sollte er sich da nicht selbst am meisten bestaunen? Und doch gelingt ihm dies Staunen nur noch in den seltensten Stunden, denn allzulange war, allzufrüh schon ist er mit dem Wunder seiner Existenz – als Versprechen, Idee, Phantom – vertraut.

Wenn es auch der Charakter der westlichen Kultur ist, der Wirklichkeit die Idee vorzuschreiben bzw. dem Wesen das Dasein nachzureichen, so zeigt er sich doch beim westlichen Menschen genau umgekehrt. Stets muß hier für einen, der von Kindesbeinen an lernte, nur einmal *da* zu sein als Existenzhülse, erst der Gehalt gefunden werden, der ihm einzufüllen ist. Genügt es also zu sagen, der Westler sei wesenhaft erfaßbar allein durch das, was er hat, tut oder denkt, weil er, ein ursprünglich Wesenloser, sein Wesen sich stets erst aneignen muß? Die Gehalte seines Denkens, Tuns und Wollens sind dem Westler allerdings äußerlich, und als Charakter oder Original gilt er unter seinesgleichen um so mehr, je weniger er davon in sich selbst finden konnte vor seinen Aneignungsgängen in die Welt. Doch die Wesensleere bzw. Charakterlosigkeit erlaubt auch eine besondere *Zuwendung* zu dem, was vermeintlich Wesen und Gehalt verschafft, sie erlaubt eine Liebe zur eigenen Person im Modus des Habens. Seine Bedürftigkeit ist es gerade, was den Okzidentalen mit Rührung und Respekt vor sich selbst erfüllt. In keiner anderen Kultur ist der Einzelne auf seine seelische Habe – seine Füllung, seine erworbene Substanz – so stolz wie in der westlichen, jeder weiß hier selbst am besten, was er an sich hat, weil er nichts weiter ist. Ja, selbst der liebevoll-stolzen Zuwendung zur eigenen Besitzernatur wird der Westler noch habhaft, in seinem weltberühmten Sentimentalismus. Ist die Besitzernatur ihm doch zugewachsen durch das, was er in freiester, weil grund- und wesenloser Wahl ergriff! Als Produzent ein kultureller Sinnverleiher, ist der Westler als Konsument ein seelischer Beutemacher, dem die Welt voller Qualitäten ist, die der Aneignung harren. Der Okzidentale glaubt sich durch derlei Aneignung beseelt und veredelt, er liebt sich für die Gefühle, welche die angeeigneten und in Güter eingepuppten Qualitäten in ihm erwecken, er ist gerührt und stolz über das Wunder, trotz seines historischen Alters noch fühlen zu können, um so mehr, als er dies Wunder ganz sich selbst verdankt. Die Verliebtheit des Westlers in das, was er durch seine Besitztümer – seine Meinungen, Ansprüche, ›Werte‹ etwa – seelisch geworden ist, entspricht der erdabgewandten, volkstümelnden Seite seines Weltzugriffs; er ist darin Herrscher durchs und übers Begrenzte, gleichwie er draußen unbelangbar ist dank der Grenzen- und also Gestaltlosigkeit seiner Gier. In der Welt erscheint darum der Westen als der Ort, an dem sich alles Wesen verflüchtigt, eine Kultur, deren weltbezwingende Qualität gerade in ihrer Qualitätslosigkeit besteht. Der Westen, in seinen Verkündern und Verkäufern, befördert diesen Anschein noch, denn auf keinen Fall möchte er den Völkern der Erde so erscheinen, wie diese einander begegnen, als Wesen dem Wesen, Qualität der Qualität. Man weiß, wie es unter *qualitativ* (substantiell, inhaltlich) bestimmten Wesen zugeht: sie verneinen oder verehren einander bis hin zu Vernichtung oder Selbstvernichtung, sie glauben an das eigene wie an das fremde Sosein, wenn sie im Dasein konkurrieren. Mit einem Wort: sie halten sich für souverän. Auf Erden bzw. für Erdwesen gibt es jedoch kein Bewußtsein, das einen weltweiten Pluralismus souveräner Daseinsqualitäten fassen könnte. Einen solchen Pluralismus führt die westliche Weltumkreisung dennoch im Munde. Partikularexistenz und Universalbewußtsein vereint die Westlichkeit, indem sie Wesen durch Zahl ersetzt. Die Verflüchtigung alles nicht-westlichen Wesens zu einer bloßen (in der Regel: geringeren)

Quantität an Westlichkeit ist ihre weltzugewandte Ideologie gleichwie Praxis. Jedoch hat der Westen auch seine schwache, heimatliebende Stunde, da er, von den Wesen dieser Welt getrennt, des eigenen Wesens ansichtig werden, des eigenen Werts gewiß sein will. Diese sentimentale Anwandlung, über sich Bescheid wissen zu wollen, ohne daß einem ein anderer Bescheid sagen bzw. stoßen könne, erschafft die geistige Kultur des Westens. Sie ist Medium der Reflexion westlichen Daseins. Kulturelle Reflexion kopiert den westlichen Daseinsstil – Selbstbegrenzung um grenzenloser Ausbeute willen – auf zweierlei Weise. *Zum einen* in einer grenzenlosen, wenngleich nur von wenigen empfundenen Verzweiflung darüber, als existentielle Paradoxie zu leben. Schließlich ist ja die eigene Qualität durch Auflösung aller anderen bestimmt, durch deren Verwandlung nämlich in bloße Quantitäten des eigenen Daseins, das durch solchen Raubbau dennoch keinen Wesensreichtum gewinnt. Es ist die Verzweiflung am *Formalismus* des eigenen Daseins, den ins Extrem zu treiben das Ethos der westlichen Philosophie, Religion und Kunst bildet: Übertreibung, Abnutzung, Zersetzung eines seinerseits zersetzenden Prinzips. *Zum anderen* ist da die Verwahrung, Vermessung und Verkostung der zu Kulturgut (›Werten‹) herabgesunkenen *Gehalte* fremdkulturellen Wesens wie eigenen historischen Daseins. Die Philisterhaftigkeit des Westens in seiner Selbstzuwendung – der Zuwendung also zu allem an ihm, was Stoff und Habe werden kann (und was wäre nicht zu haben an ihm?) –, ist die massenhafte und zugleich unscheinbare Gestalt seiner Gefräßigkeit; sie ist überhaupt ausgesprochen konsumtiv, behagliches Schmausen und Schmatzen im Weltgefühl der Sicherheit. Der Kosmos ist hier so rund und geschlossen wie jedes Ding, das sich in ihm zum Verzehr bietet. Eben diese Sicherheit des Verzehrs, des Überflusses an mundgerechtem Nährstoff, mischt unters Knirschen der Kiefer ein Schluchzen der Rührung. Daß alles so reich, so leicht dem eigenen Appetit sich füge, ja, daß noch dieser selbst sich fügsam zeige wie auf Beschluß! Der Fremde muß schon einmal selbst an der Tafel dieser sentimentalen Esser mit den fettglänzenden Fingern und Mündern und Seelen gesessen haben, damit er begreife, wie bescheiden es in der Maßlosigkeit, wie maßlos es unter Bescheidenen zugehen kann.

In der Entstehungszeit der bürgerlichen Gesellschaften war ›der überflüssige Mensch‹ nur eine Randfigur, eigentlich: ein bürgerliches Bewußtsein am Rande eines noch immer feudal-agrarischen Daseins. Später ist die Überzähligkeit nicht einmal mehr ein Elementarerlebnis, sondern schlicht eine Elementartatsache westlichen Daseins. Gerade weil hier das eigene Wesen freie Wahl, ja Willkür ist, die dem Faktum seiner Gestaltung vorausgeht, ist alles *Sein* so zufällig, jedenfalls nicht ›selbst‹bestimmbar. Um so absoluter die Bereitschaft, sich den Milieus zu unterwerfen, die dem ergriffenen ›Sosein‹ das Dasein verschaffen! Milieubindung statt Menschwerdung, das besagt nichts anderes als die ontologische Überzähligkeit des Menschen im Okzident. Jeder weiß hier von Geburt an, daß er eigentlich zuviel, zumindest entbehrlich ist. Numerische und individuelle Existenz liegen – anders als in Kulturen, die ihre humanen Bestände abzählen und einhegen – weit auseinander, weil ja den Systemen und Milieus ihrerseits Quasi-Individualität zugebilligt ist. Die durchaus aufrichtige, nicht wie im Orient abgezwungene Unterwürfigkeit des Okzidentalen vor ›seinem‹ Milieu, die Verbeugung des Menschen vor der Maschine, die Formatierung des Lebendigen aufs Leblose liegt in der Kondition eines seinsneutralen, unverletzlichen, weil untotengleichen Kulturlebens. Alles, was hier eintreten will, muß früh fertig sein; die einzige Geschichte, die einem kulturell akzeptierten Einzelwesen möglich ist, besteht in der postumen Erteilung des Prädikats Sein. Nicht zufällig spricht man hier lauter, fühlt man eckiger, agiert man heftiger. Das Barbarische der individuellen Form steht für Seinsmacht, die das Lebendigsein ersetzt; das Engagement wird dem Entschluß, dieser oder jener zu sein, dies und jenes zu denken, als individueller Existenzbeweis nachträglich angefügt. Wo immer ein Okzidentaler, als Bürger, zur Welt – in sein Medium, sein Daseinssystem – kommt, da wirkt er *verspätet*. Sein Tod hat schon stattgefunden in der Wahl eines Wesens, einer Form; das ›Leben‹ – Existenz zur Essenz, Wirklichkeit zur Idee – kommt hinterher. Derlei *ursprüngliche* Verspätung – kennzeichnet sie nicht alle Fortschritte des Okzidents, seine Entwicklungen wie Emanzipationen, die ja stets auf eine vorzeitlich erlittene Kränkung, Zurücksetzung, Versagung, kurz: eine *Investition* zurückgehen?

Der Fundamentalismus des Westens ist sein Dogma, daß das Leben gewisse Fundamente benötige, die er allein deswegen herbeischaffen könne, weil sie ›ideell‹ und somit beweglich seien, transportables Heilsgut. Fundamentalismus der Ideen, das ist der Glaube an die Begründungsfähigkeit und -bedürftigkeit des Daseins überhaupt; als echter Glaube geboren aus der Not des Seins (Substanzmangel, Stoffhunger) und dem Überfluß des Wesens (Ideen-, Ideologienschwemme). Der Fundamentalismus des Westens ist daher nicht zu trennen von seinem Pluralismus: entscheidend ist, daß überhaupt argumentiert, ›begründet‹ werde. Noch der liberale Diskussions- und Verhandlungsglaube bekräftigt sich zynisch-frech, aber folgerichtig im Dezisionismus für die ›westlichen Werte‹. Ihre Gehaltlosigkeit öffnet sie universellem Gelten und Gebrauch. Verwestlichung bedeutet darum aber auch immer bzw. ›prinzipiell‹ die Überformung einer schon vorgefundenen Substanz, die Ausbeutung eines verfügbar gemachten Stoffes. Wenn ›die Politik‹ des Westens, wie ihre Verkäufer das in naivem Animismus nennen, schon vor den westlichen Zerstörungswerken in irgendeinem Osten ihre Aufträge vergibt für den ›Wiederaufbau‹, dann könnte man Verwestlichung allerdings für eine analytisch-synthetische bzw. destruktiv-konstruktive Leistung halten, ein Nullsummenspiel. Doch die Verwestlichung ist kein Kampf zweier substantieller Formen, z. B. westlicher gegen östliche, sondern eine Zerstörung östlicher Form durch westliche Kräfte und Ideen zwecks Umformung der östlichen Substanz. Mit seiner durchaus richtigen Selbstdarstellung als substanzfreie Flause (rein formale ›westliche Prinzipien‹, ›Werte‹, ›Ideen‹) bekräftigt der Westen das Sekundäre seines Zugriffs. Er kann Leben, Stoff, Substanz nur umtaufen, ausbeuten, überformen, nicht erzeugen. Seine Religion, welche die Zeugung aus dem Nichts lehrt, bietet dafür ein beredtes Beispiel. Der Christ glaubt als Nutznießer an einem schon vorhandenen, lokal begrenzten Glauben eines Volkes, dem er das Blutopfer austreiben wollte, um kraft des Taufwassers über alle Völker der Welt zu herrschen.

Die Ortsvagheit und schließlich Unauffindbarkeit des Westens wirkt wie ein Abbild der sozialen Unfixiertheit des *Bürgers*, der die meiste Zeit seines historischen Daseins schwankende Mitte, selten *juste milieu* war. Die Ausrufung der Westlichkeit als Weltsinn, der Bürgerlichkeit als Daseinsziel sind historisch späte Phänomene, eine trotzige, also reaktive Bestimmung des Unbestimmbaren. (Wer heute Westen sagt, meint Bürgerlichkeit, also nichts Bestimmtes.) Doch während der Bürger einst, als dritter Stand, höhernumerierte weitere Stände zu fürchten hatte, die ihm nachtaten und nachrückten im Appetit auf den Rohstoff der Welt, sucht der Westen heute seine gelehrigsten Schüler gerade von ihrem furchteinflößenden Produktivismus fortzubringen, hin zum Konsumismus und der darin garantierten Erschlaffung ihrer Aufstiegsgelüste und -kräfte. Aus Orienten aller Art sieht der späte Bürger des Westens sich ja von Eiferern des Produktivismus bedrängt, die nicht daran denken, auf jene Selbstermächtigung durch Selbstverkleinerung und Selbstausbeutung zu verzichten, die ihnen die geistlichen und weltlichen Missionare des Okzidents einst antrugen. Während der Bürger sich daheim durch den Konsum unterbürgerlicher (tatsächlich nur die Bürgerlichkeit massenhaft imitierender) Mehrheiten bedroht sieht und dem Alten Europa, dem letzten Geschmack

der wenigen Edlen, dem Westen, ja schlicht ›der Kultur‹ hinterherseufzt, die ihn allein aus dieser geradezu industriemäßig schmatzenden und schlürfenden Bedürftigen- und Begierigenmasse herausheben, muß er in seinem Welt-Verhältnis auf das Gegenteil hoffen: Wenn doch die fremden, hoffentlich fremd und fern bleibenden Völker ein wenig Würde der Trägheit zeigten! Oder eine durch keine technischen Kniffe gemilderte Mühsal der Arbeit! Wenn die in Bewegung Gekommenen aus der Patriarchenluft des Ostens doch nur auf den Berg der dort angehäuften Fertigware stiegen, statt in die Ebenen Europas zu strömen! Die Ängste des Bürgers vor dem einströmenden Welt-Orient sind deshalb unabtrennbar von seinem Sehnsuchtsseufzen nach dem Alten Europa, dessen Vorsprung im Machen sich als Überlegenheit im Haben manifestierte. So erklärt sich das Schielen des späten Westlers nach Zeichen von Völkermüdigkeit, sein Hoffen auf Welterschlaffung. Möge doch Müdigkeit sich als egalitär-egalisierende Decke schwer über den Planeten legen und alle Ungleichheiten des Besitzes und der Anrechte und Ansprüche darauf festbannen in einem soliden *nunc stans!*
Zweifellos bekunden solche Sehnsüchte oder genauer: Sentimentalismen eine Verkümmerung des expansiven, aufs Grenzenlose zielenden Antriebs in der bürgerlichen Seele. Diesem Expansionismus müssen Schwung und Masse abhandengekommen sein bzw. Allmacht und Rohstoff; der späte Konsumismus und die Hoffnung auf einen entmaterialisierten, technoïden (reinen, ›ökologischen‹) Industrialismus ohne Welteroberungsdrang und Weltvernutzungszwang künden gleichermaßen davon. Noch mehr aber die Wendung zur Heim- und Kleinwelt in der penetranten, geradezu unverschämten Ausrufung der Bürgerlichkeit als Seinssinn; ein Selbstbetrug erster Güte, bestand doch das ›Sein‹ des Bürgers immer nur in dem unendlich kleinen Augenblick seiner Bewegung des Aufstiegs, zwischen den Klassen. Wenn nun das Kleine schön und das Heim die Wahrheit der Welt genannt wird, so ist dies keineswegs eine Entdeckung vergessener Gewißheiten, sondern dreiste Sicherung erschlichenen Vorteils. Derlei Gebaren gehört zu jener Verspießerung und Verschwäbelung des Westens, wie sie etwa aus den schwarzgrün angelaufenen Gesichtern geängstigter Kleineigentümer, mobilgemachter Kleinweltbewohner leuchten. Expansiv aber und grenzenlos bleibt der Bürger des Westens in seinem moralischen Anspruch der Weltbelehrung. Seine Ideen sind materiell gewichtlos, leicht also universell zu verbreiten. Er gibt den bürgerlich mobilgemachten Völkern der Welt kein (neues) Heim, sondern verkündet den globalen Anspruch darauf. Wie soll man diese Mischung aus Eigenheim und Weltbelehrung seelisch deuten,

diesen so unspektakulären Größenwahn? Vielleicht als eine Art angstvoller Frechheit, frechgewordener Angst …

Die Hausbackenheit seiner Habsucht, die einzigartige Melange aus Geiz und Gier ist es, was den Okzident zuletzt selbst der Welt übereignet: Er ist zu einem Nachleben als Knecht seiner so flinken wie ungerührten Nachahmer bestimmt. Wo er es billiger und einfacher wollte, können diese es einfach am billigsten und zwingen ihn so, es am besten zu finden; der Westen nur mehr als Käufer und bald auch Schuldner dieser Verbilligung der Welt. Seine Schuldknechtschaft ist absehbar. Am schlechtesten sind auf diese Rolle jene Okzidentalen vorbereitet, die als Musterschüler eines seinerseits nachgeschaffenen Westens sich endlich auf dem richtigen, dem nicht mehr sonderlichen Weg der Geschichte wähnten. Zwar sind sie von Skepsis, ja Angst betreffs ihres Schicksals erfüllt. Ihre Angst ist aber wenig gründlich, ihre Skepsis allzu hoffnungsfett. Sollte ihre Laufbahn schon am Ende sein, da sie doch eben erst lernten, ohne Dogmen und Vorurteile zu laufen, einfach so, aus Siegerstolz und Gewinnlust?
Kurz: Die Skepsis der von allen Sonderwegen abgekommenen Nation gilt immer nur den sonderbaren Nachbarn oder der Zukunft, nicht ihr selbst, ihrer Gegenwart. Gerade dies bestimmt die normalisierte Nation aber zum hilflos überraschten Opfer gewitzterer Völker: feiste Körper, träge Seelen, deren natürliche Unbeholfenheit ebenso leichten Sieg verheißt wie die Einseitigkeit ihrer geistigen Kräfte. Dergleichen bildet das ungeschlachte, formfähige Barbarenfleisch, worüber eine überlegene Zivilisation sich mit berechtigtem Appetit hermachen kann. Die künftigen *graeculi* für die Appetitreichen des Abendlands leben woanders, in einem inneren Randgebiet des Westens, dort, wo man mangels materiell-technischer Exzeßchance ins Tiefe und Enge, sagen wir's nur: ins Innere – Geistige wie Geistliche – gehen mußte, seine Skepsis zu Selbstzweifeln wendend und so das geistige Telos des Okzidents – seine Moral! seine Wissenschaft! – selbstdestruktiv erfüllend. Erst im Selbstzweifel vollendet sich die Skepsis des Okzidents, in einer Verzweiflung, für die man freilich ein wenig Kraftüberschuß, ein wenig Seelenquellen *ex oriente* in sich haben muß. Dennoch wirken jene, die dem politisch-ökonomischen Osten zuvorkommen, indem sie, von Geschichte, Gewissen und Wissenschaftlichkeit zerrüttet, diesem eine schlechte Nahrung werden, wie der ›echtere‹, der rücksichtsloser seine Phantasmen verwirklichende Westen. Er allein kann dem Osten der Welt, wo nicht zur Ernährung, so doch zur Erheiterung dienen.

Unzufriedenheit, Unbehagen, Unlust: Es gibt einen Selbstzweifel der Tat, der nicht zum Wort finden kann, zumindest nicht aus eigener Kraft. Nichtwestliche Völker und unbürgerliche Menschen stehen oft ratlos vor dem Haß, den der westliche Bürger gegen sich selbst zu empfinden scheint, vor dieser Unerträglichkeit für sich selbst. Immerhin findet besagter Haß für sich selbst keine Formel, bekundet sich nur im Niederreden einer unbürgerlichen, nichtwestlichen Welt. Entspringt der Haß des Okzidentalen seiner Vergreistheit, ist er ein Zeugnis schöpferischer Ohnmacht? Der Jugendliche haßt die Welt, weil sie ihm mit Fertigem überfüllt scheint, der *homo occidentalis*, das greise Kind, haßt sich selbst und damit das ihm zunächst existierende, das gemachte Ding. Warum aber ist gerade das künstliche, ›gemachte‹ bzw. zu dinggleicher Konsistenz gebrachte Dasein sich selbst unerträglich, ja hassenswert? Der Haß durchdringt sein Objekt nicht, wie etwa eine Erforschung oder eine Erfahrung, er spiegelt sich bloß darin. Für ein selbstgefertigtes, wesenloses Wesen wie den Westler ist die Spiegelung aber existentiell. Überall langt er hin, von überallher spiegelt sich ihm seine Visage. Wie das ertragen? Der weltweit tendierende Westen ist ohne ordnende oder unterordnende Macht, er kann nur umtaufen, bewerten, darbieten, verkaufen, was er schon vorfand; wo er nichts fand, verwandelt er Leben in bloßes Dasein, dahingestellt und weiterzuschieben. An sich selbst – an seiner Selbstbeschränkung auf die Meinungen, Überzeugungen, etwa vom Wert des universellen Verwertens – findet der Okzident das einzig konkrete Objekt; aufgrund von dessen Wesenlosigkeit (seines technischen, formalen Charakters) müßte der westliche Selbsthaß, im Falle einer Selbstdurchdringung, steril und sprachlos bleiben. Das ist er offensichtlich nicht. Der Selbsthaß des durch sich selbst begrenzten Daseins setzt, wie die westliche ›Selbstverwirklichung‹ überhaupt, Himmel und Erde in Bewegung. So wenig der Westen ein Bild und Wesenswissen von sich selbst, so wenig kann er eines von der Welt haben, die ihm zum amorphen Stoff seines Verwertens und Verwesens wurde. Im Westen wird der Haß auf die eigene Grund- und Wesenlosigkeit zur materiellen und ideellen Kraft, er wird Arbeit. Wie in allen Arbeiten des Okzidents spürt man an ihrem Ursprung ein Zittern, vor der Unfestgestelltheit des eigenen Wertes, einer möglichen Wert-, weil Wesenlosigkeit. Die westliche Zivilisation, selbst in ihren verzwergtesten, schwäbisch-schrumpeligsten Formen, verfährt darum mit der Welt immer in der gleichen Weise, zeigt ihr immer dasselbe Gesicht. Ein vages Minderwertigkeitsgefühl, umgürtet und hochgerüstet mit technischem Außenwerk – die *techné* des Westens als *tyché* der Welt. Alles, was der westliche Blick trifft, wird klein, krumm und zufällig, denn er ist technisch, aufs Positive versessen und deshalb verwiesen auf seine eigene Form. Grotesk zerstückt hingegen wirkt das Leben, das er traf. Die Zerstückung folgt aus der Versammlung der weltweit angetroffenen Formreichtümer, der Haß des Okzidentalen auf sich selbst, in die Welt gezwungen, wird Furcht und Synthesis. In der Synthesis der Furcht ziehen sich Himmel und Erde zusammen zu heidnischen Steinen, feindlichen Kirchen und Gläubigkeiten, ballen sich Kulturen zu ganzen Kontinenten. Am Ende sind es nur noch Himmelsrichtungen. So wenig wie der Selbsthaß des Westlers wagt sein Welthaß die Konkretion; statt dessen das Konkrete als Symbol einer namenlosen Angst. Man denke an den Adenauerdeutschen, den Marshallplaneuropäer und seinen Horror vor einem Osten, der von Polen bis China reicht! Asien beginnt jenseits des Flusses.

Die Bedrohung aus dem Osten, das Ungeheure entwerteten Lebens oder entformten Stoffs, ist Hirngespinst gleichwie Realeffekt westlichen Weltzugriffs. Dessen Agent ist ein Wesen, das sein eigenes Bild nur erträgt, wenn er es unter seinesgleichen, höhergehängt, erblickt. Das westliche Dasein bestreitet dem Lebendigen ringsum die Eigenqualität und findet eben darin die Höhe und Qualität eigenen Seins. Eine Qualität, die eine Einebnung aller sonstigen Qualitäten, sprich: eine umfassende Quantifikation der Wesen verlangt. Nichts fällt dem Okzidentalen – ob eingeboren, ob eingewandert – leichter als das. Durch Willen und Definition ein autonomes, also in sich geschlossenes, geschichts- und phantasieloses Sein, ohne Schründen und Spalten der Reflexion, muß er alles Leben ringsum als – verringerte oder potenzierte – Quantitäten der Westlichkeit ansehen; die Schüler der Verwestlichung sind hier so phantasielos wie die Lehrer, weshalb jeder Schüler der Verwestlichung, ohne etwas von der Welt gelernt zu haben, zu deren Lehrer aufsteigen kann. Diese Homogenität und Abgeschlossenheit (Definiertheit) des westlich gewollten Daseins ist die Basis seiner Verallgemeinerbarkeit. Nicht nur es selbst vermag sich antrags- und affektlos fortzuzeugen, in einer unendlichen, blut- und saftlosen Selbstverdünnung; es werden ihm auch alle materielle und geistige Kultur zu anfügbarem Zeug, zu Stückwerk seiner Bereicherung. Für ein Wesen, das weder durch äußere Gewalt noch eigenen Gedanken differenzierbar ist, bedeutet das Haben bzw. Habenwollen das elementare Weltverhältnis. So ist der Westler – der Bürger –unter allen Wesen dieser Welt am stärksten durch seine Habe bestimmt, die wiederum alle Welt arm und gleich und dumm macht. In der habseligen Welt-Quantifizierung geht der Westler, der Bürger bis zur selbstbewußtesten Lächerlichkeit, indem er auch Moralität und Geschmack und Bildung als ›Habens‹qualitäten vorrechnet und vorzeigt. Klein und beliebig hat er die Welt gemacht, durch die von ihm für immer fixierte Zufälligkeit der Zeit und des Ortes, worin er das fremde Leben vorfand und verwurstete. Dieses ehemalige Leben, nur noch Zufallszeug, ›Kultur‹ in ausstellbarer Sonderbarkeit, muß ihm selbst nun zur Qualifikation gereichen: Wo jedermann Bürger, Westler, Wesenloser sein kann, gilt es wählerisch zu sein. Den Trödel, zu dem der westliche Bürger die Güter und Wesen dieser Welt erniedrigt hat, hält er hoch über seinesgleichen – als wär's seinesgleichen.

Mitunter hat man für die einzige *Leidenschaft* des Okzidentalen seine – unleugbaren, unstillbaren – *Begierden* gehalten. Doch die Gier des Westens, seiner Bürger wie seiner Staaten, ist Gewohnheit, nicht Leidenschaft; man lernt sie dort in so frühem Alter, daß ihr Tremolo die eigene Seele nicht mehr zittern läßt. So scheint es, daß im Westen einzig die paradoxen, weil affektlosen Leidenschaften anzutreffen sind – die namenlose Angst (vor einer ins Unendliche geöffneten Zukunft), die gegenstandslose Langeweile (angesichts einer auf Dauer gestellten, dadurch inhaltsleeren Gegenwart). Selbst der Haß des Westens – Korrelat seines Wirklichkeitsmangels und darum eigentlich Seinsneid bzw. Wesenshaß – ist ein Haß ohne Zorn. Er hat die Beiläufigkeit einer kulturellen Technik; das Niedermachen, Herunterreden des nichtwestlichen Seins ist universell und automatisch, als reines Wortgeschehen risikolos. Andere Menschen und Völker mögen Stücke von Kulturen begriffen und sich einverleibt haben, wenn sie diese zertrümmerten; die westliche Weltzerstückung ist begriffslos und beiläufig, weil sie sich von einer Substitution des Zerstörten, eigentlich: seiner Mumifikation in einem künstlichen Nachleben, kaum unterscheidet. Der einzige *Affekt* des Hasses befällt den Okzidentalen beim Anblick der Armut. Dieser Affekt beherrscht ihn beinahe vollständig, weshalb der Westler gerade von ihm nicht Worte machen kann. Der Westler, also der Bürger, also das durch seine Habe und nichts sonst definierte Wesen, fürchtet die Armut als eine Selbstbegegnung nichtigen Selbstseins, kann sie sich aber eigentlich auch gar nicht vorstellen. Das ist wenig verwunderlich, denn sein Dasein blieb vom Stich des Bewußtseins, von etwas ihm Wesensfremden unbetroffen – ist bloßes Selbstbestimmen, also Selbstbewußtsein seiner als eines unteilbaren (›individuellen‹) Ganzen. Von der Konsistenz eines Steins oder einer Gottheit, kann das okzidentale Dasein noch so viele Dinge auf sich, noch so viele Wesenheiten um sich häufen, es weiß sich dadurch in seinem eigenen Wesen doch nie bedroht.

Nichts Fremdes soll dieses ja bestimmen können. Was der Okzidentale daher einzig sehen, fürchten und schließlich hassen kann, sind die Armen. Ihr Name ist ihm Orient, ein kalter Wind aus Steppen gleich hinter der Elbe und anderen Grenzflüssen, der das Interieur seiner Habseligkeit durcheinanderwirbelt. Der westlichen Armseligkeit des Habens bedeutet jeder Arme, der an ihrem selbstgezogenen Horizont erscheint, immer nur die Vorhut bzw. den Vertreter einer noch größeren Armut, denn die westliche Spiritualität lehrt, im Konkreten das Unfaßbare zu erblicken. So geht vom Armen, selbst wenn seine Armut ein Effekt westlichen Plünderns, Herumbietens und Ausverkaufens ist, ein unheimlicher Sog aus, ein Seinsentzug, der den Westler in den Zonen seiner Wirtschaft und seiner Seele als frierendes Ich zurückzulassen droht. Wenn auch der späte Okzidentale, seines wesentlichen Seinsmangels halb gewärtig, zwischen seiner kollektiven Kultur des Schaffens und Raffens (er verachtet sie) und der Kultur seiner Kulturhäuser unterscheidet (er besucht und belächelt sie), so glaubt er doch an die Einheit seiner, der westlichen Kultur und damit der Kultur überhaupt: als ein Haben der gröbsten wie der feinsten Dinge. Nichts bringt mehr Raserei, zugleich aber auch mehr Richtungssinn in seinen Schauder als der Anblick von Völkern, die feiner sind als er, ohne ihre Feinheit als ›Kultur‹ zu ›haben‹, vor sich, an sich und sie andern antragend gar. Das plumpe, weil grob in sich verklumpte Dasein gewinnt Bewußtsein von sich und Spielraum für sich nur durch Erklärung der Welt zum Besitz- und Beitrittsgebiet; Habseligkeiten haben nun aber an sich, daß jeder sie haben kann. Die wortlose Wut des Westens gilt einem Leben, das reicher scheint, ohne von seinen Reichtümern Gebrauch zu machen. Hat es nicht Sein und Haben gleichermaßen verwirkt?

Ein Einsamer, den es drängt, vor Publikum zu sprechen: der Westen will durch das Wort, die Formel herrschen, er braucht den Glauben der anderen. Was er in der Windstille seines Weltwinkels als Wahrheit fand, soll hinaus in die Wirklichkeit. Sein moralischer Monolog, ein von Erfahrungsschmutz befreites, daher durch keinen Anhalt noch Widerstand gehemmtes reines Gerede, ist schöpferisch, ideenzeugend; das Wort jenseits von Erfahrung und Widerstand taugt zur echten, ewigen *Idee*. Als Norm des Lebens verflüchtigt sich die Idee zur bloßen Vorstellung. Die *ideas* des Westens haften nicht am Sein; nicht etwa, weil sie falsch wären, sondern weil sie leer sind, seinsleer. Oder, wie ein anderer, ein östlicherer Westen sagte: bloß formal. So ersparen und entziehen die westlichen Ideen auch dem Westen selbst das Sein. Die Unruhe bis zur Panik, die den Westler erfaßt, wenn man ihm seine Worte (›Werte‹, Wahrheiten) nicht nachsprechen will draußen in der Welt, ist nicht die Reaktion eines verstörten Autochthonen. Dessen Wahrheiten sind ja handgreiflich, weil lokal, seine ›Werte‹ haften, weil begrenzt, in zugehörigem Sein. Der Autochthone kommt nicht auf den Gedanken, daß ein anderes Sein, ein fremdes Leben der eigenen ›Werte‹ wert sei. Der weltweite Westen hingegen hat etwas zu Werten erklärt, das nirgendworan haftet, überallhin transportierbar ist und dadurch deren zufälliges Verhältnis zum eigenen Sein bekundet. ›Werte‹ werden so zur Ware, auf der man sitzenbleibt. Nicht das Schicksal eines entwurzelten Eingeborenen, sondern eines erfolglosen Verkäufers fürchtet der Westler. So erscheint er als jemand, der das Wort bloß aufgelesen, gar angekauft hat dank einer Laune der Geschichte. Es hat ihm keine eigene Gestalt geben können. Die Wahrheiten des Westens reichen nur so weit wie seine Worte, Kräfte, Gelder, Truppen. Die substantielle Leerheit seiner Wahrheiten hat den Westen vor den Weltvölkern lächerlich gemacht, aber auch fürchterlich. Seine Macht ist so roh wie seine Gestalt vage, er wirkt, vor der Universalität (d. h. Leerheit, Formalität) seiner ›Werte‹ als ein Dasein in Ort und Zeit unfaßbar, unbelangbar sowieso. Weder in seinem Töten noch in seinem Sterben läßt er Formen, gar Rituale erkennen, er schert sich auch nicht um die Rituale fremden Lebens und Sterben. (Er kann offenkundig nur ab- oder hinschlachten, nicht schlachten nach Maß und Gesetz.) Er hat Meinungen, das ist wahr, und er teilt großzügig aller Welt davon mit. Der Westen stellt über seine Herrschaft das Wort und will, daß alle Welt unter seinem Wort lebe. Er will, daß alle Welt glaube, was er von sich selbst glaubt: daß es das Wort sei, wodurch er herrsche über alle Welt.

»Viele Worte. Zu viele Worte.« (Häuptling Tecumseh zu Gouverneur Harrison) Was der indigene Landherr am eingewanderten Landdieb – seinen Verträgen, seinen Versprechen – bemerkt, das ist der unvermeidliche Verbalismus westlicher Expansion. Deren unindianische Würdelosigkeit gründet jedoch nicht in der strategischen Täuschung, sondern in der unwillkürlichen Selbsttäuschung, im *Glauben an das eigene Wort* – an seine Wahrheit und Wirklichkeit. Bevor der Westen durch Inflation seines Bildes weltweit expandiert, hat er sich selbst schon ganz in ein Bild von sich gebracht, existiert er vollständig und ausschließlich für *sein* Auge – durch *sein* Wort, das sich endlos vermehren läßt. Da er selbst nichts ist, dem er trauen kann, *mußte* allerdings der Westler auch das Wort über sich aufrichten, durch das alle Welt erst gerechtfertigt ist, weil es Dingen und Menschen ihren Wert zuspricht. Das westliche Dasein ist ohne Wesen, ist weder von Natur oder Kultur her so und nicht anders denkbar. Deshalb kann das von ihm kündende Wort nur ein Phantom oder Phantasma des Seins bedeuten, des eigenen, in die Grenzen der Vorstellung gebrachten Seins. Westlich sein heißt in der Idee (vulgo: Vorstellung) leben wollen, die man von sich gemacht hat. Wäre diese Idee eine daseinsfremde oder sogar unerschaffene Wesenheit, mithin eine Totalität, die niemals vom individuellen Dasein vollständig angeeignet werden, es deshalb aber auch niemals passiv erfüllen könnte, so würde sie dieses Dasein ins Verhältnis zu sich zwingen. Sie würde ihm ein Bewußtsein von sich erwecken in Protest, Unterwerfung, Resignation. All dies liegt außerhalb der westlichen Idee wie ihrer Gläubigen. Das ganze Wesen der westlichen Idee ist die Selbstbestimmung und Selbstbestätigung des Daseins, das sich in ihre Grenzen geflüchtet hat. Progressivität und Monotonie des westlichen Daseins zeugen vom Stumpfsinn der Immanenz, der nur eine Richtung hat und nur eine Bewegung zuläßt: die Wiederholung der Daseinsaufhebung in der Idee, im Wort, das von nichts als der Gegenwart des Wortmachers spricht. Die Fähigkeit dazu ist dem Okzidentalen selbst nur als unbegrenzbare, also inhaltsleere (formale) glaubhaft. Dasein durch Selbstverkündigung entspricht dem westlichen Begriff des Fortschritts, nämlich einer unbegrenzbaren Häufung von Worten, die alle von demselben sprechen: von dem, der sie macht. Hier verdrängt nicht das letzte das erste Wort, besiegt nicht die spätere die ältere Idee, sondern fügt das Ja von heute sich zum Ja von gestern. Seinsakkumulation! Weil kein individuelles Wesen aus dem Dasein erwachsen ist, kommt in dieses auch kein Moment von Verweslichkeit. Sie widerspräche seiner Gegründetheit in Akten der Selbstbestätigung, seinem Willkür- und Spielcharakter. Niemand muß hier aufhören, jeder kann hier mitmachen; auch wo es auf Erden eng geworden ist, gibt es in der Welt der Worte von sich selbst kein Gedränge. Die Wortmacher sprechen ja von und zu sich, verkünden nichts als die Kraft der Verkündigung, die sich in ihnen zeigt.

Die Würdelosigkeit des westlichen Geredes, die allein noch den Indigenen dieser Welt aufgeht, liegt in seiner Unbegrenzbarkeit, in der Unsterblichkeit von Ideen, deren einziger Inhalt das Dasein desjenigen ist, der ihnen huldigt. Freiheit, Modernität, Emanzipation, Pluralismus – als seelisch und historisch substantielle Erfahrungsbegriffe begrenzt, also fallibel, als Ideen der Selbstbestätigung so infallibel wie wesenlos, weil bloß formale Komparative ihnen äußerlicher Substanz. Was indianisch Würdelosigkeit heißt, dieses Leben um jeden Preis, das ist allerdings anderswo, fernöstlich etwa, höchste Weisheit. Dasein ist alles, dableiben mehr als das! Am neuesten, am deutschen Westen vor allem besticht das Chinesentum seiner Politiker und Publizisten, ihr Talent, nichts als *da* zu sein, wie von jeher und für immer – die einen durch regloses Sitzen, die anderen durch tägliches Haspeln. Gerade das Sekundär- bzw. Scheinleben der Systeme zur Daseinsproduktion, d. h. der Institution und Anrecht gewordenen Wesensfreiheit, erlaubt dem darin geborgenen Leben das unaufhörliche Ja zu sich selbst. Es ist zugleich *essentiell unhörbar*, eine Ideologie ohne Idee, die pure Immanenz des Immer-so-weiter bzw. Weiter-wie-auch-immer. Der faktische Erfolg dieses Daseins, das stets nur von der eigenen Faktizität, also Wesenlosigkeit spricht, verleitet es oftmals, sich für die liebe Natur selbst zu halten. Natur steht dann gegen die Anmaßung der Idee, historische Immanenz gegen das Transzendenzmühen von Ideologie. Glaube des ewigen Westlers, Ewigkeit seiner geistigen Unschuld! Als Natur allerdings wäre er sterblich, weil ein Wesen und begrenzt; ein Sein, das sich irgendwann dem Wort entzieht, ihm entgleitet und verfällt. Die Unbegrenzbarkeit westlichen Seins besteht jedoch in Wesensfreiheit, von der allein sich jederzeit Worte machen läßt. Der Würdemangel der Westlichkeit ist zum einen diese Wesensfreiheit, die allem Unsterblichen bzw. Untoten eignet. Doch ist, zum anderen, auch der infallibel, also ewig-wesenlos um sich Worte machende Westler kein Sein außerhalb der Natur.

Selbst wenn er es nicht begreift, so sagt er es doch: er sei mehr als Naturstoff, er sei – durch ein Wort, eine Idee, einen Glauben – geheiligtes Sein! Hochmut und Verblendung seines Blicks auf Kulturen, worin man vermeintlich idee- und glaubenslos in der Immanenz (etwa von Industrie, Fortschrittsglauben, niederem Konsum) hause, ganz ohne höhere (etwa: christliche, liberalistische) Überbauung. Wie geht das zusammen mit dem westlichen Vertrauen auf die Immanenz seines Fortschritts, auf dessen Natürlichkeit fernab aller Ideologie? Westliche Kultur im ganzen ist Seinsvereinfachung durch Wesensabspaltung, ist Erhebung des Wesens von Technik, Fortschritt, Verwertung usw. zur unbeleckten Natur, die somit dem einzelnen Dasein transzendent wird und ihm seinerseits das Dummenglück ungetrübten Natürlichkeitsglaubens läßt: Dieses Dasein hat kein Bewußtsein zu fürchten, besteht vielmehr als solches erst durch den ›objektiven Geist‹ der Weltverbesserungssysteme, worin es seinen Platz erhält. Der Westler ist individuell nicht differenzierter, seelisch nicht gestalteter Naturstoff, der sich nur im dinghaften Ganzen – gleichsam von außen – erfaßt und bejaht; das ihn erfassende ›Bewußtsein‹ ist das Dasein der Systeme, die dieses Ich-Ding verorten und absichern. Der in den Systemen formlos wogende Wesensgehalt ist ihm äußerlich, mithin Geschwätz; Humanität, Christlichkeit aus Dogmen oder aus schöngefundenen

Gefühlen sind der industriellen Daseinsform anzuheften ohne Wesenskonflikt. Zu ihr paßt alles.

Nur wo die industrielle Daseinsform die ihr wesensfremden Sentimentalismen und Überbauten der Idee abwerfen soll, auf daß die Naturgesetze der Geschichte dem Individuum zu Bewußtsein kommen mögen, nur dort kann das Wort als eigentümliche, ein Eigenleben führende Realität *auffällig* werden. Nur dort nämlich taugt das Wort zum persongleichen Wesen, welches das Dasein der Individuen seinerseits begrenzt und bedrängt. Es ragt schließlich in dieses Dasein hinein, macht es für sich selbst problematisch als Bewußtsein und Selbstbewußtsein. Die kommunistische Idee hatte Dasein nicht schaffen und heiligen, sondern von innen her gestalten wollen, ehe sie zum Realismus der sozialistischen Äußerlichkeit fand. Die Industriekulturen des Ostens waren durch die kommunistische Idee zuletzt nur noch überbaut, nicht begründet. Je mehr dadurch die Ideen- bzw. Wesensleere des Industrialismus selbst sichtbar wurde, desto mehr fanden sich die Individuen in eine gefährlich formferne Freiheit entlassen, von der westliches Bürgervolk zwar Worte macht, sich ansonsten aber nicht träumen läßt. Die Ideendiktaturen des Ostens haben (gewiß ungewollt) die Phrasen bürgerlicher Immanenz zur individuellen Gefühlsrealität werden lassen, die sich gegen eine fremdartig anmutende, ins Wort eingepuppte Macht zu behaupten hatte. Im christlich oder anderweitig überbauten Bürgerdasein des Westens ist das Kulturganze zerspalten und so der Simplizismus der Seele verbürgt, in den Arbeiterdiktaturen des Ostens entbarg umgekehrt der Versuch zur Sozialversimpelung die Nuance der Seele, welche ja, weil ohne Flucht- und Veräußerungschance, die Vielschichtigkeit des Kulturellen aushalten mußte. Was von außen begegnete, war Halt und Grenze, nicht Gebot der Expansion jenseits natürlicher (seelischer) Grenzen. Die teils verwilderten, teils herausgeforderten Seelenkräfte standen bereit, um westliche Leerformeln – die Komparative des Daseins, die Forderungen der Expansion – als Gefühlsgehalt und Wesenswahrheit zu erproben. Bewußtseinsgewinn bzw. Naivitätsverlust also gerade durch den Versuch, bürgerliche Formalwerte in volle Seelenrealität zu übersetzen; die Formalwerte etwa einer reinen (immanenten) Rechtlichkeit, Moralität, Intellektualität anzunehmen, als wären's Lebenswerte. Zum Gefühlsgehalt konnten sie einzig in der Mobilmachung gegen einen ihnen entgegenstehenden (›transzendenten‹) Ideengehalt werden. So ideell homogen die regierende Macht zu sein suchte, als Ermächtigung durchs sich selbst bewahrheitende Wort, so heterogen und nuanciert mußte hierdurch das regierte Dasein werden. Undenkbar, daß es sich – wie die regierende Partei im Osten, wie die bürgerliche Existenz im Westen – selbst ins Wort hätte bringen können, als dinggleiche, formeltaugliche Totalität. Zu sein, was man von sich behauptet – diese Realität bürgerlichen Einzeldaseins im Westen und Idee staatsgeformten Sozialleibs im Osten war dem Individualleben dort ebenso versagt wie der Glaube an die Selbstbestimmbarkeit des Seins. Ihm blieb nur, die bürgerlichen Idole zu verinnerlichen und so zum formlosen Exzeß zu führen gegen eine Formgewalt, die in der Äußerlichkeit und damit Transzendenz der ›Idee‹ wohnte. Doch war diese Gewalt dadurch zur echten Kirche geworden. Die kommunistische Kirche hat den latenten Extremismen der Bürgerlichkeit als auch der Christlichkeit zur Entfaltung verholfen und sie so als individuelle Erfahrungen ins Reich der Geschichte, mithin des Verfalls gebracht. Kommunismus ist ›vormodern‹ eine christliche Realität gewesen, ehe er ›modern‹ zu einer bürgerlichen Idee wurde: zur Theorie und Norm einer totalen Mobilmachung des Menschen im Zeichen der Industrialität. In der modernen bürgerlichen, oft noch christlich sich gebenden Welt hat der Kommunismus nicht sterben können und daher in Phantasmen weitergelebt, ob in den Ängsten der Christenkanzler, ob in den Flausen der Bürgerkinder. Seinen wesenstypischen Extremismus konnte er weder gegen die einen noch in den anderen erschöpfen. Die Erschöpfung des Kommunismus im schönen Tod der Implosion, die Überführung der Idee ins Leben und dadurch in die Sterblichkeit hat der Sozialismus des Ostens geleistet. Die sozialistische Euthanasie des Kommunismus besticht durch Weltfestigkeit, durch Bindung an die Begrenztheit des Stoffs, den der Sozialismus zu verschleißen hatte, also letztlich ans Gesetz der Natur. Die Würde dieses Sterbens lag darin, daß weder die zu Bürgern mutierten Menschen noch die zu Führern des Staates geschrumpften Fanatiker der Idee um Aufschub bettelten. An der vollendeten Gestalt klebt kein Hauch von Verwesung.

Eine bunte, eine geschminkte und parfümierte Leiche hat man den Westen genannt. Doch nicht sein Sterben ist es, was den Westler seit je charakterisiert, sondern sein sich Drücken davor. Nicht die Tünche auf dem Antlitz des Toten, der ein ehrliches Sterben absolviert hat, sondern die Mumifikation zu Lebzeiten ist der elementare Ausweis westlichen Dauerdaseins. Was die bemalten und gecremten Imitate der Weiblichkeit im Westen ab einem gewissen Alter zeigen, beherrscht den Westen als Kultur insgesamt und unaufhörlich: das Verlangen, sich in einem Gehäuse für unabsehbare Zeit einzurichten, die Abfüllung und der Verschluß eines *ad quem* bestimmten Daseins. Nicht parfümierte

Verwesung, sondern chloroformierte Unverweslichkeit, sei es auch um den Preis einer Leblosigkeit oder eines Absterbens zu Lebzeiten, beherrscht das Großeganze der expansiven Kulturen, ihre ökonomischen, wissenschaftlichen, technologischen, moralischen Systeme. Keines ist darunter, das nicht irgendwann einmal den Menschen für die Norm und Form seiner Abgüsse erklärt hätte. In Wahrheit und Werten nach menschlichem Maß hat sich der Okzident nicht so sehr sein Sterbekleid als vielmehr eine Kulturhülle zurechtgemacht, die er, darin auf überraschende Weise barbarisch, niemals ablegen wird. Eine starre Melancholie ist sein Erbteil. Anders als das nach Abstreifung des irdischen versprochene ewige Leben ist die Selbstmumifikation des Okzidentalen, seine Abdichtung gegen die Welt ringsum, kein Mythos, sondern eine alltägliche Realität. Die stets geöffneten, aber blicklosen Augen über den automatenhaft auf- und zu klappenden Mündern, diese singuläre Synthese aus Leichenhaftem und Leblosem, Beobachtung und Bewertung, Fixation und Dispersion des Lebendigen – man begegnet ihr in allen Straßen, auf allen Wegen des Westens.

Wer einmal im Palast des Minos gewesen ist und dort vor den Profilporträts einer feineren Menschheit gestanden hat, der wird die Ursprünge des Abendlands fortan eher im Schatten der Pyramiden suchen wollen als im Schatten des Kreuzes. Was Kultur ist im Wortsinne – Anbau des Bodens und Austausch der Stoffe –, stammt aus besagtem Südosten, freilich auch die Manie der Mumifikation. Ihr Geheimnis als Daseinsformel für jedermann mußte der Okzident freilich erst entdecken. Westlichkeit ist Mumifikation der Kultur als ganzer, ist Erstarrung der Masse, auf daß sie innerlich vereinzelt bleiben könne, ein jeder der Wiedergänger seines eigenen Lebens, unter seinesgleichen. Die Sonderung und Verewigung der Individuen setzt bei demjenigen ein, was an ihnen am wenigsten individuell ist, der übernommenen – ob ererbten, ob erwählten – Form, kurz: einer Kultur in einem bestimmten Moment ihrer Geschichte. Während die Mumifikation des ägyptischen, königlichen Leichnams ein vollendetes Leben festhält, ja dessen Ende unbefangen als Summe aller wesentlichen Momente begreifen darf, hat der westliche Mumifikator seiner selbst stets den Vorwurf der Willkür zu fürchten, einer Vorliebe für einen bestimmten Augenblick seiner historischen Existenz. So sehr er auch seine innere, eigene Daseinszeit von jedem Anschein der Historizität freizuhalten versucht, sich ja zudem mit aller (kulturellen) Kraft entsaftet bzw. entsubstantialisiert, um als trockene Hülle, geschrumpfte Humanität unverwundbar zu wandeln schon auf Erden, so sehr scheint die konkrete

Gestalt seiner Unverwundbarkeit historisch zufällig, mithin zerfallsgefährdet. Es ist der Punkt, an dem er unverschämt werden bzw. religiös reden muß: daß es eben das Paradox, das Absurde, das Mysterium seiner Wahrheit sei, daß sie, obwohl geworden, nie gewesen sein werde, eine unverwesliche Ewigkeit, datierbar in der geschichtlichen Zeit. Vielleicht leitet sich von dieser ersten, theologischen Selbstbehauptung des Okzidents gegen alle Welt und ihre Weisheit – ihr Wissen, ihr intellektuelles Gewissen vornehmlich – die unaufhörliche Beflissenheit her, von sich selbst zu sprechen, sich zu rechtfertigen, zu erklären und zu begründen. Erst wo ein Leben am Ende und im Sarg ist, kann die Rede davon endlos gehen. Wohlwollen oder Mitleid haben dieser endlosen Bedürftigkeit des Westens am Reden von sich selbst bzw. seinem Leichnam, dem Abendland, den Beweis eines kontinuierlichen, weil alternden Lebens sehen wollen; eine Transformation von Sein in Sinn, von Dasein in Bewußtsein, mit einem Wort: Greisentum als sublimierte Jugend. Doch das Gerede über der – ob christlichen, ob bürgerlichen – Mumie zeigt nur dessen eigene Fülle, nicht sein geschichtliches oder vitales Verhältnis zu dieser an; der historische Erfolg des Abendlandes ist es gerade, daß an den einmaligen Tod sich ein endloser Nekrolog knüpfen kann. In die Welt gekommen und fortan unvergeßlich sein – war es nicht das, was das Abendland, ob als Mythos, Glaube, Technik, stets wollte?

Unheilbar abendländisch bleibt der Versuch, Begrenztes und Grenzenloses zu vereinen (Ursünde und ewige Buße, Investition und endlose Verzinsung, Heimattreue bei fortlaufender Kolonialisierung); der abendländische Normalglaube lautete deshalb ja auch auf Präsenz des Weltenschöpfers im Sakrament, in einem Weltding. Diese Synthese von All und Ding mag man eine Illusion oder Ideologie oder Idee nennen, doch unmöglich eine Erfahrung. Nach einer solchen verlangt der von Fühllosigkeit bedrohte Okzident zuletzt aber heftig. Er wünscht die Verkleinerung des Unermeßlichen auf Erfahrungs- bzw. Erlebnis-, also bemeßbares Format. In solchem Wünschen wiederholt er freilich nur wieder die Tricks seiner erstaunlichen Erfolge: Seine Frommen errichteten Häuser, um dort das Unermeßliche anzubeten, seine Bürger gebieten aus ihren Heimen über die Kontinente und verzehren sich in Sehnsucht nach etwas Heimeligkeit. Sie spüren die eigene Herrschaft kaum, wollen sie nicht spüren! Und diese Herrschaft ist tatsächlich nicht spürbar, weil perspektivenbefreites, endlos ablaufendes Geschehen von Progressen, rollendes Rad aus unvordenklichem Anstoß. Mehr als ein Durchblickender hat sich über die entschiedene Harmlosigkeit der westlichen Weltzurichter gewundert, über das Unfaustische ihrer Forscher und Techniker etwa (R. Musil, A. Seidel). Ist das seelische Symbol des Okzidents nicht der Muttersohn mit überlebensgroßem Ehrgeiz, der über die Welt herrschen und doch zugleich in die Hand seiner Gebärerin passen soll? Das Abarbeiten bzw. Ausleben auch der inneren, emotionalen Extreme des Abendlandes erledigen seine Künstler und Intellektuellen, hierbei stets von Häresie- oder Defätismusverdacht bedroht. Normalchrist und Durchschnittsbürger wollen die Verhältnisse überschaubar. Im Planetarischen expansiv, im Nationalen (Heimischen, Häuslichen, Hergebrachten) restriktiv, d. h. grenzziehend und raumsichernd, wirft der Okzident seine Sehnsucht nach Grenze und Gefühligkeit aus dem Familiären ins Imperiale: Patriarchenluft im Osten, Expansionen und Imperialismen, mit Familiengeschichten verknüpft. Das würde ein Okzidentaler, in seiner progressiven Schrumpfung – vom Menschen zum Christen, vom Christen zum Bürger, vom Bürger zum Wähler – nie wagen; als seelischer Einzeller hält er sich instinktiv an die Gemächte von Ratio und Technik, wenn es um Weltherrlichkeit geht. Auch wo das westliche ›Individuum‹ gerade vor dem Orient zittert, bleibt es dabei: Sein *Kalkül* gilt dem grenzenlosen Vernutzen weltweit, sein *Gefühl* der wärmespeichernden Kleinwelt. So machen die zu Orientalen ernannten Fremdlinge, die über den Westen kamen oder ihn in sich ließen, diese doppelte Erfahrung: einer ebenso herren- wie machtlos ›wühlenden‹ (reflexiven, destruktiven) Ambition; einer realen, aber hauptsächlich um ihre begrenzten Herrschaftsräume bekümmerten Macht. Der ›wirkliche Westen‹ scheint unauffindbar, eine Sage, ein Phantasma. Seine globale Tat der Gefühlsvergiftung durch Verwertungsbewußtsein, gefühllos vollbracht, ist nur den Vergifteten fühlbar. Die heimische Welt der Westler hingegen wirkt abstrakt, wie ausgedacht; für die Nicht-Westler bleibt sie das auch. Zu dem Glauben gezwungen, man könne die kleine Welt des heimatlichen Fühlens zur großen einer Weltstellung erweitern, indem man sich der (westlich erfundenen, weltweit verbreiteten) Waffen aus Wissenschaften und Techniken und Verwertungskniffen bedient, wird dem Nicht-Westler die ›kalte‹ Synthese aus Heimeligkeit und Exzeß unverständlich, ja unsichtbar bleiben, womit der Westen kleinweltsicher über die Fernen gebietet. Charakteristisch für das westliche Spätstadium der Humanität ist, daß hier keine *Emigranten* denkbar sind, die es zur Bewahrung ›westlicher Werte‹ in ihrer Bedrängtheit aus der westlichen Weltecke irgendwohin hinaustriebe. Man kann sich keine Seelen vorstellen, worin diese ›Werte‹ lebendig, keine Körper, in denen diese Seelen heimisch und also mitunter fortzuführen wären. Demokratie, Freiheit, Individualismus usw. – der einzige Gehalt dieser ›Werte‹ ist das Gebot ihres

Erhalts. Das genuin Abendländische ist allein von den *Immigranten* des Westens zu erfassen. Geistlos und massenhaft sind die Imitatoren der westlichen Künste und Kniffe des Daseins, die im Auge des Weltwirbels ihr neues Nest bauen müssen und so beim eingeborenen Nestvolk oft Geflatter und Gefiepe auslösen. Interessanter und wesenskundiger hingegen sind die Extremisten, die übertreibungslustigen Absurdisten der ›westlichen Werte‹. In ihnen ist genügend Übermut, die westlichen Ideen und Antriebe zum Ende zu führen und vor allem: darüber hinaus; in ihm ist genügend Kraft, sich deren kleinweltsprengender Logik persönlich zu überlassen. Es liegt in der Logik der überindividuellen (anonymen) Systeme, die der Okzident schuf, daß ihre Erforscher und Exekutoren nach kurzem vom realen Westen, dem Westen als Lebensort, enttäuscht sind und einem irrealen Westen nachjagen. Oft reicht ihr individuelles Dasein nicht hin, jene vitale Selbstverschleuderung abzuleisten, wozu diese Systeme animieren. Sie treffen, indem sie die Neurosen und Ambitionen des Westens aus seinen Wissenschaften und Techniken ›ins Leben‹ übertragen, auf keine Grenze, keinen Widerstand. Ihnen entgegen: höchstens die eingeborenen Gelangweilten des Westens selbst, die aus einem Überdruß am Unendlichen ins Konkret-Begrenzte strebten und es oft in Gewalttat oder Gewaltidee fanden.

Zurück zum historischen Ausgangspunkt, auf dem ein heimatsüchtiger Okzident beharrt, zurück also zu jenem verhängnisvollen Ausflug in die Welt für den Ausbau des Heims! Der Zwang zu expandieren, Fremdes einzunehmen und als sein Eigenes auszustellen, könnte von einer Schwäche im expansiven Zentrum zeugen, einer Unfähigkeit, sich beieinanderzuhalten, einer Ahnung vielleicht aber auch um die Löcherigkeit eigener Autochthonie. Aus Rachsucht untergräbt man die autochthonen Existenzen ringsum, doch nicht ungestraft benennt sich ein Zentrum nach seinem Umfang statt nach seinem Inhalt. Seit der Westen fast überall ist, kann er seinen Inhalt nicht mehr benennen, seine ganze gute Erziehung, die ihn Selbstkritik und Gewissensbeschau lehrte, versagt darüber, er beginnt, die von ihm Vereinnahmten oder Verwirrten als Eindringlinge anzuklagen. Vergeblich. Der Westen bleibt sich selbst fortan unauffindbar. Nur naive Zuwanderer von weit her versichern ihm, daß er noch ganz der alte sei. Sie sagen seine Bekenntnisse her, als wäre er noch die Kirche, als die er sich lange mißverstand, sie glauben ihm aufs Wort und entlocken ihm mehr Worte, als er zu sagen hat. Die arglosen Völker, die vom westlichen Priester- und Ingenieursgeist berückten, strafen das plurale Gehabe des Okzidents Lügen, denn was sie von ihm denken, soll sie gerade aus ihren vielerlei Orienten fortbringen ins eine und alleinige Zentrum der Welt. Die Gebildeten des Ostens imitieren die Intellektuellen, die Aufstrebenden kopieren die Indigenen des Westens, um selbst dort zu sein; ihr kraftvolles Andrängen aus allen Erdrichtungen zwingt den Okzident zu sein, wofür er bislang seinerseits alle Welt hielt, Provinz. Die Selbstprovinzialisierung des Abendlandes ist die Kontraktion einer ausgehöhlten Seele und Leiblichkeit, die Dünnflüssigkeit eigener Substanz mit welterfassendem, alles erhellendem Fluidum verwechselte, mochte auch die westlich verdünnte, westlich verwässerte oder bestrahlte Welt bald langweilig erscheinen in ihrem Erglänzen, ihrer Glätte und Helle. Der Verzicht auf Weltillumination, der Rückzug auf eine Erdprovinz, die freilich von den Ideen und Kräften fremder Zentren bewirtschaftet wird, ist das kleinlaute, ja stumme Bekenntnis des Westens zur Angst, zu jener nackten Angst, die die Kiefer zusammenpreßt und wie die Anstrengung grenzenloser Arbeitsamkeit aussieht, die der Okzidentale einst allen Völkern anempfahl.

Das Produzieren wie auch das Konsumieren eines weltgewordenen Westens setzt auf unendliche Räume, die Fülle- und Leerelandschaften für Rohstoff und Abfall europäischer Daseinszurichtung. Wie verlernte Europa, diszipliniert durchs intellektuell wie spirituell Definierbare, sein Grauen vor den unendlichen Räumen, den gleichförmigen Kontinua von Sinn und Stoff? Als Pascal seine Angst vor der gottleeren Unendlichkeit formulierte und bald darauf Spinoza seine Lehre von der ewigen Gott-Substanz, schienen Schrecken und Verheißung der Grenzenlosigkeit gebändigt durch *mystisches* Vertrauen. Ichpunkt und Seinsall, umweglos aufeinander verweisend in der Gemeinschaft des ›Einen‹, dies war, wenngleich keine okzidentale Erbschaft, so doch eine rationale Möglichkeit der europäischen Erfahrung von Selbst und Welt; ein geistig-seelischer Direktverkehr ohne zerbrechliche Zwischeninstanz. Solche Mystik ist immer wieder gegen die Doktrinen und Praktiken grenzenlosen Mühens an begrenzten Projekten aufgeboten worden; Langeweile, Weltverlorenheit und Verzweiflung als Proteste gegen den stumpfen Eifer eines unendlichen Fortschritts aus isolierten Kräften. Dessen spirituelles Wohlgefühl bei all seinen weltlichen Wagnissen stammt aus einer anderen Auffassung und Anwendung des Unendlichen: nicht All, Leere, Ewigkeit der grenzenlosen Räume, sondern Grenzenlosigkeit durch dauernde Grenzüberschreitung. Eine urtümlich errichtete und eingerissene Grenze ist dafür unabdingbar, eine ewig zu büßende Urschuld, die ursprüngliche und zugleich andauernde Akkumulation von Kapital und Ehrgeiz. Die Verschuldungsreligiosität von

Paulus bis Marx stellt der welterobernden, erdüberschreitenden Ambition den Glauben an einen unverlierbaren Ausgangspunkt bereit; ihr geometrisches Bild ist der Strahl, nicht die Strecke oder die Gerade. Diese Unvergeßlichkeit des Anfangs, sei er Verfehlung oder Botschaft des Heils, entbindet die schier endlose, ob materielle oder spirituelle, Strebsamkeit, die zugleich ins Indefinite, Ortlose drängt. In den Strebervölkern der Industriemoderne wurde das alte Europa zum ortlosen, wenngleich vaterlandsfrommen Westen – das britische Insel- und das deutsche Kaiserreich pflegten unbefangen diesen Glauben an den festen Ausgangspunkt einer endlos ausgreifenden Bewegung. Eine Wirtschaft noch vor aller Staatlichkeit, ein Staat noch vor aller Gesellschaft bekundeten hier wie dort jeweils die Überzeugung von einer Mission zur handfesten Träumerei, von Traumreisen im Weltmaßstab. Die Mission von Weltunterwerfung und Weltvernutzung, je von den Nationalgottheiten den Vaterlandsfrommen aufgetragen, wäre sinnlos gewesen ohne den Glauben an ein zweck- und zielsicherndes, raumzeitliches Fixum; was der Mord- und Raubritterschaft des Mittelalters das Heilige Grab, war den Strebervölkern des Okzidents neuzeitlich das Mutterland bzw. das Reich. Beide sind mächtig geworden durch den Arbeiter, ein Wesen, dessen materielles wie ideelles Raumgefühl zwischen dem des Handwerkers (geschlossen) und des Händlers (ortlos) steht. Die Welt durch die überall verhandelten Produkte eines handwerklichen Eifers *(industria)* beherrschen, von dem man sich doch sagen kann, daß es der eigene, ›nationale‹ sei: es ist die Idee wie Erfahrung, die Marx als Menschheitszukunft formulieren sollte, eine grenzenlose Freiheit der Tat auf gemeinschaftlich verwaltetem Fixum der Habe, der materiell-technischen Grundlegung schweifender Strebsamkeit! Der Nationalstolz der Exportnation spekuliert aus der Gewißheit des Umgrenzten ins Grenzenlose; der Vorsprung der *skills*, das ursprünglich akkumulierte Kapital, der überfließende Schatz der guten Werke, die ein anderer – ein Gott, eine Geschichte – bereitstellte, all das bekundet das gleiche Sicherheitsgefühl. Auch wo der Arbeiter, ob als Ingenieur, ob als bloße ›Arbeitskraft‹, seinerseits exportiert, ja weltweit umhergeschoben oder -gestoßen wird, muß diese Sicherheit noch nicht wanken. Das Rechnen mit dem Unabsehbaren macht blind gegen die Wechselfälle in Sehnähe. Zuletzt darf die Arbeit sogar als bloße Technik erscheinen, ›Technologie‹, ablösbar von Ererbtem und Erworbenem. Das Vertrauen darauf, historisch und national auf festem Boden zu stehen, da man ja Erfinder der ›Technologien‹ sei, hat sich in die Unsichtbarkeit des Gemeinschaftsgedächtnisses verkrochen, ist dort als Kredit hinterlegt wie andere Einlagen ins Ewige auch. Der Arbeiter tritt stumm bzw. in jenem geistesstummen Geschrei um Anrechte und Bedürftigkeit ab, das er vom Bürger lernte. Dieser, in seiner Angst vor ›Entgrenzungen‹ und zugleich seinem Gefühl, selbst grenzenlos erweiterbare Masse geworden zu sein, hat viel besser begriffen, durch welche Schliche sich das – so Oswald Spengler – ›faustische‹ Daseinsgefühl des welterobernden Weltverarbeiters und -produzenten ins Zahme, Sichere übersetzen läßt: durch einen Dualismus von Technik und Geschichte, Kultur und Natur, Tat und Genuß. Der Triumph des Westens als einer Täterkultur, Kultur der Technologie von weltweiter Anwendbarkeit, bezeugt sich im Fraglichwerden oder der Entbehrlichkeit oder gar im Untergang Europas. Der Sieg Europas, zuletzt eine Massenzivilisation von Bürgern, über die Welt – das ist sein Verschwinden aus ihr in die Konsumsphären von Gedächtnis und Liebhaberei, ›Kulturbürgertum‹. In diesem wächst der Glaube, in einer postindustriellen oder postmateriellen oder gar postmodernen Zivilisation zu leben – Auslagerung der industriellen Basis, des neuzeitschaffenden Tätertums aus Blick und Bewußtsein! So lebt Europa einerseits dank einer ebenso ungezügelten wie willkürlichen Erinnerungs- bzw. Besinnungslust (Berge, ja Gebirge von Besinnlichkeiten!), andererseits in seinen weltweit entstandenen Imitaten, durch seinen aller Welt injizierten Eifer. Europas und des europäischen Massenbürgers Sieg ist untrennbar von diesem Dualismus, von heimatlicher Seelenverfettung und planetarischer Raserei. Das Abendland versank zugunsten eines weltweit aufgegangenen Westens, und es darf nun, wie es die ständige Versuchung seines Gottes war, gänzlich ort- und zeitlos existieren. Der von aller Zeitbindung befreite Kulturbourgeois daheim, der Europas Geschichte zu Bildungsgekicher und Festtagsernst verramscht, die weltweit verschobene ›Arbeitskraft‹, der die *techné* zur *tyché* geworden ist, sie verdichten Europas Grenzüberschreitungsdrang je zur erbärmlichen und zur erbarmungswürdigen Gestalt.

Ernst Niekisch sah den »Geist der Technik gegen das alte Europa ausgerichtet«, fand in ihm gar »eine europafeindliche Macht«: mit ihm wären weder die abendländischen Traditionen noch die »europäische Kleinräumigkeit« auf Dauer vereinbar (*Europäische Bilanz*, 1951). Doch ist Technik – der Vereinnahmung, Verwandlung, Verwertung, Vermarktung – vielleicht gerade das gewesen, was Herrschaft von daheim verhieß, eine Kleinwelt, die ins Großeganze ausgreifen konnte, ohne sich durch dieses verändern zu lassen. Ewige Kindlichkeit ... und das kindischste Kind bleibt jenes, das mit der Distanzwaffe spielt. Der technische Geist des Westens herrscht, spricht und tötet aus der Fremde; ein ferngelenkter, unbemannter Leib über den Kontinenten. Sein

Geist gab sich selbstbewußt und optimistisch in der Erfindung eines neuen Gottes, des weltfernen, aber durch die vergangene Tat seines Ingeniums weltbewegenden Uhrmacher-Gottes. Eigentlich ist es der weltfremde Gott der Gnosis, ins Zuversichtlich-Tätige übersetzt, der seine Herrschaft nur wehmütig erinnernd genießen kann, eingedenk eben jener Initialleistung. So seufzt noch der kleinste Verwerter und Verkäufer am Sonntag über seine weltvernutzende, profanierende Tat in der Werkwoche. Doch unterliegt er nun einmal gänzlich ihrem Gesetz. Von Anbeginn ist der gesetzestreue Tätertyp sich selbst nur eine Erinnerung, sein Selbstgefühl ist Sentimentalismus, Ego-Biographik im Halbdunkel; im Tagestun ist er blind und taub. Ist es ein Wunder und außerhalb der okzidentalen Logik, wenn der bourgeoise Tätertyp am Ende nur mehr als ›Kulturbürger‹, als Europa-Erinnerer ganz bei sich selbst zu sein glaubt? Eher zeigt sich das Gesetz der Tragikomödie, wenn dem Intriganten seine Figuren über den Hals kommen, die fremden Völker das Haus einrennen. Mit der abendländischen Technik hat Europa aufgehört, eine Lebensform zu sein; die dunklen, offener ihren Ängsten zugewandten Denker des Bürgertums haben das immer gesehen und manchmal gesagt. Spenglers Angst vor den technikbewehrten ›farbigen Völkern‹ – oder auch des Nationalbolschewisten Niekisch Hoffnung auf sie! Die objektive, weltbekannte Seite der abendländischen Tragikomödie ist freilich, daß zuerst und zumeist nur das Billige, Schlechte und Böse aus dem Geist der Technik nachgeahmt werden kann und muß, denn gerade wo man arm und bloßer Rohstoff fremden Reichtums ist, bedarf man der technischen Selbstzurichtung. Die ältesten Völker sieht man heute unter die niedrigsten Ziele der Technik sich demütigen, unter die technoïde Verblödung und Versimpelung, aber auch die technikbewehrte Niedertracht. Nicht nur ist ja das blanke Dasein an technomorphe Produktion und technisierten Konsum verwiesen, auch das Bewußtsein bedarf dieser Stütze, um sich überhaupt im Dasein halten und sich fremdem Dasein glaubhaft und verständlich machen zu können, als Überflügler oder Antipode der Weltverwestlichung. Die Sprachen des Handels und des Krieges sind nicht mehr bloße Verkehrssprachen, wenn sie weltweit gesprochen werden, ihr Faktum wird zum Ausdruck einer Welt-Teilung in jene Gegend, die sich ihnen restlos anvertraute und jene anderen Gegenden, die sie ohne alles Vertrauen, aber mit vollkommener Beherrschung nutzen. Der Groll und die Angst des Westens gegen jene Völker, die ihn mit seinen ureigenen Techniken heimsuchen, tun diesen unrecht: nicht die Fremden dringen in sein Heim, um dessen Kultur mit Technik zu veröden, sondern sein Heim mußte eine aus Kultur zu Technik gewandelte Öde gewesen sein, daß sie, sich selbst unerträglich, nur noch aller Welt ringsum anzutragen blieb.

Was das bürgerliche Europa vom christlichen Abendland unterscheidet, ist der Vortragsstil seines Anspruchs auf Weltgeltung. Die Taufe aller Völker im Namen des heilig-europäischen Geistes bezeugte den Glauben an eine Natur, die ungetauft nicht vorzeigbar war. Europas Bourgeoisie übernahm diesen christlichen Glauben an etwas unvorzeigbar Partikulares, weil Inkorporiertes (die Erbsünde vitaler Vereinzelung!). Das Taufwasser fand sie im allgemeinmenschlichen Blut selbst, worin sie universelle Gleichheit und berechtigte Ansprüche und unüberwindlichen Drang nach ihrer Freisetzung rauschen hörte. Natur als eine Herkunft, auf die man sich stolz beruft bzw. als die man sich provozierend ausspricht, Naturalismus als universelle Religion, mit argwöhnischem Auge für alle lokalen Kulte – dergleichen zeigt ein welthistorisch wie geistesgeschichtlich in die Enge getriebenes Bürgertum. Ob es die langvertraut wölfische oder die naturwissenschaftlich ermittelte soziale Natur des Menschen sei – hier dröhnt durchweg der Begehr nach gleichermaßen gelebtem und ausgesprochenem, erforschbarem und vollziehbarem Dasein. Bei durchaus noch fortwesender christlicher Verklemmung im Leiblichen besticht jetzt die Unverschämtheit, ja der Exhibitionismus der durch Selbstnaturalisierung befreiten Bürgerseele. ›Kapitalismus oder Barbarei‹ ist noch die geringste unter ihren Obszönitäten. Die gröbste wie auch neueste ist ihr Glaube, sich als Bürgerlichkeit ohne Taufe und Zusatz zeigen zu können, den Sinn des Menschen im Bürger zu finden und in nichts sonst. Anmaßung und Ängstlichkeit wirken hierin seltsam gemischt. Immerhin muß eine Bürgerlichkeit, die auf allen Straßen und Kontinenten promenieren will, sich ihres Massenstatus sicher sein: der Westen erscheint heute am westlichsten dort, wo die Bürgerlichkeit Mitte, Mehrzahl und Massenkultur ist. Die Berufung auf die bürgerliche Substanz bzw. Natur des Menschseins verrät jedoch, wie alle Berufung aufs Natürliche, die kulturelle Anstrengung. Es ist der angestrengteste, angstergriffene Okzident, dem eine bürgerlichkeitsgläubige, bloß auf den Namen der bürgerlichen Menschennatur getaufte Menschheit über den Hals zu kommen droht. Worin kann da noch die Sicherheit seiner Besitztümer, der Vorsprung seines Tätertums bestehen? Offenkundig nur in der Unbefangenheit, weniger freundlich: Unverschämtheit, womit er Natur zur Idee, Kapitalismus zur Religion erhebt, im Zynismus der Geisttaufe: dies alles sei Natur ›und nichts sonst‹. Was den bürgerlich-christlichen Okzident so verängstigt hat, ist die weltweite Reproduzierbarkeit seiner Entdeckung, daß ein ungetauftes, unverwertetes Sein ein Nichts sei, ein getauftes, wertgehaltenes Nichts ein Sein. Worauf der bürgerlich-christliche Okzident hoffen muß, ist der uneinholbare Vorsprung in der Geisttaufe des Zynismus, die völkerschreckende, seelenversteinernde Ungerührtheit, mit der er sich als Kontinent naturbelassener Bürgerlichkeit präsentiert.

Keine Verwestlichung der Welt daher ohne Verchristlichung des Westens! Das Christentum ist die Rache des Orients – des grellsten, hitzigsten Orients – an einem Okzident, der nicht mehr Region und Gestalt, sondern Prinzip und Bewegung sein wollte. Was Rom von Germanobarbaren und Christen erlitt, wiederholt sich seitdem bei allen Expansionen des Abendlands: sein Versuch, fremden Stoff (von Menschen- und Naturkräften) der eigenen Gestalt einzuverleiben, mißlingt, weil diese Gestalt bloß noch Idee der Einverleibung, der Taufe ›im Namen‹ eines körperlosen Gottes ist. Die römische Expansion und ihr Imperium leben fort in der christlichen Mission und ihrem zweideutig weltlich-geistlichen Reich, der antike Imperialismus regrediert zur christlichen Heuchelei der Moral und schließlich zum Zynismus der bürgerlichen Humanität und ihrer ›natürlichen Bedürfnisse‹. Wo aber wären *die* nicht zu finden? Mit der ›westlichen Zivilisation‹, einer prinzipiell gewordenen Bewegung, ist der Okzident zur Abstraktion und am Ende zum Phantom geworden, ganz wie der Gott, in dessen Namen er sich auszubreiten beliebte. Kräftigste Evidenz dessen ist, daß kein Westler mehr für den Westen sterben würde. Und warum auch für etwas sein Leben geben, das seinerseits nicht sterben kann? Als Phantom ist ja der Westen unsterblich geworden und hat somit das christliche Versprechen von Unsterblichkeit eingelöst. Einer Unsterblichkeit zumindest für jeden, der ›immer strebend sich bemüht‹. Die ›westliche Zivilisation‹ (bis vor historisch kurzem: ›das christliche Abendland‹) ist der entgrenzte, gestaltlose Okzident. Da er überall sein kann, hat er keine Dekadenz zu fürchten. Niedergehen, eingehen, aussterben kann nur das Seßhafte, das Orts- und Namensfeste. Der grenzenlose Westen ist ohne Boden noch Namen; ein gelobtes Land für alle Ortlosen des Daseins. Örtlich auffindbar sind nur die zeitlichen Vorsprünge des Westens im Verheißen und Verschleißen.

Ewiges Leben, stetes Fortschreiten, grenzenloses Wachstum – drei Varianten derselben Fiktion, der phantasieärmsten und daher haltbarsten, einer Utopie für endlos akkumulierend-konsumierende Massen. Es ist die gelebte, mithin ›wahre Lüge‹ des *homo occidentalis*; eine Komödie, worin er den Akteur und den Spektateur mit monotoner Zuverlässigkeit gibt. Ihm seinerseits dabei zuzuschauen, muß jeden tragisch oder frivol veranlagten Geist langweilen. Mehr Interesse darf da schon der verängstigte, d. h. zur Wahrheit und ihrem Verschweigen gezwungene Bürger-Christ des Westens beanspruchen. Wenn er, statt vom allgemeinen Wachstum, das er dem Westen wünscht, von dessen ›Werten‹ faselt und ihrer Unteilbarkeit – Besitzobjekt den einen, Bewunderungsobjekt den anderen –, dann kommt ein erstes Leuchten in diese mitunter aufgeweckte, im Daseinsganzen aber so trübe Seele. In den klobigschweren Schädel aus handgefertigten Gewißheiten treibt die Angst einen Riß, durch den ihm ein Licht aufgeht. Selten weiß er es zu deuten. Aus dem Schwärmer wird meist bloß der Tatsachenmensch, für den Tatsache – Faktum wie Fixum – nur ist, was begrenzt, also unteilbar-besitzbar sein kann. Ob Rohstoff, Kapital oder Verzinsung, ob Natur- oder Kulturgut – der durch Angst ernüchterte *homo occidentalis* hält, in abermaliger Perversion der Lebenslogik, das dinglich Begrenzte für das einzig Gewisse: Was allein dem individuellen Dasein zukäme, dieser stets gefährdeten Synthese aus Mitteln und Zwecken, das schreibt er den Dingen zu, in die er nun, endlich ernüchtert, sich um so verbissener verkrallt. Daß sie sich häufen – anstücken – ließen, ohne durch solche Häufung ihr Wesen zu verändern, bleibt dennoch sein Glaube, der Glaube an die grenzenlose Häufbarkeit des Begrenzten. Nichts ist bizarrer als der Stolz des späten Westlers, allen Utopien luftiger Universalität entronnen zu sein durch universellen Positivismus von Hoffen und Haben.

Die zuerst christliche, dann bürgerlich-kapitalistische Idee der individuellen Unsterblichkeit ist mehr noch Perversion denn Negation des individuellen Lebens. Ein solches benötigt, wenn in Gesellschaft, gewisse materielle und kulturelle Machinationen, die seine Dauer übersteigen; es muß vielleicht sogar auf die ewige Dauer oder besser noch auf die Zeitlosigkeit dieser Machinationen vertrauen können, um sich ungestört (lies: gefühlssicher, gedankenlos) vollziehen zu können. Es bedarf nur eines Hauchs, des Anhauchs einer Idee, um an ein Eigenleben der lebenstützenden Machwerke zu glauben. Das Christentum hatte diesen Platonismus in Europa unters Volk gebracht; Europäertum hieß fortan Dienerschaft am Unabsehbaren. Der preußisch-deutsche Untertan, die welthistorisch folgenreichste Seelenschöpfung zwischen Luther und Kant, ist der Diener an sich, bereit für jeden Dienst bzw. die Sache an sich, um ihrer selbst willen, unter Verzicht auf alle individuelle Ökonomie des Daseins. Frei für jeglichen Zweck, aller Welt Herr, weil ganz ihres Gottes Knecht, gebunden durch ›die Pflicht‹ an sich, blutvergießend und blutend für ein Phantom, den edlen *service inutile*. Alles verlieren, um alles zu gewinnen: für einen Augenblick erschien die deutsche Dienstmoral, die nichts über sich duldet als ›die Sache‹, der berufenste Kandidat für Europas Weltherrschaft. War ›der Westen‹, als materielles wie geistiges *Prinzip*, hier nicht zur nationalen *Lebensform* geworden? Selbst die realgeschichtliche Niederlage Deutschlands schienen das zu bekräftigen. Ebenso wie die Japans gereichte sie den Verlierern zur um so reineren Perfektion der Mittel, des Sekundären, der Pflicht und ihrer Übungen – zu Wohlstand, Wachstum, Freiheit und Fortschritt nun. Mochte es Fremde und Nachbarn auch schaudern: Die Erschlaffung des seelisch-sinnlichen Lebens, kurz, des Sentiments, entspricht direkt der Selbstermächtigung des Willens zum mehr-als-lebendigen Machwerk, den Wissenschaften und Techniken und Apparaturen des Lebenskomforts. Europäisierung der Welt auf deutsche Art besagt die Aufspaltung von deren humaner Substanz in Streber und Schlaffe, harter Stahl in weichen Händen. Mochte ›die Sache selbst‹ nun auf Krieg oder Komfort lauten, das durch sie versachlichte Leben war uranfänglich auf ein Nachleben verwiesen, ob in Einkaufs-, ob in Verwaltungsparadiesen. Das Abendland hat diese Postumität des Lebensgefühls durch seine rücksichtslosesten Nationen nicht nur sich selbst, sondern der Welt angetragen. Verwestlichung der Welt, ob in angelsächsischem, ob in germano-preußischem Stil, macht es möglich, an jedem Erdenort auf sein Erdenleben *zurück*zublicken. Es versteht sich, daß derart historisiertes Volk nicht in seiner Vergangenheit, sondern lieber in dem allgewaltigen Nirgendwo des Blicks darauf existieren möchte.

Der Kampf zwischen englischem und preußischem Typus, Wirtschaft und Staat, Geschäftsleuten und Beamten, den Oswald Spengler, etwa in *Preußentum und Sozialismus* (1919), als Weltschicksal weissagte, scheint entschieden. Doch die Bewegung der ›faustischen‹ (abendländischen) Zivilisation, die den Propheten ausschließlich bekümmerte, ist nicht mehr primär Errauben, ›Wikingerherrschaft‹, sondern Verteilung, genauer: Zuteilung des Erraubten. Wer sollte darüber besser wachen können denn eine Spezies räuberischer Beamter? Wo fast alles angeeignet ist, was anzueignen war, beginnt das Zuordnen, das Zuschieben und Zueignen. Selbst die ihres Kultur- und Naturstoffs enteigneten Völker, die in die Metropolen des Westens wandern, lernen rasch das Idiom der Bedürfnisse und Anrechte, das diese Beamten sprechen. Nicht mehr, wie von Marx, Smith und Nietzsche prophezeit, die Aneignung der Reichtümer dieser Welt steht an, sondern ihre Zerstückung durch Beamte, deren Erhabenheit über Fragen von Arm und Reich das sachbestimmte Ethos einer Zerstückungs- und Zuteilungswirtschaft bildet. Der Zuteilungsbeamte wird das Gegenüber des durch weltweite Zuteilungswirtschaft bedürftig Gewordenen, der jenem gegenüber sich ebenso als Opfer eines ihn persönlich getroffenen Raubs wie als Anwalt durch ihn wahrzunehmender überpersönlicher Bedürfnisse muß präsentieren können. Verwaltung als Berufung, Dienstbarkeit jenseits persönlicher Herrschaft – Spenglers ›Preußischer Sozialismus‹ zeichnete ebenso wie Ernst Niekischs ›humanisierter Technizismus‹ *(Ost – West*, 1947) eine Menschheit vor, deren gröbere und feinere, sinnliche wie sentimentale, seelische wie soziale Bedürfnisse von der anderen Seite des Tischs her formulierbar sein müssen. Mit vollem Bewußtsein, d. h. verständig und willkürlich, schiebt der verwestlichte Weltbürger seine Notlagen über den Tisch. Was mit Beginn der industriellen Ära eintrat, wiederholt sich sodurch an jedem Ort, der dem Westen anheimfällt: Die körperliche Mühsal weicht der seelischen Bedrückung, Pression wird ersetzt durch Entwürdigung. Das Genre letzterer ist nicht die Arbeit, denn keine Arbeit kann, wenn sie ein Leben fristen muß, ganz und gar entwürdigen – um so mehr aber, was ihr folgt. Im Westen der Welt, im industriellen Zeitalter gehen die Arbeiten nahtlos in die Genüsse über, diese machen jene nicht vergessen, sondern verlängern sie in einem Kontinuum würdelosen Eifers. Die Würdelosigkeit der industriell erarbeiteten Existenz liegt in der Vagheit der Grenze, die Arbeit von Mehr-Arbeit, Notwendiges von Überschuß trennt; der sozialistische Versuch, hier in Theorie und Praxis eine klare Linie zu ziehen, Feierlichkeit oder Biederkeit des Sonntags nach Heroismen des Werktags, blieb historisches Zwischenspiel. In den westlichen Industriekulturen graut allen feiner gestimmten, heller hörenden Seelen weniger vor der Arbeit als vor dem, was sie rechtfertigen soll, den wohlfeilen Genüssen. Sie sind erträglich allein als symbolische – wer die Produkte der industrialisierten Existenz genießen will, ohne sich dabei abermals als Produzent zu fühlen, muß sich ihre Wandlung glaubhaft machen können. Das *realissimum* industriellen Eifers auch nach Feierabend muß er sich als bloß imaginäre Verrichtung denken; kein Leichtes für dem Zynismus abholde Seelen. Der Wunsch zu glauben, der Wille zu fühlen, daß man *ein anderer* sei bloß durch Wechsel der Stunde – was in Alteuropas hoher Zeit Weihegemurmel und Weihrauchkessel vollbringen mußten, soll jetzt ein Wort leisten, das Produktion in Konsum umtauft. Frömmelei, Verkrampfung und feiger Kummer: nach den Priestern der Arbeit – die Frömmler des Konsums. Man muß sie gesehen haben, ihre angststarren Gesichter – Starre des Lügnerblicks! – beim Hersagen ihres Sprüchleins: Machen Sie von Ihrem Recht auf Wahl-, Informations-, Bildungs-, Genuß-, Gesundheits-, Gebrauchsrecht Gebrauch, seien Sie mit Andacht, was Sie unandächtig seit Anbeginn sind! Den unsichtbaren Arbeitssklaven – ihn verachtet der Westen wie eh und je. Den Störrischen des Konsums aber, den Unbedürftigen also an Wohlstand, Wachstum, Weltverbesserung – ihn haßt und verfolgt er mit einer wahren Erniedrigungswut, ganz wie »die Weiber den Mann, über den sie keine Macht mehr haben« (Chamfort).

Obgleich er es so gewollt und alles dafür getan hat, schwindelt den Okzidentalen beim Gedanken daran, daß er weltlich bzw. weltweit nur noch in seinen Imitaten lebe, in einer ausgelagerten, autopoietisch gewordenen Produktivität. Ihm bleibt angesichts dessen einzig die Wahl, stumpfsinnig oder kulturbürgerlich zu werden. Dem Kulturbürger, dem reinen Käufer und Sammler und Aussteller des Westens, ist die westliche Geschichte zur Geistesgeschichte geschrumpft, die von seinem räumlich vielleicht unsichtbaren, zeitlich jedoch unaufholbaren und damit unvergeßlichen Vorsprung im Erwachen der Rationalität, dem Machen der Erfindungen, der Verwertung und Verbreitung des Erfundenen erzählt, kurz: von der westlichen Weltzivilisation bzw. Zivilisierung der Welt durch ihre Verwestlichung. Das Erniedrigende einer Geistesgeschichte, die sich in den Doppelglauben von Fortschrittsvorsprung und Erbschaftshäufung gliedert, ist der Zusammenhang zwischen geschichtlich-kulturellem Höhengefühl ihres Erzählers und seiner Selbstunterwerfung durch rechnende Erinnerung. Durch ihre eigene, homogenisierende Kraft macht sie die Epochen einander kompatibel wie Dinge, deren neuestes jeweils durchs allerneuste übertroffen wird. Wie sollte der Mensch sich unter diesen Häufungen nicht klein und kleiner fühlen, wie sollte der Kulturkonsument des Westens nicht unter den Reichtümern seiner Freiheit ächzen? In ihrer keiner Notwendigkeit abgetrotzten Willkür zerstückt seine Erinnerung alle Vergangenheit in Kontinua und Quantitäten bzw. Fortschrittskräfte und Fortschrittszeugnisse, um sie hernach zu einer zeitfreien Geschichte zusammenzufügen. Mit dem welterschließenden Tätertyp teilt sich der westliche Kulturbürger in die Überzeugung, daß die Vergangenheit gegenüber der Gegenwart stets inferior sein müsse; die zum kulturellen Sammelgut depravierte eigene Vergangenheit ist so dem Vergehen und Verfallen entzogen, ist hartes Erinnerungszeug, raumdinggleiche Habseligkeit. Faktisch lebt der westliche Kulturbürger in derselben schwindelerregenden Ortlosigkeit bzw. Substanzleere wie der oft von ihm verachtete Anschaffer und Ausbeuter seines Reichtums; er lebt in der Überzeugung, daß die Vergangenheit nur die jeden Moment von neuem verneinte Naturseite geschichtlicher Gegenwart sein könne bzw. Geschichte ein unendlicher Komparativ. So kann ihm auch die eigene

Vergangenheit niemals etwas sein, wovon man sich allmählich entfernt, eine Wunde, heilbar durch die Zeit. Räumlich bereits ein Phantom, flüchtet sich der Okzidentale in eine raumgleiche Vorstellung von Zeit, insistiert schmollend oder hochfahrend auf seinem ewigdauernden Vorsprung in all dem, was als genuin westliche Technologie oder Wissenschaft des Daseins gilt und doch immer nur wieder auf das eine, zeitlos-zeitsetzende Aufbrechen der rechnenden Reflexion zurückweist; er flieht in eine Erinnerung, die keine lebenszeitlichen Distanzen überwinden muß. *Lebt* er nicht in all den formalen, substanzbefreiten und daher universellen Systemen, die der Westen erschaffen hat? Ist er nicht ihr *Erstgeborener*, da er doch an ihren Ursprung aus bedürftiger oder bedrohter Naturexistenz keine lebendige Erinnerung mehr hat? Der Orientale, von Verwestlichung erfaßt, erfährt das umgekehrt als einen Sog (von ›Modernisierung‹, ›Rationalisierung‹, ›Technisierung‹ usw.), der ihm jede substanzwahrende Vergangenheitsbindung absaugt und ihn – solcherart erleichtert – in die inhaltsbefreiten Daseinssysteme des Westens einzuordnen verspricht, ja gebietet. Seine ›Herkunft‹ wird ihm nun zur schieren Raumeigenschaft, zur falschen ›Vorgeschichte‹ an einem anderen (verdammten oder verfehlten) Ort, zur ›lastenden‹ Vergangenheit. Und doch ist ihm diese kaum anzusehen! Der Okzidentale ahnt oder fürchtet sie deswegen um so mehr. Er fragt sie dem historisch eigenschaftslos, mithin westlich-universell wirkenden, puppenhaft perfekt mitarbeitenden Mittäter in seinen Systemen ab und bezeugt so den Kollaps des Versprechens dieser Systeme: geschichtsfreie, vergangenheitslose Selbsterzeugung. Die Selbsterniedrigung des Westlers seiner ewigen Frage danach, ob sein Mittäter und Zuarbeiter aus dem Orient oder Okzident komme, ist evident; so tastet und zittert autochthone Leere, die sich durch fremde Fülle zugleich gehalten und bedroht sieht. Die Erniedrigung des Immigranten oder ähnlich dem Westen Einverleibten, des historisch Entleibten auch, ist subtiler. Sie begann wahrscheinlich schon mit dem Versprechen einer Amnesie historischer Substanz zugunsten einer situationsbefreiten, fortlaufenden Selbststeigerung bzw. einer Selbstbindung des Daseins an den progressiven Komparativ. Das mag funktionieren, wenn man bereits zur ›westlich erzogenen Elite‹ der Einverleibten, zu den Anwärtern und Einklägern der westlichen Verheißung in deren Kolonien gehört hat. Hier droht nur eine laue, zuweilen gereizte Unzufriedenheit, daß einem das Reich, das nationale oder imperiale Vater- oder Mutterland, den Akzent der Anpassung und damit die historische Zweitrangigkeit abhöre. Anders steht es, wenn die ›orientalische‹, wenn überhaupt die nicht-westliche Vergangenheit schuld- oder leidvoll war. Der Eintritt in die westlichen Systeme einer geschichtsfreien

Dauer bzw. zeitbefreiten Bewegung werden dann zum Versprechen einer vollständigen Kompensation passiver durch aktive Existenz. Mit jedem Akt, jedem Akteurstag aber wächst die Passion an der Vergangenheit, von der man sich nicht durch Zeit und Geschichte, sondern bloß durch Zwang, Not, Willkür oder Ortswechsel entfernte. Woran der Verwöhnte und Entleerte des Westens sich tröstet, das Unvordenkliche, Unabänderliche seiner Gegenwart, das wird dem Verwestlichten zum Irreparablen, zur Selbstüberwindung durch versuchten Selbstverzicht: sämtliche Versuche, die Grenze zwischen Vergangenheit und Gegenwart, ›Vormoderne‹ und ›Moderne‹, Despotismus und Demokratie u. ä. m. aus einer substantiellen zur strukturellen umzudeuten, machen sie nur schmerzlicher fühlbar. Wenn der Verwestlichte gelernt hat, sich durch das bloße Faktum seiner vorwestlichen Geburt bzw. außerwestlichen Vorexistenz gekränkt zu fühlen und sich in den Kompensationssystemen des Westens als Opfer, d. h. als Objekt zu präsentieren, dann verdoppelt er seine Passion durch diese Aktion; ein Komödiant des eigenen Unglücks. Dezent schwätzt bzw. schweigt der okzidentale Kulturbourgeois über dergleichen hinweg. Obgleich ein unermüdlicher Fabrikant von Worten für die Dinge, die ›in Vergessenheit zu geraten drohen‹, ein Produktivitätsgenie am Vorhandenen, Handlich-zu-Machenden, hat er kein Mittel zur Hand, das den Verwestlichten von der Erinnerung an den Nicht-Westen befreite. Wer diesem zugehörte, wird Akteur einer so grund- wie nutzlosen Passion.

Selbst wenn der Okzident um das trauert, was er nicht mehr ist, vermeintlich aber war, ist sein Sentiment ohne Tiefe und Gewicht. Es ist Sentimentalismus der Idee, mitunter Melancholie, nie jedoch niederdrückende oder -ziehende Schwermut. Seine Verfallenheit an Ideen – Dogmen, Meinungen – von sich selbst wie von der Welt verhindert, daß sein Kummer sich an einen wirklichen, also vergänglichen Gegenstand heften und mit diesem irgendwann selbst vergehen könnte. Bewußt Westler sein heißt immer betrübt sein, sich gekränkt, weil betrogen fühlen von der Zeit, eigentlich: betrogen von alters her. Denn der Okzident hat sich selbst gesetzt als Prinzip seiner Expansion und seiner Alterungen. So klagt er prinzipiell einer Vergangenheit hinterher, die nie Gegenwart war, und er irrt sich nicht darin; er hat gestern die Gegenwart verschleudert, wie er es heute tut, da er dem Verschleuderten nachtrauert. In der *Langeweile* an der endlos andauernden Tätigkeit und in der *Angst* vorm Ende endlos wiederholbaren Genusses erscheint er aufrichtiger. Doch die westliche Langeweile und die westliche Angst erreichen ihren Gegenstand ebensowenig wie die westliche Trauer, es ist ein Zurückschnellen der Furcht in sich selbst, die je kaum das Furchtbare zu befühlen wagt, ein *Kalkül* der Furcht, um sich nicht fürchten zu *müssen*. Da der durchschnittliche Okzidentale weder seine Ängste noch seine Verluste zu benennen wagt, verschmelzen bei ihm Furchtsamkeit und Melancholie. Er wird nichts verloren haben, aber auch nichts verlieren. Seine Melancholie, ästhetisch und gewitzt, hält Dinge und Menschen auf Distanz, ernennt sie zu ›Werten‹ und damit zu – materiellen oder spirituellen – Habseligkeiten, die sich häufen lassen, ohne daß es existentiell eng wird. Frei, wenngleich furchtsam gleitet er an ihrer unaufhörlich verlängerten Reihe entlang; heute hier, gestern da. In dieser alles ergreifenden Zaghaftigkeit und Zwergseelenschläue kann der Okzidentale unmöglich die Schwermut des ihm nächsten, gar des ferneren und fernsten Ostens verstehen; die Schwermut des Unvermessenen, weil Ungeheuren. »Starke Naturen ruhen sich in Extremen aus«, dieses Wort eines seiner Weisen versteht der Okzidentale, zum Westler verkleinert, nicht mehr; er versteht nicht die Schwermut aus ungebrochener, übermütiger Vitalität. (Schon der theatralische Pessimismus seiner antiken Frühzeit ist ihm ja unverständlich geworden.) So zittert der Bürger, im westlichen Weltwinkel vital wie geistig verhockt, sogar vor den westgläubigen Künstlern und Literaten, den Lächerlichen des Ostens, die naiv seine Emanzipationsideen und -reden übernahmen: Verarmungslehren und Vereinfachungsmittel des Geistes, in denen sich *dort* jedoch eine überbordende Lebenskraft aushaucht. Schon ihr ferner, nur fein und schwach anlangender Atemzug ist dem westlichen Bürgerwesen wie ein Sturm aus Asiens Wüsten und Weiten. Nun aber erst die Wissenschaften und Techniken geistiger und moralischer Seelendurchpflügung, vulgo: Selbstzerfleischung! Anscheinend unbekümmert schneidet der Protestantismus von Wissen und Glauben beim Orientalen ins eigene Fleisch, weil er eben noch welches hat und im Schneiden spürt. Alles, was dem Okzident selbst Spätzeit und Überbau bedeutet, verfeinernde Verausgabung eines erlisteten Urkapitals an Lebensstoff, ist hier harte Gewalt an der Basis. Die westlich induzierte Geistigkeit des Ostens ist nicht Vergeistigung, sondern Richtungswechsel der ›Barbarei‹. Die politischen, religiösen, intellektuellen, künstlerischen und vor allem ökonomischen Extremismen des Ostens haben die westlich entbundenen und exportierten, oft aufgeschwatzten, öfter eingeimpften Ideen und Kräfte als Lebensmedien ergriffen, haben sie nicht als Lebensabdrücke, Lebensabbilder oder -nachbilder begriffen. Die Phantome des Westens sind öfter als hier im Osten zu Wirklichkeit geworden: Man herrschte durch ›Prinzipien‹, erkundet und begreift und zerfleischt sich durch ›Ideen‹. Brutale Schwermut findet ihre Form, das Dasein wird an ihr stählern und führt die Klinge gegen sich selbst. Erstmals kann der Westen sehen *und* fühlen, was er ist, sein Affekt dank jenem Osten: Verachtung, Gerührtheit, nacktes Grauen.

Europa ist geographische, das Abendland geschichtliche Gestalt; das eine zu tektonischer Brüchigkeit, das andere zum kulturellen Untergang bestimmt. ›Der Westen‹ allein ist Ungestalt, jedenfalls nicht substantielle Form – nicht sprudelnder Quell, den man aufsuchen und verehren könnte. Sofern der Okzident noch ein Selbstbild zu besitzen wagt, ist es zwar genau dies: das Strahlende, überallhin Fließende eines Anfangs ohne Ende, *lux sui et mundi*. Weltgestalt bzw. Weltrealität ist der Westen aber gerade als Nachbild, ein Modell für Anschauung und Nachahmung, sprich: ein Phantom. Die Widersacher und Überdrüssigen der Verwestlichung haben das gesehen, wenn sie den Westen blutleer oder gar vampirisch nannten: eine leere Form, die sich mit fremdem Stoff fühlt, um ihn – geronnenes Leben, erstarrtes Blut – aller Welt feilbieten zu können als Glitzer und Krume. Zumindest jener ›dritten‹ Welt, die den zwischen Himmel und Erde zerrissenen, von moralisch-materiellen Dualismen gepeinigten Westen zunächst als reiner Urwald entzückte. Blind für die fremde (Ur)Gestalt, sah er hier nur Rohstoff, welcher der Verarbeitung harrte. Was in den leergefressenen Räumen noch übrigblieb, wurde Chaos oder ging auf Wanderschaft. In der ›zweiten‹ Welt, Melange aus nicht-bürgerlicher Modernität und alternativem Industrialismus, begegnete dem Westen, widersetzlich-vertraut, eine in sich geschlossene Geschichtsgestalt, so sehr in sich vertieft und mit sich beschäftigt, daß sie kaum Augen hatte für die Welt, als die sie den Westen oft ansah und in der sie – wie alles Überschwere an unverkäuflichem Reichtum – schließlich versank. Die despotisch disziplinierten, in arbeiterschaftlichem Asketismus trainierten Völker imitieren mit Leichtigkeit die Logik und Ethik der Verwestlichung, die ja, da bodenlos und blutleer, frei von *aisthesis* der Ortsbindung bzw. Weltverbindlichkeit funktionieren. Die verwestlichten Völker der ›zweiten‹ Welt, ob als Neonationaldiktaturen, ob als Neureichenrepubliken, sind dem Westen unheimlich geworden als Nachahmer und Überbieter dessen, was für ihn nicht Form, sondern Substanz ist, des immer nur Mittelbaren, jeglichem Zweck Zuhandenen. Vergebens befiehlt er sich einen sentimental-gönnerhaften, patrimonial-besorgten Blick auf die kleinen Nationen Europas, die so lange unter fremder Autokratenknute ›nach Westen‹ wollten. Denn hinter ihnen stehen die furchterregenden Originale der anderen Moderne, das nationalkapitalistische Rußland, das nationalkommunistische China, Länder, die die ökonomischen und ideologischen Erfindungen des Westens für monströse

Nachbauten verwendeten, zur künstlichsten der westlichen Erfindungen überhaupt: einer ›modernen Nation‹. Die westliche Nostalgie nach Maß, Form und Berechenbarkeit kalter Kriegstage versteht sich; im bipolaren Weltsystem fielen den Zentren des Weltostens nur jene Länder und Völker zu bzw. vom Westen ab, die dieser allzu brutal, allzu unbekümmert ausgeplündert und erniedrigt hatte. Was hat der Westen jedoch seinen riesenhaften Imitaten entgegenzusetzen, die ihre eigenen Völker als eine Art dritter Welt fürs nationale Führertum behandeln, er, der den Völkern der Welt doch verkündete, der Sinn des Menschen sei es, Bürger in einer Bürgergesellschaft zu werden und, wo das nicht gelinge, zumindest der *Idee* der Bürgerlichkeit alle verfügbaren Wünsche und Kräfte und Stoffe zu widmen? Beständе er darauf, auch seinerseits so etwas wie nationale, kulturelle oder ähnlich definierte Gestalt zu sein, so müßte er sich begrenzen können, wie es jede Gestaltbildung fordert; es ist die, ob national-, liberal- oder sozialdemokratische, Verkrampfung, die Zusammenkrümmung einer schon fast völlig defensiven Existenz zur aggressiv geballten Faust. Die Besinnung aufs Urkapital, das Begrenzte, aus dem man einst unbegrenzten Vorteil erhoffte! Das Mutterland, dem man ungezählte Kolonien anfügen konnte! Der Vorrang des Okzidents, sein Anfang ohne Ende! Doch wäre gerade davon die auch temporale Geschlossenheit der Gestalt nicht abtrennbar. Die Verteidiger des Abendlandes müßten zugeben, daß sie ein Endliches verwalten, vulgo: ein nahezu Beendetes. Ihre intellektuelle Redlichkeit überfordert das meist. Diese immerhin könnte, gelöst vom endlichen Zweck und mundanen Vorteil, nun ihrem eigentlichen Geschäft nachgehen, der einseitigen, um sich selbst unbesorgten Selbstentfaltung, -erforschung und damit -erschöpfung. Ein Nachleben winkt dem Abendland nur in seinen, bei jeglicher Beleuchtung wirkenden reflexiven, also unbegrenzt und daher auch arglos-vorsatzlos destruktiven Kräften, hemmungslos und ungeheuchelt sekundär, seiner Kunst, Dichtung, Philosophie. Wer sollte das ernstnehmen? Zumindest jene, die nicht gern die innere Logik eines Spiels mit vermeintlichem Ernst des Lebens aufgeputzt sehen. Spieler und Zuschauer hierfür sind freilich Mangelware. Schon das postmoderne Gekicher von gestern sank ja schon ab zum Gebrumm von ›westlichen Werten‹.

Das Gerede von ›westlichen Werten‹ ist lächerlich weniger deshalb, weil des Westens Werte armselig oder zwielichtig wären, sondern weil alles Gerede von Werten lächerlich ist. Werte sind weder Tatsachen noch Normen, weder raumfeste Seinspartikel noch zeitlose Sollensideen, sie taugen weder zu rein indikativischer noch zu rein imperativischer Rede. Diese pflegen die Wertredseligen aber gerade, in provozierender Einfalt und Eindeutigkeit. Sie sind Komödianten vor anderen (in ihrem Tatsachenpositivismus) oder vor sich selbst (in ihrem Moraluniversalismus), naive Zyniker oder Heuchler wie alle, die Unmittelbarkeit zu kolportieren suchen. Tatsächlich ist das unmittelbare Verhältnis zwischen Mensch und Welt weder theoretischer noch praktischer Vernunft unterworfen, sondern einer elementaren Wahrnehmung von Zuträglichem und Unzuträglichem; das ›Werten‹ ist so unwillkürlich wie unvermeidlich. ›Werte‹ sind nichts, das ›vermittelt‹ werden müßte oder ›verbreitet‹ werden könnte. Die den meisten Seelen unerträgliche Unmittelbarkeit dieser Wahrnehmung erlöst sich im Wertgerede. ›Werte‹ werden darin zu einem handlich gemachten, plural verläpperten Sein, das zur Habe taugt, erst des Westens, dann einer westlich verwirrten Welt. Die Verwestlichungsattitüde wiederholt somit nur phylogenetisch, was ontogenetisch der abendländischen Kultur auf die Sprünge und in die Sichtbarkeit half, nämlich die Errichtung von Marksteinen, Denkmälern, Institutionen, worin die individuelle Fühlbarkeit von Göttern und Welttatsachen ins Binnenverhältnis gegenüber einer Gemeinde gezwungen wurde. Anbetung des Einen statt Anmutung allerorten, die gläubige Gemeinde vorm Fetisch unterm lichtdichten Dach: das sind die autonomen Persönlichkeiten, die weder Welt- noch Nächstenfühlung, sondern exklusiv die Uniformität des Blicks und bald auch des Geredes vereint, gerichtet auf die Sache, worin sich universales Sein zur kleindreisten Sollensformel verdickte. Eine Schwellung, die kaum mehr aufzulösen, nur mehr aufzusprengen ist in die Dualität von Moral- und Tatsachensphäre; bürgerliche Weltverkühlung, Zivilisationsmanagement durch doppelte Wahrheit. Die Erinnerung ans Wertfühlen als elementares Sach- und Nächstenverhältnis wäre hier so peinlich wie vergeblich. Das Werten wird von denen, die alles Recht und alle Macht auf ihrer Seite wissen und die es mithin nach etwas Gefühl, etwas Fühligkeit einer ›Kultur‹ (erlittene und gebändigte Pluralität der Reize) verlangt, aufs Format von ›Werten‹ geschrumpft. Sie bilden die Nachbearbeitungen und Nachschöpfungen der bürgerlich-christlichen Daseinsproduktion. Gegenüber der in Normenanmaßung und Seinsbehäbigkeit erstarrten Existenz gewinnen ›die Werte‹ so denselben Status wie die ästhetische Urteilskraft gegenüber praktischer und reiner Vernunft: ein Luxurium, worin der zum Individuum verkleinerte Mensch seine eigene Bewegtheit, ein leichtes Zittern eigentlich nur zwischen Sein und Sollen, Heim und Welt, zu spüren bekommt. Den ›westlichen Werten‹ ist gemeinsam, daß sie das Individuum nicht angreifen, gar durchdringen oder sich selbst problematisch machen, etwa durch Vertiefung jener bürgerlich-protestantischen Spaltung des modernen Okzidents (sie ist dessen vorbildliche, klarste Erscheinungsform). Im Gegenteil. Die ›westlichen Werte‹ ermöglichen es dem Individuum, in ungeteilter Fühllosigkeit zu dauern und allen Stoff der Welt zu Gefühlsmasse zu verwandeln, die ihm gefahrlos verfügbar wird, unter der einzigen Forderung nämlich, daß es dabei ungeteilt, ontologische Verkrampfung in sich selbst, eben Individuum bleibe. Die Norm, die westliche Werte erzeugen können, lautet immer nur wieder auf Erhaltung des Seins, dem westliche Werte entsprechen. So konvergieren das christliche Abendland und die bürgerliche Moderne kulturell im Spießertum der ›westlichen Werte‹, das sich wie alles Spießertum existentiell in der Sorge erschöpft, Spießertum bleiben zu dürfen. Ontologie des wertspießigen Ichs: die begrenzte, aber unteilbare Substanz mit grenzenlosem Appetit und unbegrenzter Ausdünstung. So künden die Idee bzw. Wort bzw. Phrase gewordenen westlichen Werte von einer tiefen, aber unterdrückten Ernüchterung, die das durch allerlei Armseligkeit reichgewordene Ich auf sich selbst zurückwirft, auf das Gerede von sich und die Besinnung auf seine allereigensten Bedürfnisse.

Endgeschichtstraum, Traumgeschichtsende des ernüchterten Westens: die von Affekt befreiten Werte. Westlichkeit als eine Sache von Vernunft und Entschluß; gefühlloses Gefühl, befreites Gerede, Liebe ohne Lust. Das Gerede von ›Werten‹ ist darum ebenso obszön, wie es das Gerede von Bedürfnissen oder Gefühlen ist, in und aus denen sich ›Werte‹ ja allein kundgeben; der Wertfühlig-Redselige als einer, der sich ganz und gar im Griff von etwas Überlebensgroßem sieht und es doch handlich-beredbar vorführt. Zum Glück für die Integrität der Gefühle kann man nicht von ihnen reden, ohne sie zu verfälschen, ebenso wie ein *benannter* Wert nur mehr ein Nenner ohne Zähler ist – ein Prädikat, das nichts mehr zählt, weil es sich jeder Un- oder Nullsumme anheften läßt. Am meisten aber blamiert sich der Westen durch den Plural, worin er etwas ›Wert‹ sein läßt: wäre er selbst etwas wert, käme er nicht so leicht von sich los und in die Mehrzahl und ins Gerede. Wer, statt etwas wert oder nicht mehr wert zu sein, seine ›Werte hat‹, der hat eben die Auswahl, mit welchen davon er sich zeigen will. Nicht grundlos sahen die ›westlichen Werte‹ darum so oft jenen seiner Feinde ähnlich, mit denen er je die Vorliebe für die harten Tatsachen (›rechts‹) oder die hohen Worte (›links‹), für die Marter der unerziehbaren Körper oder die Dressur der lernfähigen Geister, kurz: für Ordnung und Fortschritt teilt. Wo immer in der Welt etwas seinen Wert erwiesen hat, als es ohne ihn nicht mehr sein wollte, erhebt sich ein Gezänk im links-rechts-bürgerlich gespaltenen, positivistisch-phraseologisch doppeläugigen Westen: ob die in Starrsinn bankrottgegangene Kultur die harten Tatsachen verkannt oder die richtigen Ideen nicht erkannt habe. Zu schweigen von der nicht länger in Natur und Idee zerklüfteten, zur Einheit verkümmerten Westlichkeit der ein vermeintlich Eigenes umschließenden, gegen alle Welt geballten Faust: Der Westen sei die historisch begnadete Tatsache einer Erhebung übers Tatsächliche, im Reich der Ideen, eben des wissenschaftlich-technisch-ökonomisch-moralisch *wertgeleiteten* Daseins.

Es klingt tragisch und dem heroisch-ästhetisch gestimmten Ohr zugleich schmeichelhaft, wenn aus dem Westen zu hören ist, seine Weltwerdung folge einem universellen Trend von Erschöpfung durch Entfaltung, von geistigem Formgewinn bei vitalem Stoffverlust. Das Telos der westlichen Geschichte wäre dann ein gesetzmäßiges Verhauchen, wie allem Lebendigen bestimmt. Die Logik dieser Nichtswerdung ist zweifellos eine echte Erfahrung. Doch ist sie allein den Einseitig-Aufrichtigen der ›westlichen Werte‹ – ihren politischen Fanatikern und intellektuellen Extremisten – reserviert. Deren Wonneschauer am eigenen Untergang ist reich an Einsicht in die Bemessenheit eines Lebenskapitals, das sie verzehren müssen, ohne es erneuern zu können. Etwas Individuellem zur unbegrenzten Dauer zu verhelfen, eine Zerspaltung des Seins zwecks Erhaltung als Wert – dieser Versuch endet unweigerlich im Erlebnis von Verschleiß. Das individuelle Leben erzeugt nichts, was größer wäre als es selbst. Es kann sich nur Größerem anschließen oder ausliefern. Die Redlichen unter den Geistestätern des Westens beweisen ihre Einsicht darin, daß sie es bei der Selbstauslieferung und dem Selbstverschleiß belassen. Sie wissen, daß sie – lauter Einsame! – ohne Erben sind, sehen darin jedoch keinen planetarischen oder gar natürlichen Trend. Im Gegenteil: Zuerst *sie* sind berufen, in der Verwestlichung ein naturfremdes Ereignis, eine paradoxe, weil auf Zeitlosigkeit zielende Geschichte zu entdecken. Der Einbruch des Okzidents in die unbewertete, unvernutzte Natur ist kein historisches Ereignis, sondern eine seelische Finte, ein intellektueller Trick auch. Die Mittel der Bewertung des Lebens für Selbstwerte erklären, die Methoden der Vernutzung des Lebendigen zu dessen Eigennutz erheben – dies offenbart Schläue, nicht Einsicht. Schläue aber ist an jedem Punkt von Natur und Geschichte möglich. Sie setzt sich selbst, wie der Trug, die Bosheit. Schlau ist es, die Geschichte als ein Produkt der Natur zu bestimmen, das diese fortsetzt und zugleich überbietet, indem es sie mit intellektuellen – etwa ›naturwissenschaftlichen‹ – Mitteln gestalte. Der Westen als Wert will Ereignis und Gedanke, Epoche und Prinzip zugleich sein. Seine nähere Auskunft darüber lautet, daß er das Prinzip sei, Epoche zu machen, die Epoche sei, worin die Prinzipien herrschen. Der Westler, speziell der ›Moderne‹, ist somit nicht Erbe des Abendlandes, Spätling der Kultur, der Schöpfung usw. Er ist ganz und gar mit sich selbst beschäftigt, mag er hierfür auch alle Welt in Bewegung setzen. Die Verwestlichung der Welt bewahrt den Westler davor, etwas von ihr zu begreifen, ihr Erfolg besteht darin, daß alle Welt glaubt, was er selbst von sich sagt und glaubt.

Verwestlichung heißt: Anwerfen, Unterhalten und Nachbessern der große Maschine, die stets mehr Aufwand abverlangt, als sie Ausstoß einträgt, sind es doch Menschen, die verschleißlichen Wesen per se, die hier eingesperrt wurden zum Mahle eines unbekannten Gottes. Der Aufwand der Mittel ist derart ungeheuer, daß er jeden möglichen Zweck übersteigen muß. Umgekehrt zeigt das die Lächerlichkeit der vermeinten oder verkündeten Zwecke dieses Maschinismus. Lächerlichkeit ist die Endgestalt der Verwestlichung, ihr immanentes Telos. Gerade weil aber ›der Westen‹ schon immer in diese Lächerlichkeit unterwegs ist, kann sie ihm nicht schon immer fühlbar gewesen sein. Die Krisendeuter des 19. Jahrhunderts versuchten, eine durch die moderne Lächerlichkeit geschaffene Lage in der überlieferten Metaphysik von verborgenem Wesen und verdeckendem Schein auszudrücken. Von abzustreifender bürgerlicher Heuchelei, Selbsterkenntnis der schaffenden Kräfte, Ehrlichkeit der bösen Tat war da die Rede. Die Alternative, vor die sie stellt, existiert noch immer: ob die Lächerlichkeit des Menschendaseins in einem weltweiten Westen freiwillig oder unfreiwillig, durchdachte oder verleugnete sein solle. Zwangsläufig lächerlich wirkt jeder Versuch, den unermeßlichen technischen Mitteln nachträglich einen Zweck anzumessen und dem Vorsprung in ihrer Beherrschung den Firnis historischer Notwendigkeit. Der selbstbewußte, sich selbst bejahende und dadurch umgrenzende Westen ist ein Kitsch, ist das Eng- und Kleinreden des Ungeheuerlichen aus Raum- und Zeitschwindel. Die Verteidiger der ›westlichen Werte‹, die diese als Habe, Substanz und Erbgut betrachten, wirken angesichts der abendländischen Expansionskraft nicht nur einfältig, sondern sie langweilen auch, wie alle Grenzenzieher, die von drohender Verwilderung nur reden, um weiterhin minigottgleich im umzäunten Gärtchen zu wandeln. Der Versuch, den Totalitarismus der Industrie- und ihrer Tochterzivilisationen mit einer Idee von Begrenzung, sprich: Definiertheit zu vereinbaren, führt in die beschaulich-beschränkte Verlogenheit. Ihre Alternative ist eine Schamlosigkeit der Mittelnutzung, die das Ungeheuerliche der westlichen Anstrengung gar nicht leugnet, sondern ideell vollstreckt, es mit Bewußtsein imitiert. Das kann sie unmöglich aus eigener Kraft. Die intellektuelle Überbietung der materiell-stofflichen, verarbeitend-verzehrenden Expansion ist der Selbstverzehr, den jene durch überschüssige Mittel ermöglicht; ein geistiger Parasitismus am geistlos gewordenen Organismus. Die Lächerlichkeit der geistigen Steigerung, Überbietung und dadurch auch Verneinung kann nur bewußt sein, ›freiwillig‹ also; sie besteht vor allem im Bewußtsein einer nutzlosen, aber mit allem Pathos der Weltvernutzung unternommenen Anstrengung. Nebenbei gesagt, ist es die einzig verbliebene Art von Schöpfertum, die dem Westen bleibt: der schamlose Verzicht darauf, seinen technischen (inklusive intellektuell-künstlerischen) Mitteln rechtfertigende Zwecke anzudichten, impliziert eine höchste bürgerliche Verschämtheit; man kann im bürgerlich-kapitalistischen Weltalter nicht mehr geistig ›schaffen‹, ohne sich seiner Geistigkeit, dieser grandiosen Nutzlosigkeit, zu schämen. Geistesschöpfung ist hier zwangsläufig die Unmöglichkeit der Unverschämtheit, als reiner Geist oder reine Materie zu existieren, ist ständiger Versuch einer Selbstverneinung des Geistes, von dem so das eine oder andere prächtige Stück abfällt. (Umgekehrt erkennt man die Lächerlichen ›geistigen Schöpfertums‹ an dem feisten Bekenntnis dazu, genau dies, nämlich geistige Schöpfer, zu sein, an ihrer tölpelhaften Überwölbung bürgerlicher Normalexistenz durch künstlerisches, philosophisches u. ä. Ausnahmegefühl.) Unmöglich also, sich frei und grenzenlos im Geiste zu bewegen ohne ein tiefes Schuldgefühl gegenüber der Maschine und den Maschinisten, die dergleichen nicht vorgesehen. Selbst wenn der reflexive Parasit der gedankenlos ratternden Weltverwestlichung ein Massenphänomen werden sollte (wie in manchen Großstädten bzw. Stadtlandschaften absehbar), wäre er das doch stets als massenhaftes Erscheinen von Einzelnen, sprich: Einsamen, die das Lächerliche ihrer Anstrengung spüren. Das Lachen oder wenigstens Lächeln, das ihre bürgerliche Daseinssicherheit täglich bedroht, wächst ihnen aus jenem Ernst der industriell-technischen, technisch-wissenschaftlichen Mittel zu, über die sie so virtuos gebieten, ohne an einen adäquaten Zweck dafür glauben zu können. Den Glauben an irgendeine Form von Adäquation haben sie überhaupt aufgegeben. Den Eifer einer kontinuierlichen, prinzipiellen Arbeitsamkeit, *industria* also als Daseinskontinuum, führen sie jenseits industrieller Zwecke fort und damit ins Absurde; da sie nicht an die Beglückung oder Verbesserung der Welt durch den industriellen Eifer glauben, findet dieser sein einziges Objekt in der Grundlosigkeit seines Daseins. Sie versetzt die Einsamen des Geistes täglich von neuem in Erstaunen, Beschämung und Aktion. In der unverhüllten Nutzlosigkeit ihres Tuns wirken die Reflektierten der Verwestlichung so absurd wie die Verteidiger der ›westlichen Werte‹ durch deren Beschränkung bzw. ihre froh bejahte Beschränktheit. Hier eine abgeschnittene und daher leblos gewordene Totalität, dort eine einseitig gesteigerte, hypervitale und daher stets von Abbruch bedrohte Kontinuität. Eines scheint auf immer unmöglich: daß der Westen zugleich Ort und Richtung, Zone und Schweifen, Totum des Seins und Kontinuum des Werdens sei. Der Glaube an diese Möglichkeit ist freilich die Normalität der Verwestlichung.

Dem Westen begegnen nicht nur überall Imitate, die ihn durch ihr Eigenleben ängstigen und durch die perfekte Synthese dessen, was ihn weltmächtig gemacht hat: mobile Arbeitsmasse und Triumph einer nahezu schwerelosen Technik, menschliche Verwahrlosung und industrielle Perfektion. Sein leibhaftiges Nachleben in diesen Imitaten bringt ihm auch die eigene historische Leiblosigkeit zu Bewußtsein. Sofern er nämlich geschichtlich existierte, mit jenem leibesgleich stützenden oder lastenden Anhang der Gegenwart, welchen man eine geschichtliche Vergangenheit nennt, müßte er zugeben, daß diese Geschichte nicht ohne Ende sein kann, würde er spüren, daß sie ihn alt und schwer macht. *Sein* Leib hingegen: eine Erinnerung ans Unbegriffliche, die naturgleiche Vorzeit bzw. katastrophale Unterbrechung seiner kulturellen Gegenwart. Diese ist zwar, als sogenannte Modernität, unaufhörlich mit der Produktion von Vergangenheit befaßt. Doch sind es eben nur Vergangenheiten, die sich als unmögliche – untragbare, unerträgliche – Gegenwart erweisen würden, nicht Gewichte, die ihn, absinkend aus ihrer eigenen Kraft und ihren eigenen Gründen, in die Schwerelosigkeit der Gegenwart, ›seiner Zeit‹, freigegeben hätten. Im Westen ist die Vernutzung und Entwertung aller Dinge, ›Modernisierung‹ getauft, zur Epoche umgelogen, *in* der man existiert. Vergessen Goethes Einspruch gegen das Zugleich von Epochenbewohnen und Epochenbeschau (*Maximen und Reflexionen*, Nr. 177)! Das zur Ära erhobene Prinzip, die als Prinzip (Form, Technik, Apparatur) konstituierte Ära erzeugen das Gefühl eines *Zeit-Raums* ohne geschichtliche Substanz darin, das Gefühl einer historischen Leerzeit. Jeder Orientale, jeder Welt-Mensch, über den der Westen kommt, spürt sofort den Schwindel dieses Kontinents, der sein eigenes Weltalter sein will und somit Geschichte verfehlt, sie als machbare Synthese deutet und dadurch entmächtigt; der Odem der Entwirklichung. Umgekehrt macht den Westen aber eine Vergangenheit, deren Faden zur Gegenwart erst er durchtrennte, die allzu leicht erschaffene, gehäufte und verschrottete eigene Vergangenheitsfülle bewußt, genauer: die vielen Vergangenheiten überholter Dinge, Ideen und Techniken. Der Wunsch, über eine substantielle und zugleich gewichtslose Vergangenheit zu verfügen, wird im Westen übermächtig und damit erfinderisch. Substantiell, d. h. Füllung jenes Zeit-Raums, den sein Erzeugen und Entwerten stets für neue Erzeugnisse und Entwertungen freihält, kann nur eine gewichtige, mithin lastende, weil schuld- oder leidvolle Vergangenheit sein, kurz, *die Vergangenheit der anderen*. So wird der Westen dort, wo er am bedürftigsten, aber auch am schülerhaftesten auftritt, in seiner Schülerschaft gegenüber dem Lehrmeister einer absoluten Geschichtslosigkeit des Okzidents, die Geschichte eines fremden Volkes parodieren, um an ihr den Besitz einer eigenen Vergangenheit zu genießen. Das westliche Deutschland, das ›Deutschland auf dem Weg nach Westen‹, wie seine Historiker sagten, hat in seinen ›Aufarbeitungen‹, ›Revolten‹ und ›Emanzipationen‹ die Vergangenheit eines von ihm abgetrennten und damit weiterhin geschichtlich existierenden Volkes imitiert, hat ohne Risiko des Verlust an materieller oder kultureller Wertsubstanz eine Komödie gespielt, auf das einzige Risiko auch ungesteuerten Amüsements, kurz, der Lächerlichkeit hin. Letztere gereicht ihm nicht etwa zur Beschämung, sondern zur Rührung; sentimental schwärmt das grauhaarige Emanzipiertengeschlecht von seinen Pöbeleien gegen die Autoritätskadaver von gestern, gegen Krieger, Lehrer, Väter und selbst noch von seinem Terror, weiß es doch selbst den heißesten Nachsommer seiner Erregung von synthetischer Heißluft – seinen ›Utopien‹, Ideologien, Phantasmen – durchweht. Die ›Kulturrevolution‹ der Westdeutschen wie bereits die der Nordamerikaner – das ist der *niedliche* Totalitarismus, der Totalitarismus, den man überlebt und als Mini-Totum aus fremdem Geschichtsstoff und eigener Erzählform einheimst. So erweist sich der Kulturrevolutionär des Westens als der wahre Nachfolger des westlichen Kulturbourgeois und zugleich wiederum als dessen Vorgänger, denn was ist letzterer anderes als der Nutznießer einer Vergangenheit, die er sich aus freien Stücken zueignete, einer hierzu freilich auch zerstückten, zusammengestückelten Vergangenheit? Diese umfaßt nicht nur besagten Karneval aus Spaß und Terror, sondern auch den heiligen Ernst des historischen Kostümfestes: Preußen-Deutschlands wichtigste kulturelle Schöpfung, der kleinstem wie größtem Zweck dienstbare Untertan, lebt fort im Unterwerfungsbedürfnis ungezählter Kleinuntertanen, Untertanenindividualitäten, die es nach frei wählbarer, mithin perfekter, von allem Geschichtsstaub befreiter Kopie verlangt. Da sich niemand mehr herabläßt, sie zu unterwerfen, üben sie – Anstellige ohne Anstellung – die

Unterwerfung unter den unbekannten fremden Ansteller, sie errichten den Vernutzern ihrer selbst wie aller Welt Tempel für eine zu Zeug gewordene Geschichte. Überhaupt ist die zweite Republik der Deutschen das wahre Mutterland historischer Sekundärexistenz geworden oder besser: immer schon gewesen, denn noch ehe sie Volkspaläste abriß, um Königsschlösser drüber zu setzen, fühlte sie sich weiterhin als Reich ohne alle Schuld noch Schwere. Ein Land, das die Westlichkeit endgültig als Lektion entdeckte und zum Prinzip erhob: die Schuld büßten die Nachbarn, die Schulden zahlt die Nachwelt.

Verendet der Westen an jenem Ort, von dem aus er über die Welt kam, versinkt er wirklich im ›kultur‹bürgerlich Umgrenzten, jener Fußgängerzone des Geistes und vor allem der Seele, nach deren Vorbild er seine Städte baut? Von der Selbstprovinzialisierung des *deutschen* Westens zeugt nicht nur seine Selbsteingliederung in ein vermeintliches Welt-Zentrum, sondern mehr noch der Versuch, die Traulichkeit der Zelle mit dem Raumgefühl einer wirtschaftlichen und kulturellen Zone zu verbinden. Einer Zone freilich, in der man bei jedem Anhauch aus wahrhaft geschichtlichen Räumen sogleich zitternd in Klausur geht. Als geschichtliche Provinz haßt der deutsche Westen, als kulturelle Provinz liebkost er ›das Fremde‹ – der Haß gilt der autarken Gestalt, die Liebkosung dem zerteilbaren Stoff. Vor allem aber findet der klausnerisch bzw. agoraphob gewordene Westen an sich selbst einen bunten Stoff, in seiner politischen Folklore, die hauptsächlich in reanimierten Kämpfen und Feindschaften besteht. Da er an einer Welt gearbeitet hat, die keine unfreundlich abgewandten oder feindlich andrängenden Leiber, sondern nur Provinzen einer leiblosen Metropole duldet, muß er, um sich selbst ein wenig metropolitan und leibhaftig zu fühlen, alle Feindschaften der Vergangenheit aus sich selbst erzeugen. Der Haß allein hält lebendig, hält zumindest in jenem Trab und Eifer, den der Westen aller Welt als das Geheimnis des ewigen Lebens anzupreisen liebte. Der Haß in einer umfriedeten Zone aber muß zur Komödie blutleerer Widersacher des Westens werden, all jener ›Totalitarismen‹, die mit sterblicher Substanz, nicht mit rostfreiem Stahl ins Fleisch des Lebens schnitten. In den Kapitalen des Westens ist man, von lauter Verwestlichung der Welt, blind für sie geworden; um so mehr gilt es der Nase, dem Organ der Erinnerung und des Verdachts, zu folgen. Das Aufspüren, Entlarven, Bloßlegen totalitärer Ambitionen inmitten des Westens mutet um so lächerlicher an, als dieser sich einst, in seiner Langeweile und später seiner Angst, ja selbst als Totum, mithin als Umgrenztes und Provinz ausgerufen hat. Die Aufklärung im inneren Feindesland ist die Technik, worin der links- und der rechtsbourgeoise Eifer zusammenstimmen. Ist Vernichtung durch Benennung doch die einzige Kulturtechnik, worin der bürgerliche Westen seiner christlichen Vorgeschichte treu bleiben kann! Selbst das Schrecklichste der Vergangenheit wird zum Kitsch, sobald es als Kleintotalität benannt und als Kleintotalitarismus entlarvt ist, dem das ›Raus!‹ aus der Mitte droht.

Hat der Okzident oder, wie er sich nach seiner inneren Auszehrung und äußeren Aufblähung nennt, *der Westen*, überhaupt jemals Kreaturen erschaffen außer zu seiner Selbstvergewisserung, zum Selbstgefühl durch seinen Haß auf sie? Da sein Eifer darauf hintreibt, körperlose ›Kommunikation‹, Technik ohne Apparatur, Geist ohne bzw. anstatt Natur, Kapitalismus ohne und damit als unwiderlegliche Ideologie zu sein, müssen alle seine Widersacher und überhaupt Widerstände etwas Entkräftetes, ja Entgeistetes aufweisen; Puppen, die der Bewegung durch einen ihnen fremden, übermächtigen Willen harren. Die Verwestlichung der Welt konnte gelingen, sobald sich das abendländische Bürgertum dem natürlichen Extremismus seines Geistes – seiner Wünsche wie seiner Ideen – überlassen hatte, die ins Phantastische, Leiblos-Allgegenwärtige trieben, kurz: ins Phantomhafte. Die Gegner dieser Weltverwestlichung, die Antikapitalisten und Antibürger, hatten ihre Reiche auf jene allein in der Einseitigkeit grenzenlosen Kräfte bauen wollen, auf den Moralismus beispielsweise oder den Naturalismus, auf soziale oder nationale Emanzipation – Pädagogik des Heils oder der Erdherrschaft. So entstanden Reiche von dieser Welt, geschichtliche, mithin vergängliche Reiche. Das Bürgertum, naiv-schlau stets mit dem Kopf in den Wolken und den Stiefeln im Morast, hat solche Reiche nie begründen wollen, ihm genügten Zonen der Bewirtschaftung oder auch der Beschaulichkeit. Selbst letztere jedoch bedarf der Gegner, bedarf des Schauspiels eines widersetzlichen Stoffs. Wo aber sämtlicher Stoff der Welt vernutzt oder zumindest zur Vernutzung verfügbar ist, müssen die eigenen Antriebe – der haltlose, totalitäre Ehrgeiz dieser Aneignung – zum dramatischen Stoff gemacht werden. So triumphiert der Mittel- bzw. Massenmensch fortwährend über extremistische Kleintotalitäten, die er in künstlich umfriedeter Zone aufmarschieren, kämpfen und fallen läßt. Etwas Pappkameraden-, zumindest Puppengleiches ist an den Feinden der ›westlichen Werte‹, den Extremisten. Es sind Kräfte, deren Telos die mundane oder seelische Erschöpfung ist, grenzenlos einseitige Kräfte, nunmehr aber ins Begrenzte von Autonomie und Gestalt gebracht. Ihre Tragikomödie ist es, auf umgrenztem Terrain das Versprechen grenzenloser Expansion oder

Emanzipation wachhalten zu sollen. Wer von außen in dieses Terrain blickt oder aus der Erinnerung anderer, größerer Versuche mit dem Unumgrenzten, dem erscheinen ›die Feinde des Westens‹ geistig noch harmloser als seine Verteidiger. In diesen vibriert wenigstens latentes Unbehagen daran, leere Mitte, Loch der Materie oder ähnlich überreich an Substanzarmut zu sein; ein Unbehagen, das einen Geist mitunter sich selbst unerträglich und damit erwachsen macht.

Der Dunst von Unfreiheit, der um die kleinsten wie die größten Unternehmungen des Okzidents weht, das Gezwungene seines Eifers wie seiner Eitelkeiten – all das kündet eher von bruchloser Erstarrung denn von einem nahenden Ende. Freiheit gibt es in der Gegenwart der Liebe oder des Todes; der Eros des Westens jedoch ist frei von Leben und Affekt, weil willkürlicher, ›selbstbestimmter‹ Ehrgeiz. Dies zumindest ist das Bild von sich, das seine Eitelkeit erträgt. Der Eros des Westens, der Eifer der Verwertung ist prinzipiell unbegrenzt, nicht zu enttäuschen, er nähert sich keinem Ende, hat einen Tod nicht zu fürchten. Er ist seit je darin unterwegs, er regt sich im Leblosen. Mit solcher Unsterblichkeit eines Untoteneifers, einer ewigen Geschäftigkeit darf sich nur ein Dasein aus Prinzipien (moderner und vager: ›Werten‹) schmeicheln. Wenn es auch ein Ende haben sollte mit dem Okzident, dann doch nie durch seine Opfer, die hierfür sich aus irgendeiner Vergangenheit erheben müßten für ein womöglich letztes Gefecht. Allein die Nachahmer und Perfektionisten der Westlichkeit sind berufen, dem Westen das Messer an die Gurgel zu setzen, den Rumpf vom Kopf, sein Wesen vom Dasein zu trennen. Der weltweite Triumph des Westens besteht darin, daß er es nur noch mit seinesgleichen zu tun bekommt. ›Verwestlichte‹ Völker und Staaten können ihn zu Fall bringen, seine ergrimmten oder hoffnungsvollen Sinnesverwandten. Andere Zivilisationen mögen an ihrer eigenen Verfeinerung oder dem Ansturm auswärtiger Grobiane zugrundegegangen sein; der Okzident, weder fein noch grob, zwingt sich selbst und die anderen ins gleiche Spiel ohne Aussicht. Das will nichts weniger besagen als eine Daseinsverfinsterung, im Gegenteil. Von aller geschichtlichen Tendenz befreit, zeigt sich der globale Westen als ein nahezu unbewegliches, gleichsam lebloses Dasein, ja überhaupt nur als ein Sein, dessen einzig sichtbarer Sinn es ist, da zu sein, für wen auch immer.

Jeder Kampf gegen die Verwestlichung oder – wie manche Westler geschichtsfrömmelnd sagen – jeder ›Widerstand‹ ist aussichtslos. Man kämpft nicht gegen ein Phantom, ohne ihm dadurch Leben einzuhauchen, man zetert nicht über die Vagheit einer Idee, ohne sie dadurch konkret zu machen. Der Westen, Idee und Phantasma mehr denn Materie und Stoff, zehrt von den Kräften derjenigen, die nicht die Seinen heißen wollen; jeder Versuch, nicht-westliche Ideen gegen westliche auszuspielen, erhebt Verrechnungseinheiten des Weltstoffs zu substantiellen Formen. Selbst der aufklärerische Ehrgeiz, die Verwestlichung als Prätention zu erweisen und ihre leitende Idee als Lüge, verhilft ihr zum Schein eines Eigenlebens. Das Existenzprinzip des Westens ist nicht der Betrug an der Welt, sondern, wenn überhaupt, der Selbstbetrug, genauer: eine Selbstverdoppelung, worin die Selbstbehauptung einer historischen Flause an den Energien einer naiven oder empörten Welt eigenes Dasein gewinnt. Dennoch scheint es unmöglich, gegen die Verwestlichung, ob als ihr Objekt oder als ihr näherer oder fernerer Zuschauer, keinen Widerwillen zu empfinden. Das Geringe des Risikos, womit sie Lebendiges zu bloßem Rohstoff und dem Ihrigen erklärt, irritiert und empört, dieser winzige Stich oder hauchfeine Stoß, wodurch ein Wesen ihr zufällt und sich verfärbt und vielleicht in einer neuen, fühllosen Lebendigkeit aufersteht. Immerhin haben die Menschen und Völker, die ›verwestlicht‹ worden sind, doch ihre kürzere oder längere Geschichte gehabt und so ein Kapital für unteilbare Erinnerungen, die einzige Art von Erfahrung in einer westlich gewordenen Welt.

II. Die westliche Welt

»Die Schrift ›Friede‹ Ihres Bruders habe ich gelesen. Ich bekenne, daß sie mich etwas beunruhigt. Ich sehe hier die Entscheidung für den Westblock und das Abendland, für ein Vergangenes und Dahinsinkendes also. Ein englischer Offizier erzählte mir jüngst, daß ihm der Bischof von Paderborn die Schrift persönlich mit Äußerungen höchsten Wohlgefallens in die Hand gedrückt habe.«

Ernst Niekisch an Friedrich Georg Jünger (25. März 1946)

1. WIRTSCHAFT

Zuletzt ist der Westen keine Himmelsrichtung mehr, sondern jede Erdgegend, wo man weiterkommen kann, ohne ankommen zu müssen.

Die zur Veränderung der Welt aufriefen, haben sich selbst und die Erde nicht geschont.

Die Trennung der Bewegung vom Leben ist das metaphysische Vermächtnis der Industriegesellschaft.

Die Menschheit hat keine natürlichen Grenzen. Daher die Autorität ihrer künstlichen.

Nur Götter und Bauern sind seßhaft.

Die Tatfrommen der Jahrhunderte ähneln einander stärker als die Nichtstuer der Jahrhunderte. Wer würde einen Faulpelz aus dem Altertum mit einem Erschöpften der Neuzeit, wer einen Müßiggänger mit einem Arbeitssucher verwechseln?

Über Fragen der Verteilung ist nur jene Gesellschaft erhaben, die es jedem ihrer Mitglieder ermöglicht, sich restlos zum Verkauf zu bieten.

Ein Land, in dem für Nahrung, Kleidung, Wohnung gesorgt ist. Wo die Arbeit also Spaß oder Strafe sein soll.

Der Lebenslauf des jungen Bewerbers muß sicherstellen, daß man ihm ein Leben zubillige.

Die unbelehrten Völker sind stolz auf ihre Leistungen, die belehrten auf ihre Schicksale.

Wachstum ist und bleibt das Credo der Kümmerlinge.

Auf die Zumutungen der Selbstverwertung kann man nur mit dem nackten Leben reagieren – indem man es blindlings erzeugt oder bewußt verweigert.

Positiv gerät die Handelsbilanz überall dort, wo jemand das, was er nicht besitzt, jemandem verkauft, der es nicht braucht.

Keine industrielle Arbeit, die so sehr schänden könnte wie die Vergnügungen, um sie zu vergessen!

Der Aufstand der Angestellten endet mit ihrer Gleichstellung, der Ansteller duzt sie nun unterschiedslos.

Expansion durch Reduktion ist die Formel des ökonomischen wie des ideologischen Fanatismus. Sein Agent ist der Bürger, der reduzierte Mensch *kat exochen*.

Der wissenschaftlich-technische Fortschritt determiniert vielleicht die Zukunft, jedoch nicht das Verhältnis zu ihm selbst: Der Einzelne kann dem Fortschritt vorangehen oder nachfolgen, kann ziehen oder schieben, kann Pegasus oder Sisyphus sein.

Kapitalismus ist der Zwang zum Willen, und der aus Röcken ist sein Prophet.

Die Freiheit ist das Recht, von den Zufällen des Besitzes unbeschränkten Gebrauch zu machen; die Gleichheit ist die Pflicht dazu.

In einer wahrhaft freien Gesellschaft trifft man niemanden außerhalb seiner Besitztümer.

Der Kapitalismus kann so wenig stinken wie das Teuflische, das so alt ist wie die Welt. Was zu stinken beginnt, ist das Leben, das ihm von Zeit zu Zeit verfällt.

Einst … waren Arbeiter eigentumslose Bürger, Bürger arbeitslose Eigentümer.

Der mobilisierte Mensch schwankt zwischen zwei Ängsten: vor einer Zukunft, die ihn krank von Arbeit, und vor einer Zukunft, die ihn gesund ohne Arbeit zeigt.

In einer Leistungsgesellschaftsklasse sind die Zufriedenen die Sitzenbleiber.

Die Persönlichkeit zum Idol zu erheben, wie das Bürgertum es tat, ist bloß komisch, dieses Idol aber im Unpersönlichen – in Ehe und Beruf – verwirklichen zu wollen, ist absurd.

Der Schlendrian der sozialistischen Fortschrittswelt – war er ein letzter Nachhall von Alteuropas *otium cum dignitate*?

In seiner aufsteigenden Epoche baut ein Volk, um danach zerstören zu können, in seiner Niedergangsepoche reißt es ab, um aufbauen zu dürfen.

Unter den Klassen nennt man bürgerlich jene, die sich in der Seele getroffen fühlt, wenn eine Steuer erhöht wird.

Der Wachstumsfetischist hält sich für antiutopisch, weil er der Utopie von vorgestern huldigt.

Ideen werden exportiert, Rohstoffe importiert.

Banalität der Ziele und Bestialität der Mittel sind garantiert, wo sich das Nichts nur noch als Bewegung erträgt.

Die Anstrengung des Bürgers ist überwiegend heroisch – ob im Verbessern seiner Geschäftsbilanz, ob im Versuch, glücklich zu sein.

Der Traum der Fortschrittsfreunde ist es, daß sich endlich alle Welt als Entwicklungsland bekenne.

Wenn die produzierende Klasse schrumpft, teilt sich die konsumierende in Beschäftigte und Unbeschäftigte.

Der industrielle Konsum betrügt um die Früchte der Lebensalter, das industrielle Produzieren betrügt ums Leben.

Der Reichgewordene weiß: Reichtum ist nicht Tugend, erlaubt jedoch zu zeigen, daß man sie besitzt.

Die Forderungen der unzufriedenen Bürgersfrau klingen sofort plausibel, wenn sie nicht mehr im Tonfall der Emanzipation vorgetragen werden.

Nach oben gekommenes Kleinbürgertum, das seine ökonomischen Vorrechte genießt, empört sich am liebsten über kulturell unten gebliebenes Kleinbürgertum, das ihm sozial gleichgestellt ist.

Der Überfluß und die Dummheit dieser Welt lassen sich auf einen Nenner bringen: alles, was sie nötig zu haben glaubt.

Paradoxie des Geldstrebertums: jenen imponieren müssen, die man verachtet.

Entwicklungsländer nennt der Entwickelte gönnerhaft die Orte, wo man sich mit natürlichen Rohstoffen und konventionellen Gefühlen begnügt.

Katholizismus ist die Verwertung, Kommunismus die Verkennung, Kapitalismus die Verklärung der Habsucht.

Der Neureiche gewinnt seine menschliche Würde in dem Moment wieder, da er, statt seinen Reichtum zeigen zu können, um ihn zittern muß.

Malebranche könnte sein Buch über die Natur und die Gnade auch heute schreiben ... über die menschliche Natur und die göttliche Gnade, vereint in teuflischer Tüchtigkeit.

»Wir mischen Substanzen und hoffen, daß es dem Lebendigen nicht schadet, wir machen es wie alle …« Als der Contergan-Anwalt seine Verteidigungsrede beendet hatte, fand er sich unter den Anklägern der westlichen Wissenschaft wieder.

Institutionen- und Innovationsfreunde sind eins geworden, Konservative und Progressive nicht mehr zu unterscheiden. Gesetze und Geschäfte – das Heilige inmitten der Welt. Der Glaube ist, daß es vom Menschen gemacht sei.

Die ›Herrschaft des Menschen über die Natur‹, die den Stolz des Okzidents bildete, war seine Herrschaft über Menschen, die sich in Resten von Natur fanden.

Die ausgleichende Gerechtigkeit regiert die zivilisierte Welt vollständiger als den zivilisierten Menschen, der ja nur in wenigen Fällen gewillt ist, sich selbst zu zerstören.

Nach allem Gottessterben bleibt der Westen doch christlich in seiner Hoffnung, dem ehrlichen Tod durch ein ewiges, weil verkleinertes Leben zu entgehen. Statt der Todesstrafe für Gier, Hochmut, Verschwendung – ein Untotendasein aus Wachstum, Wohlstand, Wissenschaft.

Der Stumpfsinn im alltäglichen Fleiß ist die Gnade, die man durch keine Werke erwarb.

Langeweile, Wissenschaft, Fortschritt – die drei grauen Engel, die den Menschen aus dem Paradies des Augenblicks vertreiben.

Würdig erscheint nur der Erbe eines Reichtums, der nicht erwirtschaftet wurde.

Der Liebhaber lächerlicher Schauspiele wird stets verwöhnt durch einen Okzident, der über die Undankbarkeit ihm einst dienstbarer Völker klagt.

Mag der Kapitalismus auch nicht von Ewigkeit sein, so ist er der Menschheit doch gewiß von Ewigkeit zugedacht.

Die kreditfinanzierte Demokratie wäre eine gerechte Ordnung, wenn die Reichen genau so viele Nachkommen hätten wie die Armen.

›Selbstproduktion des Menschen‹ bleibt die Formel für alle industrialisierte Moral.

Die Hände, die gewisse Reichtümer schaffen, können niemals so schmutzig sein wie die Herzen, die solcher Reichtümer bedürfen.

Die Prediger des Verzichts konjugieren ›verzichten‹ nie in der ersten Person Singular.

In der sogenannten Umweltethik stehen die grenzenlosen Bedürfnisse einer wohlbekannten Zahl heutiger Menschen gegen die unbegrenzten Rechte einer unbekannten Zahl künftiger Menschen. Vermittlung ausgeschlossen!

Was von einer Zivilisation verbreitet werden kann, ist niemals das Leben. Das Leben muß nicht verbreitet werden.

Schämen muß sich im Kapitalismus nur, wen unerfüllbare Sehnsüchte plagen.

Der Schweiß bei der Produktion des Glücks riecht nicht wie der Schweiß des Edlen.

Machtlos und ratlos stehen die Götter vor dem Menschen, der sie nicht länger imitieren will.

Nicht die Nöte, nur die Launen des Menschen lassen sich ausbeuten.

Investitionen sind bewältigte Zukunftsangst.

Was an der sogenannten Ausbeutung der Natur empört, ist nicht so sehr die Zerstörung des natürlichen Lebens als der Anblick des kulturellen Daseins, dem diese Zerstörung dienen soll.

Erst wo nichts mehr wächst, erhebt sich die Forderung nach Wachstum.

›Primat des Ökonomischen‹ nennt der verbitterte Marxist von heute eine Verhöhnung wirtschaftlicher Grundsätze, die jene des Sozialismus von gestern übertrumpft.

Als Beherrscher der Natur darf sich der Mensch erst dann fühlen, wenn er ihr den Mitmenschen zurechnen kann.

Auch die Ökologen, Naturfreunde, Wachstumskritiker sind Seinsentrückte, auch sie wollen, was die Fortschrittsfreunde wollen: keine Welt hinnehmen, die gegenwärtig ist.

Dem hinreichend mit sich selbst Beschäftigten wird jede Lohnarbeit als Demütigung erscheinen – ganz gleich, ob sie vierzig oder vier Stunden die Woche dauern soll.

Der Arbeitstag demoralisiert einen Lohnempfänger so stark, daß er zum Feierabend wirklich nur noch auf ein Familienglück hoffen kann.

Je kleiner man seine Abhängigkeit halten will, desto größer ist sie gegenüber dem wenigen, wovon man noch abhängt.

Wenn alle Zeit verbraucht ist, beginnt die Geschichte der Verbraucher.

Eine Industriegesellschaft gewährt den Luxus, daß man von lebensnotwendigen Bedürfnissen genau dann erfährt, wenn sie erfüllbar geworden sind.

Was sich rentiert, fällt an Verschwender.

Das Christentum verspricht den erneuerten Menschen, der Kapitalismus liefert den allerneuesten.

Erstaunlicher als *the welfare of nations* ist, welchen Völkern besagter Reichtum zufiel.

Wie vieles muß nicht der Mensch, der wenig braucht, auf sich nehmen!

Das Geld, das man besitzt, würde einem nur dann ganz gehören, wenn niemand sonst es besitzen wollte.

Gelegenheit, Würde zu beweisen, ist vorm Ererbten, nicht vorm Erarbeiteten.

Regelmäßige Arbeit, erst recht der zugehörige Eifer, ist sicherlich vulgär. Was man aber modernen Gesellschaften eher vorwerfen möchte, ist ihre Vulgarisierung gelegentlichen Nichtstuns – ob durch Betriebsamkeit der Vergnügungen, ob durch Arbeitslosigkeit ohne Muße.

Der Müll, den die industrielle Gesellschaft auftürmt, ist mehr als nur ihre Kathedrale: er ist die *imitatio* des göttlichen Wunders, das aus dem Nichts ein Etwas werden und alles Mögliche hoffen ließ.

Herren sind stolz auf das, was ihre Vorfahren getan haben, Knechte auf das, was sie nicht wie ihre Vorfahren tun müssen.

Ellis Island – das Paradigma der modernen Welt: von den Peripherien der Demütigung ins Zentrum der Selbstdemütigung.

Materielle Armut verhindert oft, daß ein Mensch seine geistige Armut zeigt.

Die vom Kapitalismus enttäuschten Liberalen enden als Mehrwertkonservative.

Je anmaßender die politische Forderung, desto bescheidener die ökonomische Phantasie.

Modern darf jede Gesellschaft heißen, in der Arbeit ebenso erniedrigt wie Arbeitslosigkeit.

Mit Schulden ist es wie mit Schmerzen: kleine weichen auf Dauer nur größeren.

Will man den Reichtum aufrichtig respektieren, sollte man selbst keinen haben.

Genuß ohne Pflege – Formel des geistigen wie des ökonomischen Parasitismus.

»Für alle reicht es nicht.« So spricht nicht bloß die Einsicht des Faschismus, sondern auch die Einfalt des Kleinbürgertums, für das vor den Besitzern immer schon der Besitz existierte.

Der dritte Weltkrieg, der dem Westen erspart blieb, ist der Krieg, den die dritte Welt auf dem Weg nach Westen gegen sich selbst führt.

Jemand, der alles, was er berührt, alles, was er bespricht, dadurch entwertet … der es ungenießbar macht für sich und andere – sollte man den nicht ein Opfer seines Geborenseins, ein Opfer seiner Geschichte nennen?

Westlicher Kapitalismus in seiner Prosperität: die Linke verfettet in Frag- und Ratlosigkeit, die Rechte verdorrt in Haß und Ekel. Das ändert sich mit einem Schlag, wenn zuviel Welt sich dem Westen andient – zuviel Welt auf dem Weg nach Westen. Die Rechte ruft dann den heimischen Vorteil aus und wird rund und feist dabei, die Linke hat nur wieder das »Sklaven aller Länder, vereinigt« usw. zu bieten, den Stolz der Armut also – die Askese, das Opfer. Wer auch traute dem lokalen Freiheitskultus zu, noch einmal Weltkirche der Gerechtigkeit zu sein?

Die grundehrliche Verachtung des Westlers für materielle Armut: eine Verachtung, die jeden Moment in Angst, eine Angst, die jeden Moment in Haß umschlagen kann. Man versteht, warum im Bourgeoisuniversum von allen christlichen Geboten nur das absonderlichste überleben konnte, das der Fernstenliebe – die den Nächsten auf Abstand hält.

Die Nostalgien des Westens nach jener Zeit, als ihn der Sozialismus des Ostens vor dem Elend der Welt schützte, der Zorn der ersten Welt über die zweite, die zu verschwinden wagte …

Ein Volk ist ruiniert, wenn ihm nicht mehr durch Reichtum, sondern nur noch durch Geld zu helfen ist.

In dieser deutschen Republik wollte fast jeder Arbeit haben, kaum einer noch Arbeiter sein. Eine Nation von Kleinbürgern, die sich ihre Arbeiter importieren mußte und dann verstört war, daß diese noch anderes waren als Arbeiter …

Wie einst der Hippie seinen VW-Bus, so koloriert heute Hoechst sein Chemiekraftwerk. Stets an der Wand: das Leben.

Betriebsamkeit ist das, was Betriebe errichtet, ruiniert und überdauert.

Das Kapital: scheues Reh in der Heimat, reißende Bestie in der Fremde.

Der Westen ist die Vergangenheit der Erde und die Zukunft des Ostens.

Das Leben geht weiter: Fortschrittsglaube der Konservativen.

In einer Überflußgesellschaft beginnt man genau dann, sich überflüssig zu fühlen, wenn man aufgehört hat, es zu sein.

2. POLITIK

Der Westen als das, was vom Abendland übrigblieb: Aus einer geschichtlichen Gegend wurde die Himmelsrichtung, aus der Himmelsrichtung ein wandernder Erdenort. Sein kühnster Wunsch: die Kommune der Verbraucher, sein ältester Stolz: die Kunst der Verwertung. Beides hat er in die Welt gesandt, beides hat sich zu einer furchtbaren Synthese verbunden, jenem Asien aus Parteiherrschaft und Industrieexzeß, das die letzten Europäer das Grauen lehrt.

Der Schlendrian gewisser Diktaturen erscheint inzwischen als die einzige Atempause, die den Sturmabteilungen des Fortschritts in Freiheit vergönnt war.

Ein aufgeklärtes Staatswesen hat nie gezögert, Kriege gegen die Völker zu finanzieren, die ihre Reichtümer verschwenden, anstatt sie zu Geld zu machen.

Das Böse, dem der Yankee zu Leibe rücken will, ist etwas, das draußen in der Welt immerzu nachwächst und bei ihm zu Hause stets schon ausgestorben ist.

Sobald das totalitäre Experiment der Bürgerkinder fehlgeschlagen ist, bejammern sie den Verlust bürgerlicher Werte bei den Volksmassen.

Greuel der Demokratie? Doch ohne das Volk geschieht auch in Diktaturen nichts. Sowenig wie ohne Gott.

Der Vorzug der schlechten Sache ist, daß sie keine Worte braucht, um zu überzeugen.

Sich zu beherrschen fällt schwerer, als sich regieren zu lassen.

Der gerechte Krieg wäre der Krieg, den man nicht verteidigen müßte.

Wo Ideen durch die Geschichte rumpeln, müssen Köpfe für ihre Verwirklichung rollen.

Die Mauern, die von der freien Welt errichtet werden, sollen stets nur unfreie Völker einhegen.

Gut möglich, daß der Fanatismus die Idee wechselt, in deren Namen er sich austobt, unvorstellbar hingegen, daß man einer Idee mal fanatisch, mal besonnen anhänge.

Dieses Volk kennt nur zweierlei Lagen: die eine, in der es Lehren annimmt, die andere, in der es Lehren erteilt.

Wenn sich zwei Staaten vereinigt oder wenigstens vereinnahmt haben, dann stehen sie vor dem Ergebnis oft so betreten wie zwei Halbwüchsige vor einer ungewollten Schwangerschaft.

Jeder, der dieses Volk zur Einheit rufen wollte, müßte sagen können: zur Einheit gegen welches andere Volk?

Fürchterliches Land, das sein will, was es schon immer war, lächerliches Land, das etwas anderes sein will ...

Wem an seinem ersten Lebensort, in seinen ersten Lebensjahren kaum Notwendigkeiten begegnet sind, der reüssiert als Reisevertreter der Freiheit.

Westlich sein heißt: stets in den Spiegel sehen müssen und doch nicht ertragen können, was man dort sieht. Der Westen, der sich ertragen soll, bedarf einer unwestlichen Welt, die er unerträglich finden kann.

Ob sie Demokraten spielen wie in den 50ern, Revolutionäre wie in den 60ern, Terroristen wie in den 70ern, Konservatoren wie in den 80ern – es bleibt stets Komödie jenseits der Geschichte, Komödie eines Landes, das sich seine Zeit selbst gesetzt hat.

Die deutsche Frage ist offen, aber ihre biologische Lösung naht: Dann wird es keine Deutschen mehr, sondern nur noch Westdeutsche geben – armgebliebene Westdeutsche im Westen, reichgewordene Westdeutsche im Osten.

Allein durch demokratische Wahlen lernt das Volk jene Menschen kennen, die mehr als das Volk sein wollen.

Die parlamentarische Demokratie ist ein Übergangsphänomen. Was von ihr bleibt, sind Parteien, die einander als die Ewiggestrigen und die Ewigmorgigen beschimpfen.

Fragen der Konstitution erörtert man meistens erst dann, wenn man selbst nicht mehr bei bester Gesundheit ist.

Freiheitlich-demokratisch heißt die Gesellschaft, die ihre Freiheit von der demokratischen Obrigkeit erhofft.

Für jede Regierungsform, ob permissiv oder repressiv, lassen sich Massen begeistern. Die Delikatesse eines aufgeklärten Despotismus hingegen wird stets nur wenigen zugänglich sein.

Angst, Aggressivität und Apathie sind die ewigen drei Möglichkeiten, auf das Ende einer Narrenfreiheit zu reagieren.

Das Denken des Machthabers ist nie vorsichtig und hellsichtig zugleich.

Es gibt Klassen, die keine Manieren brauchen, und Klassen, die nichts als Manieren haben. Das Bürgertum ist jene Klasse, die ihre Manieren opfert, um Klasse bleiben zu dürfen.

In den Diktaturen des Proletariats und in den Reichen des Volkes zeigte das moderne Bürgertum, wozu es fähig ist: dem Kommunismus lieh es seine Ideen, dem Faschismus seine Kräfte.

Sobald politische Publizisten einander an die Leibwäsche, d. h. die verborgenen Motive gehen, fördern sie beim Gegner jeweils Erstaunliches zutage: die Linke kämpft für die Wahrheit, die Rechte für ihre Ehre, die Mitte ums nackte Überleben.

In den Diktaturen bedarf es staatlicher Ermunterung, damit der Einzelne seinen Nächsten denunziere, in den Demokratien genügt privates Unternehmertum.

1900: Das Proletariat als Macht. 2000: Das Kleinbürgertum als Masse. Dazwischen: Das Bürgertum als Malaise.

Dialog hinterm Rücken eines Massenmörders: »In seinen Ideen ist er ein roher Kerl, aber als Mensch läßt er sich ertragen.«

Der Stolz der freiheitlich-demokratisch geordneten Seele, die gelegentlich dienen darf, hat etwas Überschäumendes.

Sobald man beginnt, die errafften Reichtümer zu verschwenden, gewinnt man ein wenig von der Würde wieder, die man beim Neid auf ihre früheren Besitzer verlor.

Befreier der Menschheit sind selten geworden, seit fast jedermann glaubt, ein Mensch zu sein.

Die Kaltblütig-Entschlossenen halten den Evangelisch-Rührseligen vor, daß sie die *Kosten* einer Kultur im Friedenswinkel der Welt nicht zu benennen wagten: notwendige Ungerechtigkeiten, unvermeidliche Einmärsche, planmäßige Zerstörungen. Sie selbst freilich wagen nicht, das *Niveau* dieser so kostspieligen Kultur zu benennen.

Ein ästhetischer Blick auf die Politik sollte nur dem gestattet sein, dessen *aisthesis* ohne *energeia* ist.

Die Revolutionen sind weder die Lokomotiven noch die Entgleisungen, sondern die Bremsklötze der Geschichte.

Der Eiferer, Rechthaber und Verfolger – er repräsentiert die dynamisch ummantelte Existenz, die innen ganz statisch ist. Er ist das ewige Würstchen, das es hin und wieder nach rohem Fleisch verlangt.

Freie Geister schließen sich heute in jenen Instituten ein, in denen man die Unfreiheit erforscht.

Der Linksintellektuelle nennt den Rechtsintellektuellen einen Dunkelmann, für den Rechtsintellektuellen sind die Linksintellektuellen nichts als Gelichter.

Wer von Sonderwegen der Geschichte spricht, empfindet nicht als normaler Europäer, denn wäre Europa da nicht der weltgeschichtliche Sonderweg schlechthin? So war es von Anbeginn jener Sonderdeutsche, der nichts als

Europäer bzw. Westler sein wollte, ein geschichtsfreies Phantom, unauffällig eingereiht in die Sonderbewegung Abendland.

»Wem gilt Ihre politische Sympathie?« Übersetzen wir es so: »Welcher Partei gilt Ihr Mitgefühl?«

Zur ›Rechten‹ nimmt der Bürger aus Angst seine Zuflucht und der Künstler aus Langeweile.

Der Ideologiekritiker kann sich nie entscheiden, ob er den Ideologen einer perfiden Absicht oder einer arglosen Beihilfe bezichtigen soll.

»Atomwaffen dürfen nicht in falsche Hände fallen.« Sondern müssen in den richtigen bleiben. Aus denen sie auf Hiroshima fielen.

An den echten Menschenfreunden fällt auf, daß sie zwar nie ungebeten helfen, dann jedoch mit all ihrer Kraft und oft darüber hinaus.

Der freiheitlich-demokratische Politiker leistet sich nur solche Fehltritte, zu deren Beseitigung man ihn wiederwählen muß.

Das einzige nicht-materielle Ziel, auf das die Demokratie verweisen kann, ist die Verteidigung der Demokratie.

Ein Volksvertreter ist, wie der Name beinahe richtig sagt, jemand, der das Volk vertritt, solange es nicht die gesamte Bevölkerung umfaßt.

Unter einem Regime mit einer gewissen Freiheit quälen die Menschen einander gegenseitig, unter einem gut geordneten Regime quälen sich die Menschen selbst.

Nicht immer stehen die Greise dem Fanatismus ferner als die Jugend, gewiß aber dem Fanatismus des Temperaments. Der Fanatismus der Greise ist ein Fanatismus der Einsicht.

Gewaltenteilung: Wer den Knüppel bereitstellt, soll ihn nicht schwingen.

Das Recht auf Privilegien ist bei all jenen, die sie noch nicht haben.

Nur der Stärkere kann nachgeben.

Soldatinnen sind keine Mörder.

Wer die Macht begehrt, noch ohne zu wissen, wozu, der ist von allem Verdacht einer ›Interessenpolitik‹ freigesprochen.

Es gibt Vergessen ohne Verzeihen, aber kein Verzeihen ohne Vergessen. Der Selbstbetrug der professionellen Büßer …

Die übertriebenen Ambitionen, ob private oder politische, sind nur für Leute lohnend, die weder die Langeweile der Konkurrenz noch die Kurzatmigkeit des Erfolges schreckt.

Demokratie ist die einzige Herrschaftsform, die sich nicht vertreten läßt.

Ein unfreies Volk ist nie völlig unzufrieden.

Propheten, die recht behielten, sind für die Zukunft nicht zu gebrauchen.

Für den Geschichtsphilosophen der Linken reduziert sich ›alle bisherige Geschichte‹ auf einen Schaden, den die Zukunft wiedergutmachen muß.

Der Marxist träumt von einem zukünftigen Proletariat, das die bürgerliche Klasse so sehr verachten darf, wie er selbst sie derzeit hassen muß.

Das historische Privileg heutiger Volkshelden ist es, nicht mehr auf die Liebe eines Heldenvolkes angewiesen zu sein.

Jede politische Utopie, die auf sich hält, muß die Schöpfung rückgängig machen wollen – um eine Welt erbauen zu können, die zum Geschöpf paßt. Das man für unveränderbar hält.

Gnade ist die Toleranz des Despoten.

Die meisten Emanzipationen vergrößern die Zahl der Unzufriedenen, ohne die Zahl der Herrschsüchtigen zu verkleinern.

Manche Kulturen müssen sterben, andere können nur aussterben.

Im Reich der Ambition wird stets eine Madame de Staël unglücklich in einen Bonaparte und ein Bonaparte unglücklich in eine Madame de Beauharnais verliebt sein.

In den leichtgewichtigen Zeitungen ist zu lesen, was die Regierung über die Regierten denkt, in den schwergewichtigen Zeitungen, was die Regierten von der Regierung denken.

Wer Freiheit fordert, will zuvor meist Gleichheit – auf daß ihn nur noch seinesgleichen in die Schranken weise.

Überlieferte Bräuche werden meist von jenen angeklagt, die allzu eifrig dem Idol der Brauchbarkeit huldigen.

In der Klassengesellschaft tauschen immer nur Gesinde und Gesindel die Plätze.

›Liberale Demokratie‹ nennen Liberale und Demokraten dasjenige, was sich für sie nicht von selbst versteht.

Was wie Zusammenhalt aussieht, ist oft nur Zusammenfluß: der Grund einer Kultur könnte ihre Kloake sein.

Bedeutung wächst in arithmetischer, Bedeutungslosigkeit in geometrischer Folge.

Emanzipatorische Logik: »Die Gesellschaft muß Individuen mit dem X-Merkmal prinzipiell Vorrechte gewähren, weil Individuen mit dem X-Merkmal durch die Gesellschaft prinzipiell Nachteile erfahren.«

Kirchen sind Museen, die mit allzu viel Neugier zu betrachten lästerlich wäre.

Eine Minderheit heißt jene Bevölkerungsgruppe, die am Minderwertigkeitsgefühl der Mehrheit schuld ist.

Die wiederkehrende Ordnung erschüttert, die wiederkehrende Anarchie erheitert den Beobachter.

Eine freiheitlich-demokratische Gesinnung ist das Talent, immer nur von toten Tyrannen enttäuscht zu sein.

Auf eine Überzeugung kann verzichten, wer von sich selbst eine hinreichend gute Meinung hat.

Dem Führer, der mit natürlichem Akzent brüllt, lauscht das Kulturvolk mit Andacht.

Während der Sozialismus sich durch seine Existenz widerlegt, ist der Kapitalismus nicht zu widerlegen. Daher immer wieder die Anschläge auf seine Existenz.

Nicht das Leben, das ›alle‹ führen wollen, sondern der Anblick, den ›alle‹ dabei einander bieten würden, könnte zuletzt zum *bellum omnium contra omnes* führen.

Manche Menschen müssen Gesetzgeber werden, um an Menschen denken zu können.

Dankbares Vergessen umhüllt den Namen des Diktators, der sein Volk glücklich machen wollte.

Der Apokalyptiker von heute ist der Nostalgiker von morgen.

Nicht wenige Rechte begründen sich aus dem Unrecht dessen, der ihre Gewährung verweigert.

In der Bürgergesellschaft hört das Volk auf, eine Klasse zu sein. Nur beim Versuch, eine klassenlose Gesellschaft zu errichten, durfte das Volk noch einmal zur Klasse werden.

Wer an eine freie Gesellschaft glaubt, weiß nichts von der Freiheit des Einzelnen.

Die Geschichte kennt keinen nekrophilen Herrscher, den es nicht danach verlangt hätte, Jugendbataillone vor sich aufmarschieren zu lassen.

Widerlegt ist der Sozialismus nur in jenen Ländern, in denen er nicht aus eigener Kraft verschwinden kann.

Den Konservativen des Westens diskreditiert der mitleidige Ton, in dem er all jener gedenkt, die nicht in der liberalen Demokratie aufwachsen durften.

Die Sympathie, die uns für politische Dissidenten im Ausland abverlangt wird, gilt oft Dantonisten, die niemals Gelegenheit zu Septembermorden erhielten.

Die großen Vernichter waren vielleicht Menschheitsverächter, jedoch keine Menschenhasser. Der Menschenhaß ist die Religion der Menschheitsverbesserer.

Die Warnung vor dem Ungeheuerlichen ist nur dort glaubhaft, wo sie von Ungeheuern vorgetragen wird.

Zivilisationsbruch – ein Wort so hilflos wie die Zivilisation, die sich das Rückgrat bricht und ihr Mark erblickt.

Die Verleugnung des Heilsbringers vor Ungläubigen ist der erste Glaubensbeweis, den man ihm liefern kann.

Was jeden Ideologen wie auch jeden Ideologiekritiker zur Verzweiflung treiben müßte, wäre die Einsicht, daß ein Leben nicht falsch sein kann, selbst wenn es einer falschen Ideologie unterworfen wäre.

Optimist ist, wer Pessimist nur durch Erfahrung wird.

Kapitalismus und Konservatismus sind nicht länger Alternativen, seit die Utopie des Immer-mehr zur Utopie des Immer-so-weiter geworden ist.

Der Glaube von Smith, Marx und Nietzsche war es, daß eine Zivilisation ein Ziel haben, der Glaube ihrer Schüler, daß man ihr eines geben könne.

Zynismus ist die Selbstironie des Machthabers.

Kein geborener Sieger erträgt es, daß der Besiegte von der Gesetzmäßigkeit des Sieges spricht.

Für den Untertanen einer Parteidiktatur ist Freiheit eine bekannte, für den Bürger des Parteienstaates eine unbekannte Notwendigkeit.

Man kann jenem Unrecht nicht ganz den Respekt versagen, das es für nötig hält, sich einen eigenen Staat zu erschaffen.

Die bleibende Erziehungstat diktatorischer Regierungen an ihren Regierten ist nicht Haß, sondern Toleranz gegenüber jeder Regierung.

Fatalismus malt sich auf den Gesichtern eines Volkes, das vor Kabinen ansteht, um seine Freiheit der Wahl zu gebrauchen.

Die schwere Jugend des Angeklagten veranlaßt das Gericht zu einer Härte, die einzig durch die schwere Jugend des Richters gerechtfertigt scheint.

Soll jemand an ein Unrecht glauben, das er anderen angetan hat, dann muß er dieses Unrecht aus einer Ursache ableiten können, die bis gestern noch bestand.

Das Christentum zeigt einen getrösteten, der Fortschrittsglaube einen untröstlichen Narzißmus.

Linksliberal heißt gegenwärtig der Glaube, es könnte einen Sozialstaat jenseits des Nationalstaats geben.

Die Bourgeoisie, die in den sozialistischen Staaten entstanden war, hatte vielleicht besser als jede andere Klasse in der Weltgeschichte begriffen, daß der ›gesellschaftliche Fortschritt‹ nur in einer Konservierung seiner Wohltaten bestehen kann.

Jeder Konservative stellt sich in dem historischen Moment bloß, zu dem er sein *de hoc satis* spricht.

Die Lieblingsidee des modernen Philosophen ist nicht mehr das Philosophenkönigtum, sondern ein unberaten funktionierender Staat, der ihn als philosophischen Berater engagiert.

Der Kommunismus der Modernen: bislang ehrgeizigster Versuch, die Welt in Ordnung zu bringen, um der Seele außerordentliche Schwingungen zu ermöglichen.

Die einzig evangelischen Politiker in Europa sind heute zweifellos die Linken, deren Mandatsträger verklärt lächelnd die Schmährufe und Steinwürfe der guten Bürger ertragen.

Man darf jener *BILD*-Autorin rechtgeben, die im Feminismus das wichtigste Ereignis des 20. Jahrhunderts sah; man muß allenfalls hinzufügen, daß erst die Verbrennung der Büstenhalter hierfür das Bewußtsein erleuchtete.

Deutsche Nationalisten haben den Kommunismus verdammt, weil er russisch, deutsche Kapitalisten Rußland, weil es kommunistisch war. Deutsche Demokraten fürchten Rußland, weil es so nationalistisch und kapitalistisch geworden ist, wie es Deutschland einst war.

Was den Westen am heutigen Rußland empört, ist das Spiegelbild seines eigenen Anfangs. Man braucht viel Erinnerungs- und Verleugnungskraft für solche Empörung, die Empörung des trockenen Alkoholikers gegen das beginnende Gelage – die Empörung eines EU-Kommissars …

Sinn des Parteienstaats: Da alle historischen Triumphe einer Sache sich als Niederlagen ihrer Vertreter erwiesen haben, handelt am weisesten der Mensch, der seine Sache von anderen vertreten läßt.

Nirgends verzeiht ein Volk der Regierung ihre Ungerechtigkeiten weniger als dort, wo es keine schlechte Absicht dahinter erkennen kann.

Manche Leute würden aus der Geschichte gewiß keine ›Lehren ziehen‹ wollen, wenn sie diese dann nicht anderen erteilen dürften.

Die gute Sache ist stets die, die keine guten Gründe mehr braucht.

In der Politik kann sich Stolz nicht anders denn als Neigung zum Erstarren zeigen.

Die meisten Menschen kämen niemals auf die Idee, in einer friedlichen Gesellschaft zu leben, wenn ihnen nicht verkündet worden wäre, daß deren Sicherung der einzige Zweck der auswärtigen Kriege sei.

Unter keinem demokratischen Staatswesen wirkt das Volk moralisch und ästhetisch weniger verwahrlost als unter jenem, dem ein kräftiger *despotisme éclairé* übergestülpt ist, sprich: wo das Volk sich weder heroisch noch freiheitlich aufführen, sondern lediglich ein gewisses Maß an staatsbürgerlicher Erziehung ertragen muß. Durch eine historische Ironie erster Güte hängt jene Demokratie, die sich selbst als Diktatur des Proletariats und Avantgarde des Fortschritts sah, fester mit dem Alten Europa zusammen als jede andere, wenngleich – weitere Ironie – mit demjenigen an Alteuropa, was dort am modernsten war: mit den Staatswesen der zweiten Friedriche und Josephs und Katharinen.

›Aufholende Modernisierung‹: Die Jovialität gegenüber dem Osten (Deutschlands, Europas, der Welt) ist die Jovialität gegenüber der gebremsten, verspäteten, sich abmühenden Verwahrlosung, der Verwahrlosung nicht von Geburt, sondern durch Willen und Arbeit. Ähnlich blickte der Kulturheros Mann auf die Kultursklavin Frau, auf das ewig verspätete, ewig nachholende Geschlecht.

Über den ›verordneten Antifaschismus‹ rümpfen jene Leute die Nase, die meinen, ihn sich selbst verordnet zu haben.

Das Rätsel, das die sogenannten freien Gesellschaften aufgeben: Wie kann der Mensch hier zugleich so unfrei und so verkommen wirken, da doch Verkommenheit einen gewissen Gebrauch von Freiheit voraussetzt? Des Rätsels Lösung vielleicht: daß diese Freiheit keine errungene, eigene, sondern eine zugeteilte, hingeworfene sei, durch ein System, dem es frei steht, Unfreiheit zu produzieren.

Unter der Arroganz des Kolonialherrn leidet der Kolonisierte weniger in der Kolonie als im Mutterland, zu Gast bei einem Herrenvolk mit zweifelhaften Gastgebertalenten.

Selbst wenn er angreift, ist der Westen niemals Gegenwart, sondern immer nur das demnächst Kommende, das künftig Gewesene.

Nationalismus: der blutvollste Ausdruck des Individualismus.

Die unbewältigte linke Vergangenheit der heutigen Rechtsintellektuellen …

Das Erscheinen eines intelligenten Menschen an der Spitze einer Institution, die Jahrtausende ohne Intelligenz auskam, deutet auf eine Verschwörung äußerst gewissenhafter oder besonders abgefeimter Dummköpfe.

Durch Sprache zur Macht, durchs Wort zum Recht: Wer aus ärmeren Ländern, in denen man sich nur *einen* Gott, *einen* Herrscher oder *eine* Partei leisten kann, in reichere mit ihrem Pluralitätssystem und Parliergebot stößt, den bestürzt der hier herrschende Wortglaube, vor allem aber das darauf gegründete Selbstbewußtsein. Er hält es für Selbsttäuschung: Das Wort weiß sich schwach und gibt sich allmächtig, weil es bloßer Reflex einer Allmacht ist, die ohne Worte verfährt.

Angst und Gier gibt es unter jeder Form von Herrschaft. Doch während in sogenannten Diktaturen die Begierden meist ein anarchisches, völlig ungezügeltes Eigenleben führen, in das der angsterregende Staat weder eingreifen will noch kann, ist es die Normalität sogenannter Demokratien, Angst und Gier ineinander übergehen zu lassen, bis der Einzelne über seine Antriebe völlig unwissend geworden ist. Wann endet die Angst vor der Not, wann beginnt die Gier nach dem Überfluß? Er weiß es nicht und will, was alle wollen.

Der Besitz der Freiheit verbietet ihren Gebrauch.

Nur Fanatiker der Ordnung wollen *alles* umstürzen.

Der erste Schritt zum Vergehen einer Institution ist ihr Vergehen.

Die obere Kammer ist stets weiblich: sie billigt oder verwirft die Anträge, die die untere ausheckt.

Die Paradoxie der bürgerlichen Legitimität ist am Ende ästhetischer Natur: Das eigene Daseinsrecht ist zu einer Frage des guten Geschmacks geworden, die man nicht mehr guten Gewissens mit ja beantworten kann.

Zivilisatorischer Fortschritt: Ersetzung des Schreckens durch die Angst vor dem Schrecken.

Unterentwickelt ist jedes Land, das einer Invasion uniformierter Entwicklungshelfer nichts entgegenzusetzen hat.

Liberal: Beute machen. Konservativ: Beute sichern.

Der Nordamerikaner: ein ausgewilderter Engländer.

Traum des Sozialismus: Alle Arbeiter werden Bürger. Wahn des Liberalismus: Alle Menschen werden Bürger.

Das Bewußtsein, gewisse unveräußerliche Rechte zu besitzen, sichert Einzelnen wie Völkern ein ausgesucht vulgäres Antlitz.

Den deutschen Politiker drängt es, fremde Völker zu belehren, den deutschen Philosophen, das eigene Volk zu erziehen.

Jener Diktator mag ein Mittelmäßiger gewesen sein, der sich ausschweifende Ideen angeeignet hatte, doch was er tat, zeigte den Extremismus des gesunden Menschenverstands.

Linksintellektuell, rechtsintellektuell: der halbseitig gelähmte Verstand.

Die Diktatur einer Einheitspartei ist die Parteiendemokratie ärmerer Länder: Wo es weniger zu verteilen gibt, da kann man sich nicht mehr als eine Partei leisten.

Wenn ein Volk ein anderes seine Brüder und Schwestern nennt, wird es für immer den Tonfall von Onkeln und Tanten behalten.

Wer in der Mitte spielt, erhält Beifall immer nur von der falschen Seite.

Auf einem Sonderweg sind allein jene, die sich unterwegs in die Normalität glauben.

Die Geschichte der regierenden Linken und des von ihr regierten Volkes ist eine Geschichte gegenseitiger Enttäuschungen.

Wie unheilvoll das Schweigen einer Mehrheit war, erfährt man, wenn sie zu sprechen beginnt.

Die verlernt haben, enttäuscht zu sein, lernen doch bald, sich zu empören.

Der Feind ist der Mensch, von dem kein Verrat zu befürchten ist.

Wer gegen Autoritäten wettert, hält sich für jung, wer sich nach Autoritäten sehnt, ist es.

Der Anblick eines Freigelassenen kann selbst einen Sklaven dazu bringen, die Freiheit zu hassen.

So sehr man seine prophetische Phantasie auch bemüht – die Geschichte überrascht immer aufs neue durch die phantastische Phantasielosigkeit ihrer Katastrophen.

Wer in der politischen Theorie weder dem Liberalismus noch dem Sozialismus huldigen wollte, der hat in der politischen Praxis allzuoft den ökonomischen mit dem ideologischen Terror vereint.

Der Ehrgeiz des Neufaschisten ist es, endlich Faschist sein zu dürfen und sich nicht länger Faschist nennen lassen zu müssen.

Aufrichtig ist nur die Gesinnung, die nicht zum Bekenntnis wird.

Zum Angriff fühlen sich die wenigsten fähig, zur Vergeltung fast alle.

Das Grauen von gestern ist das Gerede von heute und das Gelächter von morgen.

In egalitären Gesellschaften kann man sich zum Individuum entwickeln. In libertären Gesellschaften ordnet man sich dem herrschenden Individualismus unter.

Wer zum Regieren die Ärmel hochkrempelt, wird bald Handschuhe brauchen.

Die Fortschrittstheorie von Herrn Obenauf ist so schlicht wie einleuchtend: Die Vergangenheit muß schlecht sein, weil sie ja andernfalls Gegenwart wäre.

Kindische und vergreiste Gesellschaften brauchen starre Regeln.

Wo die seelische Zucht des Fatalismus fehlt, spottet man der Ereignisse, sobald sie keine Überraschungen mehr sind.

Zur Entschuldigung der Regierenden wird angeführt, sie könnten nicht besser sein als die Regierten, aus denen sie hervorgingen. Das ist, als bemühte man die Herkunft aus dem Schaum zur Nobilitierung des Abschaums.

Der *deutschen* Geschichte jedenfalls hat sich der Verfasser der *Minima Moralia* nicht gestellt – sonst wäre er, statt in den westlichen, in den östlichen Deutschlandrest zurückgekehrt, dorthin, wo sie sich ganz und gar vollendete.

›Phantasie an die Macht‹ – der Traum aller Folterknechte.

Von der Erbärmlichkeit mancher Ideen wird man erst dann überzeugt sein, wenn sie sich nicht mehr mit der Erbärmlichkeit ihrer Realität entschuldigen können.

Tragödie der Großen: zuviel gewesen sein. Tragödie der Kleinen: zuviel besessen haben.

Die sich Autonome nennen, scheitern bereits an der Autarkie.

Wer sich im Besitz der Menschenrechte fühlt, mißachtet den Gott, der ihn nicht auch in den Besitz der Gottesrechte setzen konnte.

Ein Volk ist mit seiner Vergangenheit versöhnt, wenn es seine Schuld besser als die ihm auferlegte Buße trägt.

Revolutionäre Ideen werden alt, ohne zu reifen. Reaktionäre Ideen altern nicht: Vorteil des Totgeborenen.

Wenn Westdeutsche überhaupt noch einmal Deutsche kennenlernen durften, dann verdanken sie dies den Bewohnern eines Landes, das Adenauer so lästig war wie Stalin.

Hätten die sowjetischen Armeen den deutschen Osten weniger schnell erobert, wäre dank der amerikanischen Atombombe schon 1945 die deutsche Einheit vollendet gewesen.

Dreifaltigkeit des westdeutschen Geschichtsglaubens: Es gibt ein einzigartiges Sterben und ein gewöhnliches; es gab keinen Widerstand gegen Hitler als den seiner enttäuschten Bewunderer; es begann die Befreiung Europas mit der Landung seiner späteren Gläubiger.

Dem Antikommunismus der Epoche galt die einzig intelligente unter den Politweisheiten Thomas Manns – und selbst die soll nicht authentisch sein.

Wenigstens wenn er andere Völker darüber belehrt, daß er ein geläuterter Westler sei, erweist sich der Westdeutsche als geborener Deutscher.

Was den Westlinken noch ein Vierteljahrhundert nach dem Ende des Ostblocks erbittert, ist die Herrschaft der Arbeiterklasse, von der er einst schwärmte.

1949: Faschisten werden zu Antitotalitaristen. 1989: Antifaschisten werden zu Antitotalitaristen.

Die Tatkraft des Westens: eine Seinsschwäche, die er nicht spürte, ehe er auf die ihm unbegreifliche Selbstironie eines Volkes traf, für das Geschichte haben stets Tatkräftige erleiden hieß.

Die Provinz Amerikas. Mal mehr Provinz, mal mehr Amerika.

Einzige Chance eines des Rassismus verdächtigen Volkes, nicht als heimliche Rassisten verachtet zu werden: ein Volk von offenen Rassisten werden.

Ideologie verliert gegen Religion oder: Der anwesende Gott fault schneller als der abwesende.

Der gute Europäer brütet ein Leben lang über Feinheiten einer europäischen Fremdsprache, jedoch nicht über Geheimnissen einer fremden Kultur, sagen wir: der chinesischen. Ihn beschäftigen seine früheren Feinde, nicht seine künftigen Herren.

Als Knaben fühlen wir ›rechts‹, als Jünglinge ›links‹. Der Rest ist Regression.

Der Dezisionismus – ob rechts, ob links, ob mittstehend – ist das Credo entlaufener Christen, die nicht wagen, sich ihrer Verzweiflung zu überlassen. Pathetische Feiglinge, die eine Entscheidung fordern, wo sie einst ein Wunder gefordert hätten …

In ihrem Haß auf die Linksbürgerlichkeit entdeckt die bürgerliche Rechte ihre Liebe zum rechten Pöbel.

Das christliche Erbarmen: eine Weigerung, für den Menschen Mitleid zu empfinden.

Aufgeklärte Untertanen bevorzugen illusionslose Herrscher.

Alle Welt schmäht die Linke, die ehrbar wie alle Welt zu werden sucht.

Der Schrei nach Aufmerksamkeit – in jeder Emanzipation wird er zur Massenbewegung.

Nachdem der Versuch der orthodoxen Linken, aus Arbeitern Kleinbürger zu machen, beinahe gelungen wäre, müht sich die unorthodoxe Linke, von ihrer angeborenen Großbürgerlichkeit zu überzeugen.

Der regierende Anwalt klagt das Volk an, das ihn nicht versteht.

Endgestalt des politischen Katholizismus: Zynismus. Endgestalt evangelischer Politik: Bigotterie.

Wie viele Verhältnisse sind nicht schon zerfallen, weil man sie befestigen wollte …

Der ungerechte Richter von gestern ist der gute Angeklagte von heute, der zu Unrecht Angeklagte von gestern ist der schlechte Richter von heute.

Utopie des Ostens: hinübergehen und zurückkehren dürfen. Utopie des Westens: bei sich bleiben und eindringen können.

Hitler: der einzige Österreicher, der in seiner Heimat nur als Ausländer Bürgerrecht genießt.

Je früher ein Volk seine Tyrannen enthauptet hat, desto höher seine Chance, diesen blutigen Kinderstreich zu vergessen. Die anderen Völker werden ihn auch vergessen und einer erwachsenen Nation ins Gesicht schauen, das Züge der Humanität trägt.

»Er nahm ein Bad in der Menge« – gewiß im Schaum ihrer Zuneigung.

Vorzug eines postsozialistischen Zeitalters: Wer seine Verachtung des geschrumpften Menschen artikulieren will, darf nun endlich vom *Bürger*, muß nicht länger vom *Bourgeois* sprechen.

Ob Rotgrüne, ob Schwarzbraune des Westens – stets sind sie ihrer schlechteren Hälfte zugewandt, Halbkugelwesen, hart und glatt und krumm gegen die Welt.

Man bekommt Sehnsucht nicht allein nach der Diktatur des Proletariats, sondern nach dem Proletarischen überhaupt, wenn man sieht, was in Deutschland und Österreich sich heute Bürgertum nennt.

Ein Volk mit Halswirbelsäulensyndrom: keines trägt beim Kriechen die Nase höher.

Glücklich das Land, in dem die Provinz nur eine unter vielen ist.

Wenn die Geschichte dieses Volkes ein Verhängnis ist, so wegen der Kraft, mit der es in seiner Frühzeit das Böse tat, und der Schlappheit, mit der es in seiner Spätzeit das Böse duldet.

Wo die Wahlfreiheit garantiert ist, liegt die Entscheidungsfreiheit nur noch in der Wahl, zu wählen oder nicht zu wählen.

Im Westen sind die Regierenden aufgeklärt, im Osten die Regierten.

Für den Phantasten ist die Zukunft das, was die Gegenwart ergänzt, für den Realisten ist die Zukunft das, was die Gegenwart ersetzt.

Die zweite Republik: Aus dem Raumschiff deutsche Geschichte ausgeklinkt und vierzig Jahre in der Zeit- und Schwerelosigkeit beschäftigt, mit dem Bau einer Parallelerde, Parallelgeschichte. Ob Arbeit, Frauen, Bildung, Fortschritt, Revolte – immer der Eindruck, sie spielten deutsche Geschichte. Ein Volk von Autorenfilmern ...

Historisch weder Fleisch noch Pflanze; ein Land, das sich nicht entscheiden kann, ob es verfetten oder verfaulen will.

Die zweite Republik: der Beweis, daß man mit Nazis alles aufbauen kann, sogar eine funktionierende Demokratie.

Die moralische Empörtheit des Westlers, wenn er im Weltwald auf andere Räuber trifft ...

Wer sich das Volk nennt, wird irgendwann auch wie das Volk behandelt.

Afghanistan 1978: Nicht allein Deutschland, das Abendland wurde damals am Hindukusch verteidigt – gegen die bärtigen Fanatiker und ihre glattrasierten Berater.

»Wir fahren nicht mehr nach R. Wegen P.« Wer aus einer moralischen in eine unmoralische Weltgegend reist, benötigt unbegrenzte Rückführungsgarantien.

Was sollten Abendländer empfinden, denen ein Zar allerlei rasende Kalifen vom Leibe hält? Zumindest eine Dankbarkeit ohne Illusionen.

Abschlachtung, Entrechtung, Verschleppung der Indigenen. Doch trotzt ›die größte Demokratie des Westens‹ stolz der Logik, wonach zur Verbrechergemeinschaft der Führerstaat gehört.

Was im 20. Jahrhundert vom Christentum blieb: In den Diktaturen der Schrecken für die Ungläubigen, in den Demokratien das Geschwätz für die Gläubigen.

›Antiamerikanismus‹ – ein Wort so intelligent wie das, was es bezeichnen will.

Der Demokrat, den keiner gewählt hat, weiß am besten, was einer Demokratie durch Wahlen droht.

Ein Kanzler ist jemand, der anderen, ein Präsident jemand, der sich selbst etwas vormacht.

Die Schmähung der Nichtwähler ist das einzige Wort des Wahlredners, das ihm vom Herzen kommt.

Dummheit scheitert früher als Verderbnis. Zur Unbesiegbarkeit des Westens.

Die Hysterie, womit der Vertreter des Parlamentarismus denjenigen verunglimpft, der sich nicht vertreten lassen will, bestätigt den Wahlverzicht als einzige Wahlmöglichkeit.

In der Politik muß man nur einer Sorte von Freunden mißtrauen: den selbstlosen, unberechenbaren.

Verachtung der westlichen Welt – fast immer kommt sie aus jenem Raum, dem der Westen eine Welt sein wollte.

3. Gesellschaft

Ehe der Westen über ein Land kommt, hat er sein Bild vorausgeschickt. Schließlich trifft er selbst ein. Enttäuschung der Weltkinder: Der Westen ist anders als sein Bild. Enttäuschung des Geistvolkes: Der Westen ist wie sein Bild.

Seine Zugehörigkeit zur guten Gesellschaft beweist man heute durch die Behauptung, daß jedermann ihr zugehören könne.

Das Volk wird zur politischen Kraft nur als Zusammenrottung von Bürgern – von Bürgern, die dem Volk zeigen wollen, daß sie wert seien, welche zu sein.

Der gute Geschmack des bürgerlichen Intellektuellen erschöpft sich im Abscheu vor seiner Klasse.

Zur Mehrheitsgesellschaft gehört man genau dann, wenn man seine Meinung über die Minderheitsgesellschaft nicht in einer fremden Sprache kundtun muß.

Nur der Tageszeitung gelingt es, die Vorurteile des Jahrzehnts in Kolumnen zu fassen.

In der modernen Gesellschaft ist ›Gesindel‹ von einer sozialen zu einer ästhetischen Kategorie geworden. Auch sein Ort ist neu: alles, was in die Mitte drängt.

Zwei Priesterfraktionen, deren Gezänk in den Meinungstempeln widerhallt: die Verleugner der heimatlichen Kleinbürgerlichkeit und die Anbeter einer fremdartigen Großbürgerlichkeit.

Was sich heute der Westen nennt, ist nicht Ergebnis einer organischen Verkümmerung, sondern Zerfallsprodukt aus Europas künstlichsten Synthesen: Statt der katholischen oder der kommunistischen Zwangsehe von Macht und Idee – die Partnerschaft von Technikglauben und Gesinnungseifer. Es versteht sich, daß eine solche Partnerschaft keine Zeugen, sondern einzig

Vertreter vorweisen kann, die dann ihrerseits nur wieder das eine oder das andere sind, Machbarkeits- oder Moralspezialisten, Tüftler oder Frömmler.

Wo die Unterschicht sich nicht mehr zum Klassenkampf herabläßt, da halten ihr die Publizisten der Oberschicht vor, daß sie sich's im Sozialneid bequem gemacht habe.

Die ›Grundwerte‹ einer Gesellschaft oder: das Inventar ihrer ältesten Ängste. Ins Wort gebannt, lassen sie die Gesellschaft wandellos, den Einzelnen fühllos.

Imitatoren einer Verachtung sind immer verächtlich.

Dem reifen Alter einer Kultur ist es vorbehalten, die reine Wollust und die reine Schönheit zu kosten – durch ihre Trennung, wie alles Reine.

Eine Zukunft haben nur jene industriellen Gesellschaften, in denen die Mehrheit von ihrer Langeweile noch nichts weiß.

Abfall, der es nicht zurück in die Zirkulation schaffte, begründet manchmal eine Tradition.

Die Gesellschaft, die sich offiziell durch ›Projekte‹, also verweigerte Gegenwart legitimiert, läßt als privaten Widerstand hiergegen nur das Glück des Augenblicks übrig, also eine Gegenwart, die sich nicht fortsetzen läßt. Ihre Fortsetzung übernimmt der Fortschritt, also die offizielle Gesellschaft.

Die freischwebende Intelligenz, von der gewisse Soziologen fabelten, ist nicht bei den Kindern der Bürgerklasse, sondern bei denen der Angestellten – einer Klasse ohne Klassenstatus. Einzig das Angestelltenkind ist zuweilen fähig, das Wesen der Bürgergesellschaft zu erkennen: universelle Anstelligkeit.

Selbst wenn alle Klassen abgeschafft wären, hätten doch einige Leute mit der Abschaffung begonnen und andere es ihnen nachgetan.

Der sorglose Bürger ist ohne Rücksicht, der furchtsame neigt zur Gewalttat.

Der soziale Aufsteiger wird niemals begreifen, daß man eine verkorkste und dennoch anständige Existenz führen kann.

Kultiviert wirken allein jene Kulturen, welche die Vernunft nicht zum Universalheilmittel oder zum Selbstzweck erniedrigen.

Den Unterschied zwischen Ost und West nicht sehen, den Unterschied zwischen einem verstorbenen Staat und einem toten Land nicht kennen …

Heroismus braucht den großen, Hedonismus den kleinen Wahn.

Unfreie Länder sind solche, in denen mehr gedacht als gesagt werden kann. In freien Ländern ist es umgekehrt.

Individuen entstehen dort, wo ein Großesganzes in Teile zerbrach, nicht dort, wo Teilchen gehindert sind, sich zu vereinen.

Der Zustand der Gesellschaft ist in Diktaturen den Regierten meistens bekannt, in Demokratien manchmal wenigstens den Regierenden.

Das einzige Hindernis für die moralische Weltordnung sind die Bewohner jener Inseln, die zu spät von ihr erfahren haben, um noch rechtzeitig ihren Lebensstil darauf einstellen zu können.

In einer Konkurrenzkommune ist der Neid nicht mehr giftig, sondern bloß noch gewöhnlich.

Am liebsten spricht das geborene Objekt von dem, was ihm durch selbsternannte Subjekte widerfuhr.

Eine stabile Gesellschaft besteht aus Narren und Weisen, eine wankende aus Halbnarren und Halbweisen.

Der Emporkömmling hält die Eigenschaften, die ihm in die Höhe halfen, für bloße Methoden.

Am Reichgeborenen haßt der Arme den Reichtum, am Reichgewordenen den Gebrauch, den dieser vom Reichtum macht.

Wo man die Ehrfurcht kennt, muß man nicht pathetisch nach Distanz verlangen.

Unterschicht ist nicht eine Klasse, sondern der Name für die Furcht einer Klasse, in die ihr eigene Namen- und Klassenlosigkeit abzurutschen.

Der Gründungsfrevel einer Kultur liegt entweder in dem, wovon sie nicht zu sprechen wagt, oder in dem, wovon sie nicht zu sprechen braucht.

Allzugern möchte man glauben, das Verbrechen, auf das keine Strafe folgt, sei die Strafe selbst.

Der normalbürgerliche Lebensweg führt von der Wärme zur Kälte, der kulturbürgerliche von der Frigidität zur Sentimentalität.

Kultiviert ist der Mensch, für den die Kultur weder Aktion noch Passion ist.

Sobald ›die Linke‹ regiert, erscheint ihr das Volk als ›rechts‹ und ›Demokratie‹ ein Demagogenwort.

Der Pessimist kann in jeder Befriedigung nur einen Betrug sehen.

Eine herrschende Klasse, die demselben unruhigen Ehrgeiz unterliegt wie die beherrschte Klasse, wirkt doch ängstlicher als diese.

Die Idee des Kommunismus entsprang großbürgerlichem Übermut, die Realität des Faschismus kleinbürgerlichen Ängsten.

Irgendwann ist jede Gemeinschaft an dem Punkt, da sie sich auflösen lassen oder sich selbst auflösen muß.

Das einzige Verhalten zwischen Staat und Volk, das nicht obszön wirken würde, wäre ein wortloses Mitleid füreinander.

Eine Gesellschaft, die nichts zu hoffen hat, lebt keineswegs in der Weisheit endgültiger Enttäuschung, im Gegenteil: ihre Mitglieder fühlen sich täglich von neuem enttäuscht.

Niemand kann andauernd erfolgreich sein, ohne seinen Erfolg anderen Gründen zuzuschreiben als seinem Erfolg.

Eine *civitas* gibt es allein dort, wo einer den anderen beneidet: Adam war der erste Mensch, Kain der erste Bürger.

Emanzipation besteht in der Regel darin, sich nur noch denen zu unterwerfen, die einen die Emanzipation gelehrt haben.

Der postheroische Jugendliche, aufgeklärt und unwissend, wie er zu sein pflegt, muß sein Altern für eine tragische Angelegenheit halten.

Den Demokratien aller Jahrhunderte ist gemeinsam, daß kein Volk sie verteidigen wollte.

Nirgends achtet man so streng auf die Rangordnung wie unter Nullen.

Friedfertige Jugendliche können ebenso sehr beunruhigen wie frohlockende Greise.

Wenn ›das Ich‹ eine angeborene Krankheit ist, muß ›das Wir‹ eine erworbene Krankheit sein.

Mitgefühl ist die Empörung des kleinen Mannes und das Schuldbekenntnis des großen Herrn.

Wer nur sich selbst zu vertreten vorgibt, verstellt wenigstens nicht den Blick für Größeres.

Der soziale Aufstieg beschmutzt allein jene Seelen, die nicht abwaschbar sind.

Fanatismus entsteht am leichtesten dort, wo man ihn nur zu erforschen glaubt.

Könnte Freiheit eine seelische Wirklichkeit werden, müßte sie ernsthaft beunruhigen.

Der freiheitlich Gesinnte steht zur Freiheit wie der theologisch Gebildete zur Religion.

Die Einwohner jenes Landes waren wie die Zeichentrickhelden in seinen Kinos: arglos und niederträchtig.

Auf dem Lande stirbt man auf dem Weg zum nächsten Arzt, in der Stadt auf dem Weg zum nächsten Menschen.

Wer seine Rolle in der Komödie auszufüllen weiß, muß nicht seinen Mißbrauch in einer Posse befürchten.

Vom echten Ethos der Toleranz, das Großmut ist, kann man nicht überzeugt sein; es muß einem unterlaufen.

Im Land der graugeborenen Kinder sprechen auch die Graugewordenen mit Kinderstimme.

Traditionelle Kulturen verstehen sich aus dem, was sie von jeher sind, moderne Gesellschaften aus dem, was sie nicht mehr sind. Die glücklich beiseitegeschaffte Vergangenheit ist das *sacrum* der Modernen, ihr einziges.

Wenn Sinnlichkeit etwas wäre, das man befreien könnte, dann müßte sie einer Energie gleichen, die niemals verschwinden kann; die spirituellen Kämpfe von einst müßten aufzufinden sein in den erotischen Krämpfen von heute.

Zuletzt erregt das Tierreich, das in der Bürgerwelt fortdauert, nur noch moralisches Entsetzen *oder* ästhetisches Grauen, nicht mehr jedoch ethisch-ästhetischen Abscheu. Genau dies ist der Grund seiner Fortdauer.

Der ›Weltbürger‹ ist zumeist ein verschämter Provinzler, der die eigene Sippe für die Schande unter den Völkern hält.

Mißtrauen gegenüber den Wünschen des Nachbarn ist der erste Schritt dazu, wenigstens dessen Meinungen zu respektieren.

Seitdem der Zeitgeist ›Struktur‹ heißen darf, weiß auch der Geistlose, was die Stunde geschlagen hat.

Der Okzidentale hat Reiseerlebnisse, der Orientale nur Lebenserinnerungen.

Selbstironie der Zyniker: Verlegenheit, die sich als Überlegenheit maskiert.

Die bürgerliche Heuchelei der Moral ist ein Tribut an die vorangegangene, der bürgerliche Zynismus des Bedarfs ein Tribut an die nachfolgende Herrenschicht.

In den ›freiheitlichen Gesellschaften‹ fehlt es sowohl an Klassen, die Freiheiten gewähren, als auch an Klassen, die sich der Freiheit erfreuen könnten.

Ein Ost- wie auch jeder Alteuropäer wird von ›westlichen Werten‹ ungern sprechen – schon weil er sie allzugut versteht.

Kleinbürgerlicher Stolz ist die letzte Barriere gegen den Hochmut einer plebejisch gewordenen Bourgeoisie.

Im Grunde seines Herzens wünscht jeder Dissident, daß ihm die Mutterkirche verzeiht.

Die verletzte Idealistenseele wird sarkastisch, die getröstete Idealistenseele schlüpfrig.

Ein Schicksal zu haben ist das Vorrecht jener, die sich nicht selbst besitzen müssen.

Das Opfer des Rufmords stirbt lautlos.

Tugendhaft nannte das Bürgertum jene Frauen, die noch nicht wußten, welchen Gebrauch sie von ihrer Tugend machen würden.

Sobald von ›Eliten‹ oder ›Leistungsträgern‹ oder ›höheren Menschen‹ die Rede ist, erhebt sich in der demokratisch geordneten Gesellschaft ein solches Beifallsbrausen, daß die stille Aristokratie der Faulen nicht länger ihre Entdeckung fürchten muß.

Der urwüchsige Provinzler denkt niemals, der gebildete Provinzler glaubt ständig, daß man sich über ihn lustig mache.

Höhere Gefühle sind jene, die sich unmöglich erwidern lassen.

Ob der Betrüger auch ein Selbstbetrüger sei, zeigt sich erst an dem Gesicht, das er nach der Vorstellung aufsetzt.

Die beherrschte Klasse denkt gelegentlich, die herrschende Klasse denkt ständig an den Klassenkampf: Neid macht Pausen, Gier arbeitet durch.

Ein erschlaffter Parteimann agiert nicht so zwanghaft wie ein engagierter Objektiver.

Gleichheit ist die Freiheit der Konsumtiven, Freiheit die Gleichheit der Destruktiven.

Unrecht vergessen heißt sich selbst erniedrigen, es vergeben heißt den anderen erniedrigen.

Die Oberschicht ist überzeugt, daß die Unterschicht keine ›Kultur‹ haben kann, weil das Elend der Unterschicht unmittelbar in ihre Habgier übergehe.

Die Herzlichkeit des Vorgesetzten zeugt oft von böser Absicht, die des Untergebenen stets von schlechter Erziehung.

In der Welt des Dummkopfs übersteigt die Anzahl der Lösungen zuverlässig die Anzahl der Probleme.

Beide Seiten der Gesellschaft haben einzig jene gesehen, die zwischen ihnen Wache schieben.

In einer egalitären Ordnung kommen die natürlichen Unterschiede zur Geltung: Die Alten hassen die Jungen, die Frauen die Männer, die Kranken die Gesunden, die Fremden die Einheimischen. Der gleiche Zugang zu allen Rechten macht sichtbar, daß die Organe zu deren Genuß ungleich verteilt sind.

Die ›Eliten‹ einer industrialisierten Gesellschaft sind meist Karikaturen der vorindustriellen Ständeordnung – ästhetische und moralische Karikaturen, welche die Linke zum Zorn und die Rechte zum Spott reizen.

Wenn statt des guten Geschmacks das gute Gewissen regiert, beginnen die unbelangten Verbrecher, mit ihren Talenten zu prahlen.

Der Mensch der industriellen Gesellschaft ist alles mögliche, nur nicht eindimensional. Eindimensional ist der Mensch, der sich einen Strick aus der Peitsche dreht, wenn er sie nicht mehr schwingen kann.

Die Höflichkeit überdauert manche Monarchie. In den Republiken wird sie ein Gegenstand der Verachtung oder der Parodie.

Contenance, diese im Bürgertum seltene Adelstugend, zeigte es im Übermaß, als vor seinen Augen der weiße Pöbel die rote Rosa zur Schlachtung zerrte.

Der Gerechte der öffentlichen Meinung wäscht seine Hände in Unschuld und trocknet sie mit den Zeitungen ab, die von der Schuld seiner Widersacher berichten.

Bestimmte Wahrheiten verurteilen ihren Entdecker, sie so oft zu wiederholen, bis es Irrtümer geworden sind.

Der Parvenü aus der Unterschicht verkauft seine Lebensflamme an irgendein herrschendes Gelichter, doch bereits sein Sohn überstrahlt ihn mit der Würde des ererbten Glanzes.

Gesellschaftskritik treiben heißt die Gründe des eigenen Mißbehagens allzu eng umgrenzen.

Zu manchen Zeiten erscheint der Erfolg fast so verächtlich wie jene, die nach ihm streben.

Der starke Trieb braucht keine und ein schwaches Geschlecht verträgt keine Befreiung.

Wer überzeugen will, sagt niemals, was er denkt.

Der frustrierte Hedonist beneidet den erotisch Regressiven am meisten um dessen unversiegbare Hoffnung.

›Kommunikation‹ heißt unter Sprachlosen jener Austausch, bei dem man ein Wissen auf sich lädt, um es bei anderen wieder abzuladen.

Nach Überzeugung des Sozialästheten hat der Arme nur dann eine Würde, wenn er vor Hunger in Ohnmacht fällt und der Reiche, wenn er nach dem Gelage seinen Weltekel erbricht.

Am zutraulichsten behandelt uns der Mensch, der sich bei seinen unverschämten Forderungen auf seine persönlichen Bedürfnisse beruft.

Der Naive findet ohne fremde Hilfe niemals das Seine, immer muß ihn jemand bescheiden: »Das ist nichts für dich.«

Die Kränkungen aus gegenseitigem Glücksanspruch in der modernen Ehe ersetzen die Erniedrigungen aus materiellem Versorgungsanspruch in der traditionellen Ehe.

Distanz ist eine Verbindung zu Menschen, die durch kein Pathos zu begründen ist.

Egozentriker nennt die Gesellschaft jene fabelhaften Wesen, die nicht der sozialen Gravitation unterliegen sollen.

Das Bürgertum forderte soziale Gleichheit, um dem Ehrgeiz der seelisch Benachteiligten freie Bahn zu schaffen.

Das vertrauliche Gespräch zwischen Vorgesetztem und Untergebenem zeigt im Normalfall eine in die Horizontale gekippte Hierarchie.

Die erste Generation der Bittsteller spricht von verletzten Rechten, die zweite von vorenthaltenen Privilegien.

Für gute Manieren hat die Gesellschaft zuweilen Verständnis, für schlechte fast immer Verwendung.

Den Habenichtsen sind am meisten die Nichtsnutze feind, denn auf dem vorletzten Platz der Gesellschaft ist es am engsten.

Heimlicher Naturalismus der Linken: die soziale Gleichheit herstellen, auf daß die angeborenen Vorzüge besser zur Geltung kommen.

Die wenigsten Rechte genießt in einem Gemeinwesen jener, den allein dessen ästhetische Mängel verdrießen.

Westdeutschland: der Weltwinkel, in dem die Reichen an Sozialneid gegen die Armen leiden.

Die Linke, die das Volk erziehen will, hält es für dumm, die Rechte, die das Volk beherrschen will, hält es für gierig.

Die Familie, einst traulich vor dem Fernseher vereint, zerstreut sich vor Computerbildschirmen.

Erfolg im Beruf und Glück im Privaten: noch eine Drehung mehr in diesem Gewinde, und es zeigt seine Seele: Erfolg im Privaten und Glück im Beruf.

Es gibt Zeitalter, in denen man seine Meinungen öffentlich bekannt machen muß, und es gibt Zeitalter, in denen man mit der öffentlichen Meinung bekannt gemacht wird.

Eine Gesellschaft hat ihre Bedingungen, eine Gemeinschaft stellt sie.

Nirgendwo Menschenkinder, überall Parteigänger. Was lernt so ein Partisan wohl zuerst? Wahrscheinlich, Partei zu nehmen für Mutter oder Vater.

Die Ehe zerfällt, wo sie nicht mehr das Konnubium erotischer und ökonomischer Zwänge sein darf.

Der Glaube an das Leben als solches ist das wortlose Wissen, daß man sein Recht auf ein eigenes Leben verspielt habe.

Die Nachricht, daß in dieser Gesellschaft jedes Bedürfnis ein Anrecht auf Erfüllung habe, ist so aufregend wie die Mitteilung, daß Greise unerfüllte Wünsche haben.

Sozialneid darf allein der Reichere empfinden, der weiß, daß es dem Ärmeren immer noch zu gut geht.

Die kommunistische Erlösung: das Heil für alle, die kapitalistische Erlösung: das Heil für jeden.

Moralische Ausschweifung? Sich an der Bitterkeit fremder Seelen schuldig fühlen!

Mag manches Volk auch ewig über die Völker herrschen wollen, so will doch kein Volk die ewige Volksherrschaft.

Bildungsbürgertum? In der ersten Generation: durch Bildung zur Bürgerlichkeit, in der zweiten: durch Bürgerlichkeit zur Bildung, in der dritten: durch Bildung zur Unbildbarkeit.

Der freieste Mensch ist jener, der keinen unter sich hat – keinen, dem zu befehlen, keinen, der zu versorgen wäre. Der freieste Mensch ist ganz und gar mit Selbstversorgung beschäftigt.

Einen Feind, dem man nicht übel will, enttäuscht man mehr als einen Freund, dem man einen Gefallen versagt.

Gedankenlosigkeit ist die Tagesnorm der Aufrichtigkeit.

Der Einsame, den es nach Gesellschaft verlangt, verstirbt in der Gesellschaft der Einsamen.

Wenn Verbitterte einer gewissen Aufmerksamkeit sicher sind, entstehen das Klagelied oder der Grundrechtskatalog.

An nichts erkennt man eine schwächelnde Gesellschaft so deutlich wie an ihrem Eifer, ›Kinder stark machen‹ zu wollen, also dem Starkgeborenen die Schwächen einer fremden Erfahrung aufzuladen.

Der Anarchist des 19. Jahrhunderts endete als Claqueur der Polizeidiktatur, der Hausbesetzer des 21. Jahrhunderts als Anwalt des Wohneigentums.

Im Ratgeberteil der Zeitung: Hinweise, wie man dem Zorn seines Chefs entgeht, im Kulturteil: die Aufforderung an das angeschlossene Volk, endlich seine Vergangenheit als ein Volk von Angepaßten zu bekennen.

Unter den Scheußlichkeiten, die das Zusammenleben mit Nachkommen heute einschließt, steht die Bedrängnis durch wechselnde Industrieprodukte an erster Stelle.

Ein Volk muß jede Ansammlung von Personen genannt werden, deren Sinn nicht mehr durch die Stimme einer einzelnen Person zu rühren ist.

Sozialarbeit ist Trauerarbeit.

Der Drang zum Höheren krönt sich im herablassenden Lächeln und kommt im vulgären Lachen zu Fall.

Der fortschrittsbewußte Konservative zeugt mindestens vier Kinder – und erduldet sein Familienleben, wenn man ihn dafür lobt.

Nur ein Wunsch beseelt den Tropf: Elite zu sein. Dafür verrät er alles, sogar die Klasse der Auserwählten.

Nationalsozialismus: Verpöbelung des Bürgertums. Sozialdemokratie: Verbürgerlichung des Proletariats.

Ehe, Familie, Staat: Solange sich keine guten Gründe für eine Institution finden, droht ihr keine Gefahr.

Den Antibürgerlichen von rechts verlangt es danach, von der bürgerlichen Mitte endlich respektiert zu werden, dem Antibürgerlichen von links genügt es, wenn sie weiterhin sein Leben finanziert.

Dem durch Kultur vergesellschafteten Menschen wird Einsamkeit zur zweiten Natur.

In sexuell redseliger Zeit fällt die Definition des Eros leicht: alles, was sich nicht sagen läßt.

Manche Ideen scheinen so vernünftig, daß sich nur Verrückte für sie ereifern können.

Wer wenig zu sagen hat, wird manches meinen dürfen.

In einer reichen Gesellschaft ist es der Luxus des Armen, nur Notwendiges tun zu müssen.

Niemanden haßt man so sehr wie jenen Verbündeten, für den man sich nicht zu verachten wagt.

Familie: nicht immer die kleinste, fast immer die bösartigste Zelle der Gesellschaft.

Nicht nur, daß es ein Brauner im Grünen länger aushält als ein Grüner, er kommt meist auch nie von dort weg.

Stimmungsumfrage – ein Widersinn, eine Perversion geradezu: Als ob sich eine Stimmung erfragen, als ob sich ein Gefühl hersagen ließe …

Wer nach Eliten ruft, hat gewöhnlich allzu genau Vorstellungen davon, als daß er noch selbst Elite sein könnte.

Erst mit der Kultur werden Grausamkeit des Kollektivs und Güte des Einzelnen möglich.

Mentale wie physische Verstopfung grassieren in allzu gut gesicherten Verhältnissen. Nichts sorgt besser für eine funktionierende Verdauung als Ängste und Sorgen.

Das Bürgertum hat stets jene verehrt, die es bestehlen, und jene verachtet, die es ernähren.

»Allein kann niemand frei sein.« Gewiß nicht. Zur Freiheit braucht man andere, denen man befehlen kann.

Wer seine Ohnmacht zeigt, der wird beklagt, wer Macht ausübt, dem wird geholfen.

Übersichtlichkeit der Bürgerseele, die nur zweierlei fürchtet: Verlust ihres Besitzes oder Mißachtung ihres Besitzes durch die Besitzlosen

Nachdem sich der Kapitalismus nach und nach alle Leidenschaften nutzbar zu machen verstand, bleibt nur die Hoffnung auf die nutzlosen Leidenschaften des Intellekts.

4. Kultur

Zwangscharaktere, so weit das Auge reicht: ›Persönlichkeit‹ ist das erste, was an den Menschen einer freien Gesellschaft auffällt, und Auffälligkeit bleibt meist das einzige.

Der Feierabend des Erwerbsenthusiasten ist erfüllt von Religion oder Kunst, von Ängsten oder Langeweile.

›Die Kultur‹ ist der Glaube einer Gesellschaft von Leuten, die mit ihrer Gesellschaft nichts anzufangen wissen.

Einen Reisebericht über unberührte Landschaften kann man nicht länger als eine Viertelstunde anhören, ohne vor Langeweile oder vor Neid einzugehen.

Sobald man nicht mehr die Zeitungen liest, riskiert man, eine der darin gefeierten Skandalfiguren zu werden.

Jargon und Tabu: Die Furcht vor dem öffentlichen Gebrauch bestimmter Wörter ist die Strafe für eine Gesellschaft, die alle Ehrfurcht vor der Sprache verloren hat.

Um Herr seiner Worte zu bleiben, hätte der zeitgenössische Rhetor lediglich nötig, hin und wieder nach einer Grammatik zu greifen.

Das öffentliche Sprechen im Parteienstaat beschränkt sich darauf, daß man einander Heuchelei oder Zynismus vorwirft.

Ein einzigartiges Dasein wird rasch unerzählbar. Darum schreiben einsichtige Journalisten schon in jungen Jahren ihre Autobiographie.

Es gibt Ratgeber für alles bzw. für alle, die alles zu geben bereit sind.

Eine glänzende Zukunft erwartet den, der sich immer nur über Verbrechen der Vergangenheit empört.

Die moderne Gesellschaft stellt jede kulturfühlige Seele vor die Wahl, die Sprache ihrer Vorfahren zu sprechen oder das weltweite Idiom jener zu erlernen, die keine Nachkommen haben werden.

Im Gegensatz zum Primitiven ist das Vulgäre immer ein Ergebnis von Entwicklung – daher das Überlegenheitsgefühl einer gewissen Klasse.

Die Verzweiflung des Menschen, der sich alles zunutze gemacht hat, folgt aus der Entdeckung, daß die Nützlichkeit häßlich ist.

Keine soziale Phantasie, die nicht das Opfer der poetischen Einbildungskraft gefordert hätte!

Die lange gesuchte Synthese aus *citoyen* und *bourgeois* liegt in jenem seelischen Gallert, der sich für den *Kulturbürger* hält.

Je heftiger im Namen von Ideen gewütet wird, desto lähmender die Gewißheit, daß Ideen austauschbar sind. Dies gilt vor allem für jene Wütenden, die der Idee anhängen, aller Ideologie enthoben zu sein.

Wie befindet sich wohl ein Mensch, der zunächst die Aufklärung über seine Gefühle und dann die Gefühle selbst kennengelernt hat? Wahrscheinlich in heller Aufregung.

Der politische Eifer des Jugendlichen belustigt, der Eifer des Erwachsenen langweilt und der des Greises verärgert.

Wer *cui bono* fragt, ist niemals so arrogant wie jener, der darauf eine Antwort zu wissen glaubt.

Man muß dem Schaumschläger alle Bühnen freihalten, damit er die Verlage mit den Produkten seiner einsamen Stunden verschone.

Die kritische Öffentlichkeit des freiheitlichen Gemeinwesens beschränkt sich darauf, daß ein verängstigtes und aggressives Kleinbürgertum vor dem Unheil warnt, das durch die Sorglosigkeit eines verträumten und apathischen Kleinbürgertums droht.

Das Idol des Konsensus herrscht ebenso da, wo man seinen Abweichlern grollt, wie dort, wo man über seine Herrschaft klagt.

Die intellektuelle Linke neigt zum Kitsch, die intellektuelle Rechte zum Schwulst. Die intellektuelle Mitte bekennt sich zum Geschmacksverzicht.

Der fromm gewordene Kulturkritiker glaubt, daß der Beifall, den die Zeitgenossen seinen Prophezeiungen verweigern, irgendein kommender Gott spenden werde.

Der Marxismus wäre gewiß zur Herzensreligion des Bürgertums geworden, wenn er es bei einem Inventar von dessen intellektuellen Ernüchterungen belassen hätte.

Man kann dem Bürger nicht ›die Maske vom Gesicht reißen‹, ohne dabei blutige Nasen und Lippen und Wangen in den Händen zurückzubehalten.

In Büchern teilt der Journalist dem Publikum die politischen Meinungen eines Journalisten mit, in Zeitungen teilt der Journalist dem Publikum die politischen Meinungen des Publikums mit.

Unter bekennenden Gefühlsmenschen wird der gesunde Menschenverstand zur züchtig verhüllten Intimzone.

Der gebildete Schwätzer kennt nur eine Alternative: Wissen oder Schweigen.

In den meisten Epochen ist die Dummheit ehrlicher als ihre Vertreter.

Die Überlegenheit des Lehrers über den Schüler besteht, solange der Lehrer die Welt nicht kennt, worin der Schüler sich ohne Lehrer belehrt.

Das Wissen, wodurch das Glück entstehe, ist meist bloß schwachsinnig, der Wunsch, dieses Wissen mitzuteilen, fast immer verbrecherisch.

Aus Mitleid gegenüber einer verunsicherten Mehrheit mag man so tun, als arbeite man wie sie, aber konsumieren wie sie – das geht zu weit!

Der Ideologiekritiker besteht darauf, daß die Ideologie von gestern unvermindert herrsche; er will nicht einsehen, daß ihre Kritiker bereits die Ideologen von heute sind.

Die Symbole einer Weltanschauung, die sich für ›ganzheitlich‹ hält, können nur willkürlich gewählt sein.

Der Mangel an Begabungen ist der zuverlässige Effekt einer Erziehung, die meint, den Heranwachsenden alles geben zu müssen.

Kultur ist der Begehr, Kunst der Besitz des Überflüssigen.

›Geistige Arbeit‹ würde nur den nicht korrumpieren, der ihr aus leiblichen oder seelischen Nöten frönte.

Europäer sein: nicht vergessen können. Amerikaner sein: nicht begreifen wollen.

Wer so geschmacklos ist, Lieblingsvölker zu haben, sollte auch so schamlos sein, von seinem Haß auf sie zu sprechen.

Reiche Menschen müssen sich nicht selbst loben.

Die Sprache des Volkes klingt niemals vulgär, ausgenommen dann, wenn man die Ansprüche des Volkes zu formulieren sucht.

Kultur nennt der Bürger das, was er zwischen sein Elend und seine Habgier geschoben hat.

In einer ›freien Gesellschaft‹ ist freier Geist nicht eine Aus-, sondern eine Fehlgeburt dieser Freiheit.

Der Bürger kann nur hassen, was ihm gleicht.

Der pädagogische Glaube, daß sich das Heil der Belehrung über es verdanke, kann das Aussterben der Heilssucher verschmerzen. Wahrscheinlich ging der pädagogische Glaube sogar der Geburt des ersten Heilssuchers voraus.

Abrisse, wohin man schaut. »Es ist sehr leicht: zerstören, und sehr schwer: aufbauen.« Was der Weise aus dem 19. Jahrhundert über die Werke des Geistes sagte, gilt sicherlich nicht für die Werke der Dummheit, die so leicht zu vollbringen, so schwer zu zertrümmern sind.

Modern leben, zeitgemäß wohnen – ohne Kammer fürs Gerümpel, ohne Keller für die Leichen.

Der westdeutsche Kellner kann nicht anders, er muß von seiner Erfolgslaufbahn erzählen. Der ostdeutsche Gast hat verstanden und sucht wortlos ein Trinkgeld zusammen.

Nirgends ist die kulturelle Oberschicht so vorsichtig wie in der Kundgabe dessen, was sie bewundert.

Mit der ›Volkskultur‹ hat es ein Ende, wenn die Kulturbürger so leben wollen wie alle Welt.

Die moderne Religion der Liebe durchläuft drei Stadien: zuerst den Traum, dann die Analyse, zuletzt das Video.

Die Sittsamen von heute sind um ihre Freiheit so besorgt wie die von gestern um ihre Keuschheit.

In der starren Eitelkeit des Geistes überwintern die tiefen, niederträchtigen Leidenschaften.

Der Mensch war zu bilden, als er noch nicht sein Recht auf Bildung kannte.

›Kommunikative Kompetenz‹ ist der beste Ersatz für Gesprächsfähigkeit.

Eine Kultur hält sich nur solange in der Höhe, wie sie nicht von kulturellen Hochkommissaren verwaltet wird.

In nichts zeigen glaubenslose Menschen sich gegeneinander fanatischer als in Fragen des guten Geschmacks.

Ein Land, in dem der Antisemitismus immer mondäner wird und der Philosemitismus immer vulgärer …

Der Überdruß ist die einzige Blume im Treibhaus der Massenerotik.

Starke Bedürfnisse bedürfen keiner ›Befreiung‹.

In der Politik ist Mehrheit ein quantitativer, in der Kultur ein qualitativer Begriff.

Die ökonomisch Reichen wie die politisch Erfolgreichen erkennt man daran, daß sie ihre kulturelle Armut allen zugänglich machen können.

Der Prediger will den fremden, der Propagandist seinen eigenen Unglauben bezwingen.

Die kulturelle Elite einer prosperierenden Gesellschaft ist eine Ansammlung von Leuten, denen zu imponieren nicht reizt.

Wenn die Geschlechter in ihrem Äußeren nichts Attraktives mehr haben, können sie sich ihr Beisammensein einzig noch durch ein wenig Beischlaf erträglich machen.

Wer heute aufs Land zieht und sich ein Stück Ackers kauft, den verlangt es weniger nach Rückkehr zur Agrarkultur als vielmehr nach Genuß der eigenen seelischen ›Kultur‹.

Die Literatur jener Sensiblen, die sich von den minderwertigen, krankhaften, abstoßenden Vergnügungen des robusten Teils der Gesellschaft empört abwenden, ist von geradezu pausbäckiger Gesundheit.

Fast alles, was der Kulturbürger am Westen von heute beklagt, hat der Kapitalismus, nicht die Demokratie verschuldet; fast alles, was der Edelkonsument vermißt, boten die proletarischen Diktaturen im Überfluß: die harten Kontraste des Denkens, des Glaubens, der Macht, des Geschlechts.

›Gegenseitiger Respekt‹ ist die zivile Wassertaufe für den Aufruhr des religiös erregten Blutes.

Einen Zeitgenossen nennt man den Menschen, der von seinen Sehnsüchten aus Reiseprospekten erfährt.

Der Wunsch des Bürgers, die Ehe zu brechen, ist oft so eintönig wie seine Ehe selbst.

Nicht der ›Mangel an Kultur‹, sondern das ›Streben nach Kultur‹ verurteilt eine Klasse zur Lächerlichkeit.

Bildung ist genau das, was ein kultivierter Mensch niemals an einer Universität suchen wird.

Zu eigenen Meinungen taugen am besten geteilte Überzeugungen.

Die erste Entdeckung des weiblichen Intellekts ist stets irgendeine Kränkung des weiblichen Geschlechts.

Daß an einer zeitgenössischen Privatschule vor allem eine exklusive Beschränktheit gezüchtet wird, erklärt sich daraus, daß private Bildung nur noch beschränkte Nachahmung der öffentlichen Dummheit sein kann.

Je weniger Geheimnisse eine Generation hat, desto mehr ist sie darauf erpicht, die ihrer Vorgänger zu enthüllen.

Wo jedermann nur mehr bei bester Gesundheit sterben will, hat der Selbstmord alle Gründe auf seiner Seite.

Um den Genuß ertragen zu können, muß ihn der Puritaner zur Sünde ernennen.

Die nicht mehr junge Mutter teilt per Anzeige die Geburt ihres Sohnes mit und sogleich, was sie für ihn erwartet: »Einen würdigen Platz in einer würdigen Welt.« Auf dem Briefumschlag, immerhin, ein Fleckchen, das wie Blut aussieht.

Aggressive Servilität, servile Aggressivität: die Normalinversion mehrheitsdeutscher Männlichkeit.

Nur aus der Vergangenheit eines Volkes erfährt man ständig Neues über es.

Kopftuch oder Minirock: immer doch der Stolz, künftiges Objekt zu sein, ob privaten oder öffentlichen Besitzes.

Dekadenz darf dort diagnostiziert werden, wo Durchschnittlichkeit nicht mehr aus dem Durchschnitt errechnet werden muß.

Vulgärer als der Anblick der Gesundheit ist nur ihr Lobpreis.

Der ›Konflikt der modernen Kultur‹ (G. Simmel)? Das Gerangel der Mediokrität mit dem Extremismus!

Das Volksempfinden ist mehr als bloß gesund: Wer es kennenlernt, den heilt es für immer von dem Bedürfnis, wie das Volk empfinden zu wollen.

In der städtischen Geisteswelt reüssiert der Provinzler entweder durch die Beflissenheit, mit der er sich für alles städtisch Scheinende öffnet, oder durch die Verbissenheit, mit der er seine ländliche Enge als Tiefe ausruft. Linke und rechte Karrieren des Geistes …

Die beglückenden Berufe sind jene, die Berufene eigens für sich erfunden haben.

Eine Nation, die kulturell völlig von ihrer Vergangenheit lebt, gibt sich gern den Anschein, daß diese Vergangenheit nur dank ihrer Kulturämter überlebt.

Natürlich darf alles heißen, was sich kultivieren läßt.

Das Ende einer erotischen Kultur ist gekommen, wenn der Begehrende meint, betrügen zu müssen, um nicht betrogen zu werden.

Eine vom Altwerden geängstigte Gesellschaft verliert mit ihrem Mut auch ihren Verstand: sie sucht Rettung bei der Jugend, bei dem, was am raschesten altert.

In der modernen Stadtplanung kämpft der so selbstbewußte wie geschmacksfreie Geldgeber gegen die professionellen Verwalter des schlechten Geschmacks.

Was der Zeitdiagnostiker für eine Prognose ausgibt, ist meist nur die noch nicht jedermann bekannte Geschichte des letzten Vierteljahres.

Die Furchtlosigkeit einer Frauenrechtlerin bestünde darin, statt von *den* Männern von jenem einen zu sprechen, der sie das Fürchten lehrte.

Ein von Speisen voller Mund wird zur kulturellen Tat, wenn Kultur darin bestehen soll, alle Hände voll zu tun zu haben.

Eine Gesellschaft oder ein Staat, in denen man die Rettung durch ›kluge Köpfe‹ erwartet, ist der Verblödung geweiht.

Wer durchaus Selbstkritik der Existenz treiben will, muß sie dem Feuilleton als Kulturkritik unterjubeln.

Je weniger Kunst in einer Kultur, desto mehr Künstler, die über diesen Mangel hinwegtrösten.

Der neukatholische Schöngeist findet fast immer die Würde der Armut durch das Verhalten der Armen gefährdet.

In ›kollektivistischen‹ Gesellschaften isoliert Langeweile die Menschen, in ›individualistischen‹ führt Langeweile sie zusammen.

Eine Kulturrevolution wäre zum Beispiel: die Überarbeiteten bemitleiden statt bewundern.

›Werte‹ können banal sein, Menschen höchstens vulgär.

Die einzige kulturelle Leistung, die reichen Leuten möglich ist: den Reichtum nicht diskreditieren.

Aus dem gesättigten Fleisch erwachsen eitle, doch nicht immer hochmütige Gedanken.

Was an der kulturkritischen Polemik gegen das Fernsehen am meisten erstaunt, ist die Tatsache, daß man als Kulturkritiker einen Fernseher besitzen kann.

Der kinderlose Bohemien ist ein Bürger, der dem Ungeborenen nicht ein Leben außerhalb der Bürgerlichkeit zumuten möchte.

Seine Weltoffenheit hat der Menschenfreund am Fremden von nebenan erlernt, der nie sein Ghetto verließ.

Je mehr die Wissenschaft das Leben reguliert, desto weniger Menschen zeigen wissenschaftliche Tugenden: Ausdauer, Nüchternheit, Demut, Fleiß.

Geistiges Mittelmaß ist in Diktaturen das Ergebnis einer sorgfältig durchgeführten Volksbildung, in Demokratien dagegen ein Effekt der Begegnung von elitärem Fachidiotismus mit verlottertem Massengeschmack.

Was an sogenannten Außenseitern der bürgerlichen Gesellschaft immer wieder verblüfft, ist ihr ungebrochener Glaube an die bürgerlichen Idole: Beruf, Ehe, Kunst, Geld.

Nichts beurteilt eine Originalgenies züchtende Gesellschaft unbarmherziger als eine naturgewachsene Klassizität.

Die Häßlichkeit hat aufgehört, die letzte Hülle der Heiligkeit zu sein, seit sie unverhüllt auf allen Straßen spaziert.

Der Feuilletonist ist der Mensch, der unsere Mußestunden zugleich verkürzt und entwertet.

Nirgendwo stinkt moralischer Dünkel widerlicher als bei Leuten, die ihre Enttäuschung als Empörung verkaufen wollen.

Aus der christlichen Kultur, in der man sich auf sein Leiden etwas zugute hielt, hat die bürgerliche Gegenwart, in der man seine Lüste herumzeigt, wenigstens die Vulgarität retten können.

Weltschmerz und Selbstgenuß: Die scheinbar grundlose Depression ist der Rückhalt des politisch Unterdrückten – sein Beweis, daß die größte Misere noch immer ins persönliche Fach fiel.

Der Untergangsprophet, gekränkt durch seines Lebens Endlichkeit, tröstet sich mit dem Ende der Welt. Er wäre mehr als getröstet, nämlich versöhnt, wenn er sein Lebensende als den Weltuntergang erleben dürfte.

Aufgeklärt dürfte sich nur jene Gesellschaft nennen, die gleichermaßen den zynischen Jugendlichen und den sentimentalen Alten produziert.

Was kann das Leben einem Kind noch bieten, dessen Geburt für seine Eltern *ein Erlebnis* war?

Was den kultivierten Menschen vom ›kulturell interessierten‹ unterscheidet, sagt schon sein Name: Er hat sich nicht selbst zu dem gemacht, was der andere gern sein möchte.

Der Entschluß der Universität, nur noch die Besten aufnehmen zu wollen, kündet weniger von einem Überschuß der Intelligenz als vom drohenden Untergang der Institution.

Im Osten der gebildete Arbeiter. Im Westen der arbeitslose Gebildete.

Seitdem die Rechte des Kindes festgestellt sind, wird es nur noch aus Wut, nicht mehr aus Gewohnheit verprügelt.

Bildung war das scheinbar Unnötige, das man beim Erkennen des Nötigen notgedrungen mitnahm.

Die Höhe einer Kultur bemaß sich die längste Zeit daran, wie vieles sie benötigte und wie wenig davon sie benutzte.

Menschlichkeit ist das, was den Menschen mit seinesgleichen am seltensten verbindet.

Die linke Melancholie züchtet Wünsche, die allein die rechte Misanthropie erfüllen kann.

Der Kosmopolit mit Kulturmission träumt von einer Menschheit, deren Gefühle im Deutsch der Goethe-Institute auszudrücken wären.

Nichts empört den Liebhaber der fremden Zutat, des international gewürzten Eintopfes so sehr wie die Unverblümtheit, womit die Fremden nach seinem Eingemachten verlangen.

Die Behauptung, jeder Mensch könne Kunst vertragen, ist kühner als die Behauptung, jeder Mensch könne Kunst erzeugen.

Echtes Mitgefühl für die Klassiker kann nur empfinden, wer sich aus eigenem Entschluß an ihnen langweilt.

Mit der Frage, woran sie denken, umzingelt ein gedankenloses Geschlecht die Schweigsamen und klagt sie der Unaufrichtigkeit an.

Was an statistischen Befragungen zum Gefühlsleben am meisten deprimiert, ist die Beflissenheit, mit der die Befragten die Wahrheit sagen.

Der Peinlichkeit gewisser Diskussionen kann man sich entziehen, indem man sie leitet.

Vorurteile, Gewohnheiten, Traditionen – all dies macht das Leben leichter und taugt gerade deshalb nicht, um darauf stolz zu sein.

›Modern‹ heißt oft nur die Gegenwart des ewig Niederträchtigen.

Eine Theorie, die zur *materiellen Gewalt* wird, *wenn sie die Massen ergreift* ... Es zeugt eher vom niedrigen Niveau einer Masse, daß sie sich von einer Theorie ergreifen läßt, als vom hohen Niveau der massenergreifenden Theorie. Deshalb scheint aber auch eine Theorie, die nur durch Staatsgewalt zu verbreiten war wie etwa die marxistische, nicht so flach wie – sagen wir – ein massenhaft aufgeschleckter Freudianismus oder Feminismus.

Dieser Aberglaube der Aufsteiger, das Wichtigsein sei der Effekt des Sich-wichtig-Nehmens ...

Wer Alteuropas Bildung heute hochhält, der findet sich rasch in einer wunderlichen Gesellschaft wieder – unter Geschlechts- und Glaubens- und Geschmacksrenommisten, hochaufragendem Gezwerg historischen Flachlands.

Im kapitalistischen System markiert ›Volksbildung‹ (-hochschule, -aufklärung) den verriegelten Keller des Geisteslebens. Im sozialistischen Staat ist Volksbildung und der durch sie gesicherte Durchschnitt das Fundament gewesen, auf dem sich ein Geistesleben erheben und mitunter befreien konnte.

Was Einfältige ›Vergangenheitsbewältigung‹ nennen, besteht in der Regel darin, daß man die Rückseite der Medaille jenen Leuten zeigt, die nie die Vorderseite sehen durften.

In ein Land geraten, wo der *Spiegel*-Redakteur den leiblichen Archetypus des Mannes und die *taz*-Redakteurin den geistigen Archetypus der Frau darstellt …

Die Dummheit sieht sich zu allen Zeiten ähnlich, nur die Intelligenz muß immer wieder die Maske wechseln.

Der deutsche Schüler konnte mit Goethe noch nie etwas anfangen: Weisheit ist nun einmal nicht anregend.

Politische Provinz haßt, kulturelle Provinz liebt alles Fremde.

Kritisiert wird zumeist nur, was der Selbstkritik nicht fähig, also einer Kritik nicht würdig ist.

Eltern, die selbst in einer kritischen, aufgeklärten, emanzipierten, kurz: verwahrlosten Umwelt groß geworden sind, können in ihren Kindern nur Nonkonformisten in Windeln sehen.

In der pädagogischen Zwangsvorstellung vom Genie, das aus dem Kindesinneren ins Äußere, ans Licht und aller Welt vor Augen zu führen sei, liegt ebensoviel Ungerührtheit gegenüber dem Glück des Kindes wie gegenüber dem Frieden der Welt.

Bildung für alle kann man nur da garantieren, wo Dummheit für alle bereits garantiert ist.

Es ist wahr: Die Modelle perfekter Herrschaft sind von Leuten fabriziert worden, die selbst nicht dienen wollten, die jedoch – das sei zu ihrer Ehrenrettung gesagt – auch nicht herrschen konnten.

»Als Kinder philosophieren wir alle« … und würden auch, wo man uns ließe, allesamt regieren, wenn nicht als Philosophenkönige, so doch als philosophisch aufgeschlossene Tyrannen!

Die Menschheitserzieher von heute wollen, daß es in der Gesellschaft nur noch zwei Klassen geben soll: die Gebildeten und die noch nicht Gebildeten. Also den Schüler, der zum ewigen Studenten reift oder zum schülerhaften Erwachsenen.

Die einfachste Art zu zeigen, daß man jemanden verstanden habe: ihn nicht nachahmen.

In der anonymen Masse atmet der Einzelne freier als im ausgesuchten Kreis, dessen Regeln einen Konformismus erzwingen, wie ihn kaum ein Despot zu verlangen wagte.

Dieser vollbärtige Vizepräsident spricht mit der Würde eines Kreisarztes, der dem von weit her angereisten Bauernpaar erklärt, daß der Gatte nicht mehr so viel saufen solle …

Als zarte, neubürgerliche Lüge erblüht wieder das Christentum. Das ironische Wissen, daß die letzten echten Christen sich selbst und die Welt in blutiges Fahnenrot tauchten, müßte diese Kunstblume augenblicklich verdorren lassen.

Der Weg aus der französischen Provinz führt in die französische Hauptstadt. Der Weg aus der westdeutschen Provinz führt in die nordamerikanische Provinz.

»Es riecht nach verbranntem Kadaver!« Veganischer Dünkel vorm *steak house* … Die einen essen Tierleichen, die anderen Gemüseleichen.

Eine Feministin. Also eine Frau, die ihre Befreiung noch vor sich hat.

Damit einem nachgeschnattert werde, muß man nur gegen's Schweinesystem kläffen.

Verstanden hat Eva nie so recht, was Adam von ihr forttrieb, doch erst durch den Bund der Frauen wurde ihr Adam *unerreichbar*.

Individualismus endet als Provinzialismus: Lieber der erste in der Provinz als der letzte in der Metropole sein.

Verwahrlost wirken die deutschen Bürgerskinder von heute wie die vor zwanzig Jahren, jedoch: ihre Eltern lassen sich diese Verwahrlosung inzwischen etwas kosten. Nach den Geschmacksidioten die Herzenskrüppel …

Vom Weltschmerz zur Weltrevolution ist der Weg oft nicht weiter als von der Klage zur Anklage der Welt.

In der freien Welt werden die Kinder zu Chefs erzogen, auf daß sie dereinst zu Angestellten taugen.

Land der alten Käfer und der jungen Schachteln …

Der Katholizismus des Feuilletons ist inzwischen zu populär, um noch intelligent zu sein.

Humanistische Studien bewahren am sichersten vor humanitärem Eifer – schon der Gymnasiast hat gelernt, daß der Mensch nur zu bilden, nicht zu retten sei.

Langeweile des Unbegabten, der sich nicht beschäftigen kann, Langeweile des Begabten, der beschäftigt werden soll …

Dank den Wissenschaften erreichen die Menschen ein Alter, in dem ihnen keine Weisheit mehr helfen kann.

Seine Unsicherheit über das Genus von ›Verdienst‹ enthüllt die heiligsten Überzeugungen des Besserverdienenden.

Der sozialkritische Autor hat nur Meinungen, die den Meinungen der Mehrheit widersprechen und somit dazu taugen, Meinungen der Allgemeinheit zu werden.

Ein zeitgenössischer Schriftsteller ist jemand, der von zeitgenössischen Kritikern gelesen wird.

Zuerst: Religion als Opium des Volkes. Dann: Religionslosigkeit als Opium der Gebildeten. Zuletzt: Religionslosigkeit als Opium des Volkes, Religion als Opium der Gebildeten

Die Würde eines Künstlers unter Bürgern kann einzig darin bestehen, für die Aufführung seiner Werke weder Geld auszugeben noch Geld einzunehmen. Mit anderen Worten: auf das jahrhundertelang bewährte Bündnis von Besitz und Beschränktheit zu hoffen.

Wenn eine despotische Macht zu wanken beginnt, füllen sich die Theater und die Kirchen: Man applaudiert der gelungenen Darstellung des Überlebten oder erbittet bessere Zeiten. Die Theatergänger haben von ihrer Gegenwart zweifellos mehr begriffen als die Kirchgänger.

Mancher Gymnasiallehrer hoffte lebenslänglich auf eine Hochschulprofessur und zetert doch über den Utopismus ›linker‹ Professoren, als entspränge dieser einem maßlosen Hoffen und nicht bloß einem gedankenlosen Träumen. Als Wüterich gegen den *Geist der Utopie* bleibt so ein verschämter Hoffer doch ein braver Bürger, der wohl nicht mehr begreifen wird, daß gerade *Das Prinzip Hoffnung* Leute wie ihn bescheiden hielt: »Die, welche etwas bekommen, sind das Wenigste; Hauptsache sind die Tausende, welche ihr Leben lang hoffen und sich einstweilen anständig aufführen. – Auch in unsern jetzigen Staaten wird eine gefährliche Quote der Raisonnierfähigen nur durch Stellenhoffnung in Schranken gehalten.« (Jacob Burckhardt, *Zur neuern Geschichte*, 1880)

Kommt der Provinzler in die Stadt, glaubt er sogleich, es sei die Hauptstadt.

Wer die Bürgerlichkeit hinter sich lassen will, der muß nicht ihre Gebote übertreten, sondern braucht sie nur zu erfüllen, ohne an sie zu glauben. Das gilt kulturell; sozial und ökonomisch dagegen ist der glaubenslose Bürger der Fromme seines Systems.

Babylonische Gefangenschaft des Intellektuellen bei den Reichen, Schönen und Dummen …

Wenn man in eine triviale Wahrheit nur genügend Bedeutung hineinpumpt, wird sie zum kapitalen Irrtum.

Es ist der Glaube verzogener Kinder, daß man Schönheit besitzen könne.

Um profan auszusehen, genügt es nicht, eine Zigarette in der abgespreizten Hand zu halten – man muß dabei auch die Handfläche himmelwärts drehen.

Der erfolgreiche Streber belehrt uns gern darüber, daß alles geistige Schöpfertum in den Städten aus der Provinz gekommen sei, versäumt aber hinzuzufügen, daß es sich dorthin nicht zurück wagt.

Zu keinem Dichterdenker ist heute einfacher zu gelangen als zu Goethe; man braucht hierfür nur alles zu vergessen, was in Goethe-Instituten stattfindet.

Der einzige, der Gott existentiell nötig hat, ist der Atheist, der ihm seine Existenz bestreitet.

Verbittert wie ein Satiriker …

Habselig, armselig.

Nichts macht einen Geschichtenerzähler so ungeduldig wie ein anderer Geschichtenerzähler.

Der Modische stirbt morgen, der Avantgardist schon heute.

Wer ein erfülltes Leben hat, der braucht kein Theater; er läßt sich dort höchstens sehen, dann und wann.

Die Erinnerungen eines zukunftsfrohen, weil geschichtstüchtigen Volkes müssen sich auf vergangene Katastrophen beschränken. Welche Lehren ließen sich aus glücklichen Zeiten ziehen?

Je mehr Bücher schon geschrieben sind, desto näher scheint eine Wiederkehr der Mündlichkeit. Doch im Gegenteil: Man hat sich nichts zu sagen und muß weiterschreiben.

Seine Geschichte mit Bewußtsein machen – diese Marxsche Idee ist eine durch und durch bürgerliche Idee: Man will nicht länger in ein Unternehmen investieren, dessen Gewinne andere einstreichen.

»Dieses Volk vergißt allzu schnell seine Schuld.« Wie sollte es das nicht, da es doch seit jeher schuldig ist?

Im Beiwort ›hochkultiviert‹ klingt ein Versprechen von Absturz.

Ein ›engagierter Christ‹ – das kann nur ein Verfolgter oder ein Verfolger sein.

Sofort zu helfen ist die Humanität des Volkes. Sie verliert sich mit wachsendem Zeitgefühl. Ein Intellektueller hingegen, der im Augenblick lebte, wäre der Antihumanist schlechthin.

Unter allen Ängsten, die man in den Ländern des Reichtums erlernt, steht die Angst vor Verarmung ganz oben. Man muß wohl aus Osteuropa kommen, um einen Millionenpreis auszuschlagen, wie jener heilige Mathematiker aus Moskau …

Der Bürger ist ebenso ein Übergang wie der Christ: Der eine steht zwischen Aristokratie und Arbeiterschaft, der andere zwischen Göttervielzahl und Gottesleugnung. Doch das Leben des Christen ist sein Verschwinden, der Eifer des Bürgers seine Verewigung auf Erden.

Mehr Geschichte in sich wissen, als ein Leben tragen kann: Formel der Überreife, Weisheit des Ostens … Wenn ein überreifes Volk kolonisiert wird, dann zeigen sich gleichermaßen seine barbarische und seine überkultivierte Seite. Die Kolonisatoren machten zwar reichlich Beute an den barbarischen Kräften der Kolonisierten, die nun der Kolonisatorenökonomie dienen müssen.

Sie scheitern aber am verwöhnten Geschmack der Spätlinge, die den Import von kultureller Fertigware verweigern: Man braucht das nicht, denn man erinnert sich noch zu gut an das, was man einmal besaß und was man einmal war. Man verlangte nach mehr und kam mit weniger aus. Die Erinnerungslosen auf dem Warenberg nennen's Undankbarkeit.

Nach den Herrschern, die fremde Träume verwirklichen wollten, kamen die Künstler, die eigene Träume verwerten müssen.

Vergebens erhofft man von der Bildung, was die Erziehung versäumte.

»Von allen Dummköpfen sind jene, die Geist haben, die lästigsten« … weil sie wissen, daß sie Geist haben. Und sie wissen es deshalb, weil sie größtenteils nicht Geist sind.

Woher dieser Drang zur Beichte, zum Bekenntnis noch in der flüchtigsten Konversation? Vermutlich aus einer Kindheit im Schatten der Beichtstühle …

Tritt zum Propheten ein zweiter, so kann beider Wettstreit nur noch um die Anzahl der Tage gehen, die vom Ende der Welt trennen: wenn man nicht mehr allein in ihr ist, entwertet die Zeit alles.

Nicht wenige hochgelobte Werke machen ihrem Publikum einen schiefen Hals – so sehr muß es sich beim Lesen anstrengen, an einer krummen Grammatik vorbeizuschauen.

Der ›geistige Befreier‹ ist der Christus der unmündigen Seelen.

Jede Verleumdung belehrt uns über das, war wir uns selbst nicht nachzusagen wagen.

Zeitkritik vergeht mit der Zeit, Zeitgeschmack verbleibt unter den unvergänglichen Lügen.

Um seine Wahrnehmungen zu Überzeugungen herabzuwürdigen, muß man schon sehr in sie verliebt sein.

Manche wurden in der ersten Lebenshälfte so sehr aufs Wünschen dressiert, daß sie in der zweiten nur noch auf eine Professur für Utopiekritik hoffen können.

Das unbekannte Glück ängstigt, das bekannte langweilt den Zeitgenossen.

Vom Unförmlichen zum Unförmigen ist oft weniger als eine Silbe.

Zone – ein Name für die Geistesgröße jenes Landes, in dem man die Fußgängerzonen erfand.

Der Dummkopf leidet, wenn er nichts sagen darf, der Intelligente, wenn man ihn zu reden zwingt.

Die meisten Utopiekritiker erinnern an schmollende Kinder, die man auf der Reise nach Nirgendwo daheimgelassen hat.

Konformismus fügt sich zur herrschenden, Nonkonformismus fügt sich zu jeder Form.

Einen Intellektuellen dürfte sich nur jemand nennen, der im Ernstfall die Einzelhaft vorzieht.

Allmacht und Dummheit haben nichts zu bereuen.

Die Feuilletons der großen Tageszeitungen werden fast täglich durch Langweiler oder Dummköpfe gefüllt. Das versteht sich, denn ›ein kluger Kopf‹ hat nicht jeden Tag etwas zu sagen. Immerhin könnten die heimischen Zeitungen ›die klugen Köpfe‹ anderer Länder herbeibitten, die vielleicht gerade etwas zu sagen haben. Und das haben sie auch, und es liest sich so langweilig wie die heimische Dummheit.

Rechte und Linke, Freiheit und Gleichheit, Besitztum und Bruderschaft, Stoff und Form, Natur und Geschichte – die bürgerliche Kultur kennt nur Extreme, und der Bürger will nur Künstler und Intellektuelle kennen, die sie an seiner Stelle ausleben.

Ein Buch, in dem auf *einer* Seite Goethe, Nietzsche und Frank Schirrmacher zitiert werden, sollte von der ›Zeitung für Deutschland‹ unbedingt rezensiert werden.

Der professionelle Trauerarbeiter erweckt den Verdacht, daß er den Betrauerten ihren Tod nicht gönne.

Um vor Publikum unbefangen diskutieren zu können, muß man entweder vergessen, was die anderen gesagt haben, oder was man selber sagen wollte.

Ein Amerikaner ist, wer da noch lachen kann, wo ein Europäer nur mehr lächelt.

Im Wettlauf der schwachen Talente wirken die langsamen unter ihnen, noch fern der Zuschauertribüne, am längsten geheimnisvoll.

Der Kultivierte fühlt sich durch Menschen, der Unkultivierte durch Dinge gelangweilt.

Die Gefährlichkeit der geistigen Mittelklasse von gestern, heute und morgen: daß sie allein durch ihre *eigenen* Lügen zu verführen ist.

Nationale nennen sich in jeder Sprache diejenigen, die sie nicht gut sprechen.

Der Weltruf dieses Landes kommt daher, daß seine Weltbürger genauso provinziell reden wie seine Provinzler.

Was einen Propheten zum Nachdenken bringt, das sind nicht die ersten Anzeichen seines Irrtums, sondern die Auftritte eines zweiten und eines dritten Propheten.

Wenn ›die Menschen einander ihre Geschichten erzählen‹, wie es Pastoren, Präsidenten und Psychotherapeuten fordern, dann lernt man vielleicht, ›die Menschen‹ zu verstehen – man verlernt es gewiß, ihnen zuzuhören.

Tägliche Zeitungslektüre verhindert den Schock durch gelegentliche.

Ob sein Gewerbe etwas einträgt oder nicht, der geistige Mittelstand hat stets zu klagen.

Das Gewöhnliche mit einem Firnis von Vornehmtuerei: Formel der Vulgarität.

Verbote rotten die Laster nicht aus, sichern ihnen jedoch einige Würde.

›Werte‹ oder: der Abstieg vom Nichts-Sein zum Etwas-Haben.

Nicht nur an Wärme, auch an Geborgenheit bietet die Hölle längst mehr als die Familie.

Dank der Wissenschaft erreichen die Menschen ein Alter, in dem ihnen keine Weisheit mehr helfen kann.

Taktgefühl existiert dort, wo der Jenseitsglaube unbekannt ist, nicht, wo er schwand: Das auf sich selbst zurückgeworfene Individuum benimmt sich jeden Tag rücksichtsloser.

Ein Grobian kann nicht durch fremde Hilfe fein werden, ein Feiner nicht aus eigenem Willen grob.

Es gibt keine deutsche Höflichkeit. Was so aussieht, ist die Unterwürfigkeit des Deutschen, der seine Erhebung erwartet. Die Eilfertigkeit, mit der er ausgesuchtes Ausland umwedelt, das wütende Gekläff, wenn er nur beobachtet statt gestreichelt wird …

Das alte Europa: Gemisch aus Aberglauben, Esprit und Verbrechen. Das neue Deutschland: Geräusch aus Kirchentagen, Musikantenstadl und Steuerskandal.

Kultur darf in einer fortschrittlichen Gesellschaft alles heißen, was erhaben wirkt, wenn man sich damit nicht lächerlich gemacht hat.

Verschwunden das Land von Metaphysik und allerlei Mitte: Wo Deutschland auffindbar bleiben will, wird es der ferne Westen sein müssen, anhängend irgendeinem Eurasien.

Bescheidenheit beweisen die Streber des Geistes wie des Lebens nur in der Wahl der Prüfungen, die sie glänzend bestanden.

Ein Intellektueller, der nicht den Mut zur Selbstverachtung aufbringt, wird einfach nur ein Priester, ein Anwalt oder ein Mediziner sein.

Die Dogmatiker der Westlichkeit umwerben den östlichen Freigeist wie senile Freier eine sich treu bleibende Penelope.

Der Taktvolle weiß nicht allein, worüber, sondern auch, in welchem Tonfall er zu schweigen hat.

Ideologie nennt der Ideengläubige von heute die Logik von gestern.

Unter Linken scheint mehr emotionale, unter Rechten mehr intellektuelle Vielfalt möglich zu sein – vielleicht, weil die Linke *eine* Idee, die Rechte *einen* Affekt zu verwalten hat.

»Sind Sie bei uns angekommen?« Selbst wo der Westen tief in fremdes Fleisch schnitt, fragt er doch immer nur, ob man *ihn* spüre, als den Ort, an dem alles Leben verblutet.

III. Das ängstliche Abendland

»Ich glaube, daß Gott dem deutschen Volk in diesen stürmischen Zeitläufen eine besondere Aufgabe gegeben hat: Hüter zu sein für den Westen gegen jene mächtigen Einflüsse, die von Osten her auf uns einwirken«

Konrad Adenauer zu Papst Johannes XXIII. (Januar 1960)

Katholizismus, Kapitalismus, Kommunismus – Schöpfungen des Abendlandes, die es, falls dort zu absoluter Herrschaft gelangt, rasch zersprengt hätten. In ihren Grenzüberschreitungen und Weltmissionen aber blieb das Abendland selbst unversehrt. Als Wohnort sank es in eine sagenhafte Vergangenheit hinab, in die sicheren Grenzen des Imaginären, nur mehr ein Kontinent der Erinnerung. Diese ist Sache von Willkür, ja Sentimentalität, wie es eine sogenannte Erinnerungskultur zu jeder Stunde beweist. Der Westen kann weltweit auch erinnerungslos walten, seine Geschäftigkeit bedarf nicht der Vergewisserung ihres Anfangs. Die Schöpfungen des Abendlandes sind das religiös, ökonomisch, sozial expandierte Dasein; Systeme der Entgrenzung, in denen es weder Völker noch Einzelne lebenslänglich aushalten, in denen aber das Leben dauerhaft ersetzbar scheint. Verfehlt oder verlogen daher der Glaube, durch Verwestlichung zu Normaleuropäern werden zu können, wie schon der Versuch des Adenauerdeutschen, durch Antikommunismus zum echten Abendländer heranzuwachsen bzw. zurückzuschrumpfen. Musterhaft westlich bleibt Adenauers katholischer Kapitalismus in seinem Umgrenzungsvertrauen – erst durch Fügsamkeit gegenüber einem größeren Westen, dann durch freiwilliges Einwachsen auf der durch ihn zugewiesenen Stelle. Groß tun, um klein bleiben zu dürfen: Nie zuvor hatte eine Nation von Ehrgeizigen sich mit solchem Eifer selbst zur Provinz erklärt, zur Provinz eines bloßen Prinzips. Der historische Seitentrieb und nationale Sonderweg Westdeutschland wurde so tatsächlich zur reinsten, weil künstlichsten Schöpfung des Westens. Nirgends sonst wucherte derart naiv das westliche Hoffen, mit der Grenzenlosigkeit wertheckend-wachstumsfrommen Wollens eine Begrenztheit nationalen Daseins und Denkens verbinden zu können; Postumität zu Lebzeiten als properes Gespenst der deutschen Geschichte. Diese scheint nun in der gealterten Besatzungs- und Bewirtschaftungszone ihre Richtung zu verkehren. Denn abendländische Geschichte, modern eine Geschichte des Bürgers, zeigt diesen ja zuerst roh und kräftig, dann fein und schwach; ein planetarisch verbreitetes, dadurch aber auch verdünntes Wesen. Der westdeutsche Sonderfall hingegen: ein sich zitternd um seine Vergangenheit, seinen (historisch unverdienten) Besitz zusammenkauerndes Bürgertum, verhärtet und verschlossen gegen die Welt, die es nährte und nährt; Kümmerlingskummer als später Versuch einer selbst- und wesensbewahrenden Konkretion. Nach Jahrzehnten historischer Phantomexistenz ist der westdeutsche Bürger wahrhaftig in die europäische Weltgeschichte zurückgekehrt und bleibt doch ihr Sonderbewegter, ihr störrischer Sackgassenfahrer. So sentimental nämlich sein Blick nach der Frühzeit, so automatenhaft starr bleibt sein Vorteilsgriff. Dennoch hält sich der Sonderwegsdeutsche auch im Pathos seiner Kümmernisse innerhalb der einst gewählten Grenzen. Die eingekaufte Nation mit der ausgelagerten Vergangenheit, amerikanisches Planwerk und antibolschewistischer Hinterwald in einem, verblüfft wie am ersten Tag durch den Purismus ihrer Westlichkeit. Wo die Bourgeoisien anderer Länder schamrot würden, wenn sie von ›westlichen Werten‹ sprechen müßten, hält der Adenauerzögling und Phantomdeutsche seine Provinz für deren Grund und Boden. Die ›westlichen Werte‹ restloser Weltverwertung sind hier Inbrunstformel und allzeit aufsagbares Selbstbekenntnis, ja ›Grundwerte‹ geworden; die Nichtigkeit des Seins, die es ganz auf die Seite des Habens, des Verwertbar-Verwerteten fallen läßt, ist zur Wesensnorm verdichtet. Als wesenloseste, dadurch aber auch formbarste der europäischen Bourgeoisien, historisch schuldenfrei geworden ausschließlich und schlagartig durch das Gelöbnis, *nicht* Weltkommunismus-Weltosten-Weltsteppe zu werden, hat heute am meisten die westdeutsche Bürgerlichkeit mit Angst und Schmerz drohender Enteignung zu ringen. Im historischen Seins-, mithin seelischen Wesensverzicht zeigte sich das westdeutsche Bürgertum wie kein zweites durch seine *Habe* definiert. Es ist Besitzerklasse, hat Klasse am Besitzen und an nichts sonst, ist in dieser Reduziertheit des Daseins aber Vorbild und Verlockung für die Welt. Westlicher Bürger, d. h. Besitzer von allerlei Besitztümern sein, das kann freilich jeder. So gilt es, den Vorsprung eigener Weltmächtigkeit durch vertiefte Wesenlosigkeit zu sichern, im Sentimentalismus angesichts des weltlosen Wesens, das man einst war, ehe die Welt bzw. der Osten einem über den Hals kam. Bürgerlichkeit als Massenware für alle Welt – nirgends ward sie so angepriesen wie im deutschen Westen, nirgends aber war auch das Entsetzen größer vorm Weltertrag gelungenen Selbstverkaufs. Gerade der planetarische Verkaufserfolg des westdeutschen Massenbürgers ist es, der ihn zurückzwingt in die Einsamkeit und in die Exklusivität des Ekels vor seinesgleichen: vor dem Menschen, der Bürger sein will. Und in eine Erinnerung, die es eifersüchtig zu hüten gilt, sein inneres Bonn.

Sicherheit im Begrenzten, Sehnsüchte ins Grenzenlose: beides hat dem zum Bürger vereinfachten Menschen erlaubt, sich zu verkleinern, ja zu verzwergen auf eine Lebensgröße, die sich an keinem Weltwiderstand mehr reibt. Die Winzigkeit seiner seelischen und kulturellen Gestalt garantiert ihm gerade seine Omnipräsenz, sein mühe- und gefahrloses »Ick bin allhie!« Zuletzt zieht es den bürgerlichen Zwergmenschen in die Tiefe einer Vergangenheit, worin er unumschränkt bei sich ist und seine Hand an die selbstgezogene Decke streckt. Was Europa als Schicksal widerfährt, seit es als ›der Westen‹ Weltprinzip wurde, vollzieht in Europas Mitte, in selbstbestimmtem Eifer, sein einstmals reinster – weil allein durch Befehle und Kredite erzeugter – Typus. Der westdeutsche Bürger-Zwerg bzw. Zwergbürger hat sich heute ganz auf seine Erinnerung, seine einstige Existenz als historisches Phantom geworfen, dessen nationale Beschränktheit er als weise Beschränkung deutet und nunmehr vermißt. Gewohnt, daß andere seine Schuld büßen und die Schulden zahlen, die seine bewaffneten Grenzübertritte erzeugten, durfte und darf der Großdeutsche von einst, der neudeutsche Bürgerzwerg von jetzt sich als Ureinwohner des Umgrenzten, ja Heimisch-Häuslichen fühlen; ewiger Provinzler eines weltweit gültigen Prinzips. Geistiger Kleinwuchs wird so unversehens zu frommer Selbstbescheidung, Selbstbescheidung zu Weitsicht, Weitsicht zur Kunst, allerlei Ungeheures auf Abstand zu halten. Inzwischen droht dem Abendland, vor allem aber seinem Vorbau und Vorkämpfer Westdeutschland, der Osten von überall, in Gestalt einer Welt, die offenkundig Europas Lehren allzu wörtlich nahm. Die nackte, wie der *homo Germaniae occidentalis* findet: brutale Gestalt der Westlichkeit ist der ungemilderte Extremismus ihrer Kräfte, Nöte und Begierden. Nicht aber die schnörkellose, simple Gewalt eigenster Ambitionen erblickt der Westler in diesem weltweiten Wüten und Drängen, sondern seine bei ihm daheim historisch überwundene Gestalt, eine Art kultureller Frühzeit, da man die Beute roh und mit Händen aß. Die grenzenlose Bedürftigkeit, Gefräßigkeit und Tatfreudigkeit von Landstrichen, deren vitale Substanz in industriellen Rohstoff verwandelt wurde, dienstbar einer fremden, leblos anmutenden Form – sie sieht sich auf nackte Formalismen verwiesen; Formalismen der ökonomischen nicht weniger als der politischen und der kulturellen Vernunft. Der historische Ortssinn des deutschen Westens verwirrt sich: er fühlt, wie ein eisiger Wind ihn von Osten her anweht, eine Gewalt der Vereinfachung, die mit seinen Kompliziertheiten und Komplexen kurzen Prozeß macht. Die unbefangene, nicht zwischen Heim und Welt unterscheidende Rationalität des Ostens hat gründlich den Wert von Werten ermessen können, die an nichts haften, den Wert der ›westlichen Werte‹. Das dumpfe Grollen des Adenauerdeutschen in seiner Spätgestalt, mentale Schwüle und moralische Tücke des Zwergs unter der viel zu großen Mütze, ist das Schmollen der Selbstkolonisierten gegen eine nicht länger kolonisierbare Welt. Wer hier nicht Beute fassen konnte, wird seine Erinnerungen hüten müssen an ein Europa, das doch für ihn nie Gegenwart war.

Am Anfang seiner staatlichen Phantomexistenz war der deutsche Westen auf beinahe natürliche Weise provinziell. Er mußte nur weiterhin sein, was er schon immer war: umfriedetes Heim, bescheidener Ehrgeiz und Schule der Demut; beflügelnde Ängste vor Gatten, Lehrer, Meister, Führer drinnen, unter vorläufigem Verzicht auf grenzenlose Ambition draußen. Der regierende Greis, die Mumie, war die personifizierte Formel dieses Daseins; Molluske in Lederhaut – eingeschlossen, abgedichtet. Immer autochthon also dieses Kleinstseelenleben in untot wirkendem, Unsterblichkeit verheißendem Kulturkörper. Entgrenzung und Gefahr – sie wurden das Erbteil der vorlauten Kindergeneration, die mit nur wenig erweiterten Seelen, dafür weit aufgesperrten Schlünden ins Offene lastloser Zukunft drängte. In eine Ferne und Weite freilich, die ganz Machwerk, ganz Kunstgebilde des Westens bleiben sollte: so kommunistisch die Idee vom Dasein, so kalifornisch der tatsächliche Konsum; Marxismus, Trotzkismus, Maoismus als die zu Ende gedachten, aber eben nur gedachten, in sichere Ferne exportierten, in fremdem Völkerfleisch blutig realisierten Ideen des Westens. Die Trotzkis und Maos von einst sind es, die zuletzt rempelnd in der Westlichkeit einkehren, sich geradezu dort vergraben möchten, in *ihrer* Provinz – worin nicht jedermann die losen Manieren der darin Erstgeborenen zeigen darf! Spätlinge der Sperrstunde, »Rottenschließer des Amerikanismus« (P. Kondylis): Die Linke des Westens, winselnd zurückgekehrt in dessen ewig unfruchtbaren Schoß – sie ist nun stolz auf alles am Okzident, was Parzelle, Milieu, abgepackte Einheitlichkeit und ankaufbare Pluralität des Sinns ist, die Kleinweltlichkeit als Prinzip und Realität der Seele. Ihr graut vor einem Weltosten, worin das Individuum dem Großenganzen unmittelbar gegenübersteht, der Einzelne im Angesicht des Ungeheuren; Freiheit und Einsamkeit ohne bürgerliches Maß. Wenn man ihr Truppen gäbe, würde sie's gern den Maßlosen dort draußen zuteilen, Stück um Stück, Stoß um Stoß.

Kapitalismus war's, was den Westen zur Welt erweiterte und die Welt zur bloßen Umwelt erniedrigte; darüber mußte der Okzident zur windigen Sache geraten, mittlerweile nur mehr ein Gerücht, eine Sage. Die Historisierung des Abendlandes durch seine Weltwerdung bzw. Verwestlichung haben weder Katholizismus noch Kommunismus noch gar die europäischen Faschismen aufhalten können. Der Katholizismus nicht: denn das christliche Europa ist eine Synthese von eingeborenem Hochmut und weltweiter Mission, die organisch nur in der romantischen Erinnerung existiert; das katholische Christentum hat – ob in seinem Haß auf die Körper, ob in seinem Griff nach den Seelen – die europäische Erschöpfung durch Europas Weltwerdung begleitet und gesegnet. Hatten doch noch vor Ausgang des europäischen Mittelalters seine pfiffigsten Priester begriffen, wie man ein ehrliches Sterben in der heimischen Höhle schier endlos verzögern konnte; man mußte der Welt nur die schweifende, hungrige, nicht die selbstzufrieden knurrende Seite der europäischen Bestialität zuwenden. Der Kommunismus nicht: denn die industrielle Erdvernutzung begleitete von Anbeginn die verheißene Emanzipation des Menschen durch seine Selbstproduktion wie ein Schatten. Der Faschismus nicht: denn er ist, obwohl reinster Ausdruck des fleischfressenden Industrieprinzips, politisch die Synthese des Unmöglichen, nämlich von nationaler Begrenztheit und planetarischem Rasen. Seine Wahrheit, somit aber auch sein Untergang ist der Zynismus, der grell und offen ausgestellte Partikularismus des eigenen Seins. Und die letzte, jüngste Erinnerungsgestalt des Abendlands, das Europa der Blöcke? Die Polarität von Ost und West war keine echte (logische, disjunktive), die abendländische Auflösung dadurch nur zu verzögern, nicht zu verhindern. Die Last der historischen Aufgabe, noch einmal das Abendland zu verkörpern, lag ganz auf der östlichen, der sozialistischen Seite. Eine Überlastung. Schon als Industriekultur ja kaum eine Alternative zum kapitalistischen Westen, erscheint dieser Osten heute mehr denn je als bloße Verzögerung des freien geschichtlichen Falls, wie durch das Verschleißprinzip erzwungen. Dieses kennt keine innere Grenze; der Sozialismus mit seinem Selbstüberbauungsversuch – eine Industriegesellschaft, auf neu verteiltem Boden, aus eigensten Kräften, nach historischer Läuterung, mit bester Gesinnung, zuerst in heroisch-ästhetischer Anstrengung der Produktion, dann als beglückend-entwickelnder Konsum – hatte sich selbst die Grenze gesetzt. Zu schweigen von seiner (schlecht belohnten) äußeren Zurückhaltung, jener Unlust zu ständigem Eingriff und Einmarsch, welche dem Aktivismus von Gesellschaften entspricht, die vollauf mit sich selbst beschäftigt sind. Die Ost-West-Polarität war als abendländische Synthese nicht haltbar, weil bereits der Sozialismus des Ostens synthetisch war, eine Zusammenfügung von industriellen Daseinsmitteln und supraindustriellem Daseinzweck, von Produktionsprinzip und Jenseitsvertrauen. Aus naturgeschichtlicher, kapitalistisch-zerstörungslogischer Sicht: eine Künstlichkeit und Komplikation, mithin eine rechte *passion inutile*. Planetarisch defensiv und historisch explizit (durch die annoncierte Menschheitszukunft Kommunismus) begrenzt, wirkte der sozialistische Osten mit seinen Daseinsbeschneidungen, -komplizierungen und -sublimierungen wie ein unfreiwilliger, dadurch allzeit gefährdeter Wiedergänger des Alten Europas. Er hatte dem neuen, weltweiten Westen auch nur die unfreiwillige Humanität des produktiv-konsumtiven Verzögerns entgegenzusetzen, des seelenschonenden Schlendrians einer Praxis unterhalb despotenstarrer Theorie und Staatsmacht. Ein einziger Eiferer aber genügt, um ein Volk von Gelassenen zu verwirren; das schlechte, weil brutale, einfach-vereinfachende Beispiel überzeugt immer.

Der Okzident mit seinem Verwertungseifer hätte planetarisch nicht Furore machen können, wäre er dem naturökonomischen Wechsel von Anspannung und Ermüdung unterstellt gewesen. Der okzidentale Eifer ist jedoch so naturfremd wie prinzipienfest, daher unbegrenzt und unermüdbar. So taugt er auch zur Idee, die keine Wirklichkeit zu fürchten hat, weil sie in alle Welt hineingetragen, hineingesehen wird; er taugt zur Ideologie. Oft nennt der Okzidentale die Landschaften ohne Eiferer und Streber grau, gar farblos, er findet das Leben dort tonisch, beinahe stillgestellt. Die Verwechslung des Lebens mit dem Eifer seiner Verwertung – des Entdeckens, Ergreifens, Benennens, Be- und Verwertens von Substanz – verdrängt manchmal sogar die Furcht des Westens vor allerlei Orient zugunsten einer Empörtheit. Der Osten, der den Westen empört und entsetzt, ist der ewige Osten der Genügsamkeit, der Vertragsgläubigkeit und der Behinderung privaten Strebertums. Ganz ohne Empörung hingegen, mit gelindem Mitleid eher hat der Westen auf das Rasen seiner eigenen, allerwestlichsten Prinzipien geblickt, die – im Osten verspätete – Mobilisierung oder Liquidierung gigantischer Völkermassen im Namen der industriellen Idee. Hat er deren Wüten jemals angeklagt, ja, nur beklagt? Arglos vertraute der Westen auf die Immobilität, vor allem Selbstgenügsamkeit der östlichen Seelensubstanz. Hatte er, als Kolonisator noch vor allen nationalen Befreiern, nicht beste Erfahrungen mit diesen Genügsamen gemacht? Als sich die östlichen Sozialismen historisch vollendeten, mußte das im Okzident erst Ratlosigkeit, dann Entsetzen hervorrufen. Die vitale Substanz war hier ja offenkundig so unaufgereizt und unverletzt wie je, nur der ihr auferlegte Formungsehrgeiz verschlissen, das eigentlich Westliche also. Dereinst war den Völkern des Sozialismus besagter Produktions-, Verwertungs- und Fortschrittseifer als vitales Prinzip angetragen worden, d. h. als begrenztes Projekt – was immer mit dem Leben zusammenhängt, hat seine Grenzen. Später eingeführt als im Westen, war die Industriemoderne hier früher an ihr Ende gekommen, weil sie sinnumfriedetes Geschehen, ein Lebensdrang und Daseinssinn hatte sein sollen. Das konnte sie nur, solange noch nicht alle Welt unterwegs schien in dieselbe Trostlosigkeit westlichen Weltverschleißens – solange industrieller Fortschritt nationale Unabhängigkeit verbürgte, einzig möglicher Individualismus in einer industrialisierten Geschichte. Goethe schienen die Völker des Ostens dem ewig nervös, ewig seiner selbst unsicheren Westen überlegen durch die Abwesenheit von ambitiösem Gezappel, durch selbstverständliche Anwesenheit eines Göttlichen, durch vertrauensselige Gelassenheit, indifferenten Schlendrian. Er fand darin östliche Weisheit. In einer Welt des industriellen und ideologischen Strebertums ist Weisheit durch dessen Begrenztheit, seinen Charakter als Arbeitsprojekt und Lebensgefängnis verbürgt. Die modernen Völker des Ostens sehen, wo es anfing und wo es endet. Ihre Weisheit ist Skepsis, die Skepsis des Westens nur Verspieltheit ohne Grenze.

Der Ehrgeiz, fürs industrielle Prinzip – das unbegrenzte Aneignen, Herstellen, Verbrauchen, Verramschen von Stoff und Seele – einen Sinn zu finden, der nicht in ihm selbst liegt oder der erst sukzessive aus ihm zu entwickeln wäre, ist mit dem Sozialismus des Ostens ausgeschritten, abgelebt. Kapitalistische wie kommunistische Menschheitsbeglücker setzen nunmehr auf die Logik industrieller Immanenz, auch wo sie deren ›supraindustrielles‹, ›postindustrielles‹ oder gar ›posthistorisches‹ Stadium ausgerufen haben. Für den geistig-seelischen Simplizismus eines weltweiten Westens ist darum das Abendland eine peinliche, der Sozialismus eine lächerliche Erinnerung. Die Simplizität und Abstraktheit des Verwertungseifers begünstigt einen schlichteren Seelentypus. Für dessen Fortbestand sorgen komplexe, ständig sich komplizierende Sicherungssysteme, *soziale* Sicherungen genannt, weil dem souveränen Ich-Ding äußerlich angefügte bzw. vorgesetzte Zutat. Besagter Seelentypus mutet Überlebende der zweiten wie Unterworfene der dritten Welt oft barbarisch an in seiner Glätte, die doch nur polierte Roheit ist. Denn rohe, zumindest schlichte Gewalten, die die Einzelnen unterschiedslos ergreifen, bewirkten das Gegenteil: Die Despotien des Ostblocks und die starren Ordnungen vorindustrieller Länder hatten das Leben äußerlich einfach gemacht, seelischer

Differenzierung und Entfaltung dadurch freie Bahn bereitet. Mit ihrem Zusammenbruch unterlag nicht zum ersten Mal das Sublime dem Simplen. Als sich das kaiserzeitliche Rom germanischen Stämmen öffnete, da wirkten diese auf eine seelisch und sozial ermüdete Welt so kraftvoll wie ungeschlacht. Ähnlich barbarisch-plump, zumindest wenig kultiviert, hatten wiederum die Römer auf die nach Rom verschleppten oder geflohenen Gebildeten der griechischen Stadtstaaten gewirkt. Nicht zufällig gilt der Westen Deutschlands heute dem Osten dieser Welt vielfach als Inbegriff westlicher Simplifikation. Deren Wiege ist Adenauerdeutschland, mit Katholizität gefirnißter Kapitalismus. Sein römisch-rechtliches, westlich-werteformalistisches Gehabe ist dünner Beschwörungsgesang am Grenzzaun, ein Säuseln, das keine Sehnsucht abschrecken kann. Der Weltosten vertraut auf die Daseinskraft dieses Westens, dem seine Grobheit nicht schlecht anzustehen, ja Solidität zu verbürgen scheint. Auch als ›Westler‹ ist der Germane ein Rüpel, ein Rüpel nun aber, der gegenüber der Welt weniger eine Mission denn *Ansprüche* hat. Unmöglich, diese – ob innerhalb, ob außerhalb seiner Grenzen – zu überhören. Seelensimpel und Schulmeister wie eh und je, verfügt er jetzt über die Techniken, womit man sich die Reichtümer der Fernen ins Haus holt und die Hausfremden in der Ferne hält. Die Sehnsucht, die der *homo Germaniae occidentalis* beim Weltosten erweckt, wurzelt gerade in diesem so egozentrischem wie erdumkreisenden Grobianismus. Nicht, daß er autochthon wäre; als historisch entleerte, seelisch fügsame Nation hält der Neogermane sich an die erziehungsfroheste, moralisch lehrfreudigste technische Zivilisation. Sie ist ihm das Muster künftig eigenen, sieghaften Seins: sich selbst undurchschaubar opak bis zum Stumpfsinn, doch mit Distanzwaffen und Universalwerten die Erde umschweifend. Zivilisiert also durch die am wenigsten europäische, am meisten verwilderte Form des Westens, hat der Germane seine historisch schlechten Gewohnheiten nicht umzubilden oder abzuschwächen, sondern nur zu verbreiten gelernt. Er hat seine Gewohnheiten zu Techniken kultiviert, die ihm Manieren und Geschmack entbehrlich machen. Seine Seele ist rund und fest, von keiner Erfahrung, geschweige Reflexion zu durchdringen. Selbsterfahrungen – selbstbestimmt und selbsterdacht und selbstbegrenzt – sind alles, was er sich zumutet. Er ist, wie er ist; wie die Tiere, die Götter sind – von Ewigkeit. Was er sich selbst beweisen mußte und dem Westen, den er eine Welt nennt, ist sein bloßes Dasein. Jeder seiner Arbeiter, jeder seiner Führer beweist Gelehrigkeit in der ersten und elementaren Lektion westlicher Existenz: dasein dürfen, dableiben können, ganz gleich in welcher Gestalt. Gestaltlosigkeit, Wesensverzicht – das Geheimnis des ewigen Deutschlands, endlich aufgedeckt und ausgemünzt. Das Alte Europa, weniger dingfest und daseinsstark, bleibt zurück als das Wesen ohne Sein, verweslich und unvergeßlich.

In seiner Frühzeit wie in seinen späten Jahren zeigt der Westen diese Unerträglichkeit für sich selbst, diesen Drang und Eifer, mit sich selbst eine Welt zu beschenken. Damit er bleiben kann, was er ist, muß alles Leben um ihn anders werden. Der Produktivismus des Westens: ein Haß des Wesenlosen auf die Wesen, ein Sein und Denken für den Export. Kommunismus und Kapitalismus – die zwei Exportschlager des Westens, der eine Endprodukt westlichen Denkens, der andere Ausgangspunkt westlichen Daseins. Beide überall einzuführen, nirgends sonst auszudenken. Der *Sozialismus* hingegen war autochthon, jedes Land hatte den seinen. Ist Sozialismus nicht überhaupt die letzte *Geschichte* Europas, da er doch jedes seiner Völker an *einem* Ort festhielt? Unmöglich, ihn willkürlich zu exportieren, unmöglich, ihn eigenmächtig abzuschütteln. Sozialismus ist das moderne Musterbild von Progreßgeschichte, ja Geschichte überhaupt, weil er selbst auf sein Ende drängt: ein Wirtschaften im Materiellen, worüber eine politische Idee aufgehängt ist, ein Dasein nach Maßstäben, die zum Wort geworden und sodurch der Zeit unterworfen sind. Deswegen die doppelte Chance, daß sich Wirtschaft an der Politik, Politik an der Wirtschaft blamiere. Deswegen die einmalige Gelegenheit, daß eine Industriekultur an sich selbst verdorre und den Planeten übriglasse, wenn auch angesengt. Den ideenexportierenden, materievernutzenden Westen trifft der eigene Sturz erst mit dem Erduntergang. Der Westler ist der Ortlose der Geschichte – unfaßbar, unbelangbar. Ihm nicht länger gegenüber: jene weltweite Lokalkultur, die ihre Rohstoffe und Fertigwaren in sich selbst suchte und an deren Begrenztheit zugrunde ging.

Industrielles Herstellen, industrielles Verbrauchen: Ungeheuerlichkeiten, notwendigerweise Unbescheidenheiten. Wer hier bescheiden sein will, bezahlt es teuer; er hat sich das Ziel und die Grenze seines Daseins selbst gesetzt. Das zeigte die staatssozialistische Bescheidenheit in der Idee, besagtes Ungeheuer entfesselter Industrialität zur bloßen Grundlage und Garantie eines höheren Kulturspiels zu erniedrigen. Ungeheuerliche Unschuld dieser Bescheidenheit und doch vertraut wie die Kniffe alteuropäischer Moralgeistigkeit: Eine *reservatio mentalis* bei leibhaftiger Teilnahme (laut Manifest der Marxianer: ›Übergangsgesellschaft‹, ein Teilzeitvorhaben) am erderobernden Industrialismus! Die geistig-materielle Entgrenzung unter dem Vorbehalt ihrer moralisch-kulturellen Einhegung! Zwangsläufig hatte der Glaube, dem Industrialismus gute (›progressive‹, gar moralische) Manieren beibringen zu können, diesem außer zeitlichen auch räumliche Grenzen setzen müssen. Während der kapitalistische Westen alle Welt beglücken will und dabei die Großzügigkeit jener Beglücker bekundet, die bei ihren Kunden auf Vorkasse bestehen, durften sich die Sozialismen des Ostens auf die von ihnen umhegten Völker beschränken. In dieser Konkretion wurden sie persönlich zu fassen, beurteilbar und fallibel. Die Knickereien der östlichen Despoten sind unvergessen, waren doch die stofflichen Kapazitäten für ihre Wohltaten ebenso wie für deren Verteidigung begrenzt. Zum Erfolg innerhalb der eigenen Lebens- und damit meist Regentschaftszeit verurteilt, ließen sich nicht wenige dieser Herrscher zu geborgten Geschenken hinreißen. Grenzenlos verschleudern lassen sich ungestraft jedoch nur die Reichtümer, die man anderswo billiger eingekauft hat. Nie stand dem Sozialismus der Planet, gar ein All materiellen und kulturellen Verwertungsstoffs zur Verfügung. Aus solchen Engen und Nöten des Daseins zog er freilich dessen Sinn.

Notwendigkeiten des Daseins, welche Freiheiten des Denkens entbinden, Härte des Seins als Basis seines Sinns: selbst die berühmt-berüchtigte, nur am Anfang aufdringlich ausgestellte ›Klassenmoral‹ der Marxisten zeigte diesen Sinn fürs Bedingte, fürs Begrenzte von Wert und Geltungen. Zwischen Europas Faschismen und liberal-kapitalistischem Westen, zwischen praktizierter Leibfrommheit und verheißener historischer Leiblosigkeit, zwischen Nationalegoismus und Welterlösungsethos war die proletarische Klassen- bzw. Parteimoral eine zuerst brutale, dann biedere Imitation des alteuropäischen Elitarismus. Was im Dasein bedingt und umgrenzt, sollte im Denken jedermann zugänglich sein: der Mensch ein Sein als Arbeiter, der Arbeiter als Sinn des Menschen – Weltproletarisierung, Menschheitsemanzipation. Noch bevor sich die Realität des Arbeiters in einer reinen Idee und willkürlichen Bestimmung des Proletarischen verflüchtigen oder in einem (klein)bürgerlichen Massentypus verfestigen konnte, war sie expliziert als Endspiel, angelegt auf ihre eigene Überwindung, mochte diese zunächst auch auf Proletarisierung des Planeten gelautet haben. Der urwüchsige, keineswegs resignative Glaube an Grenze und Gestalt war das alteuropäische Erbe im Sozialismus, ebenso wie sein Versuch, die Zwänge materiellen Fortschritts durch die Willkür kultureller Sinngebung zu überwölben. Modern war daran nur die Überzeugung, die Grenzen des Tunlichen selbst ziehen, die Gestalt des Wünschbaren selbst formen zu können. Aber selbst darin standen die Sozialismen des Ostens noch näher beim Alten Europa als die formfrei-ungeschlachte Industrialität des Westens. In dieser gibt es keine fühlbare Grenze zwischen Befriedigung einer Not und Genuß von Überschüssen, weshalb auch der Beginn ihrer eigenen Dekadenz unfühlbar bleiben muß. Leben und Sterben sind nicht unterscheidbar in jenem unsterblichen Eifer von Untoten, jener innerlich einförmigen Bemühtheit von *industria*. Das ebenso ordnungsgläubige wie fortschrittsfromme Dogma hingegen, daß auf gesicherter materieller Basis sich die Freiheit kultureller Entgrenzung erheben könne, verschaffte allen Ländern des Sozialismus eine geregelte Dekadenz. Über den Zeitpunkt, da die stofflichen Vorräte all dieser Industriestaaten erschöpft, die durch sie geweckten Wünsche erfüllt und in solcher Erfüllung als nichtig erwiesen sein würden, konnte jeweils kein Zweifel sein; da diese Vorräte national verschieden waren, ließ die sozialistische Dekadenz einige abendländische Völker letztmalig fühlen, was es heißt, eine Nation zu sein, eine Nationalgeschichte zu haben.

Im Moment von Untergang und Vollendung zeigt sich die *Gestalt*, im Moment der Übertretung zeigt sich die *Grenze*, aber ebenso die bis dahin begrenzte, nunmehr formfreie *Kraft*. Das Denken und Wollen, Hoffen und Wünschen hatten die Einzelnen im Orient des Sozialismus nie verlernen können; ein Privileg jener Völker, deren Leben einem Wort unterstellt ist, einer Idee bzw. Phrase, die innere Grenzen aufhebt, weil sie äußere Form garantiert. Kein Schweifen der – ob wollenden, fühlenden, denkenden – Seele ohne Institute ihrer Restriktion! Der Sozialismus des Staates, die Aufklärung von oben hatten durch ihre Penetranz wie durch ihre Indulgenz die Einzelseelen in eine Freiheit entlassen, vor der aller proklamiert-annoncierte ›Individualismus‹ des Westens wie Kinderkram anmuten mußte. Dessen Rationalität (eigentlich: Rationalismus seiner Verwertungen, Formalismus seiner ›Werte‹) ist oft als anonym, ja nicht- oder unmenschlich beschrieben worden; ihr Korrelat ist die Simplizität und Abgeschlossenheit der Einzelnen dort, die intellektuelle Unschuld ungegliederter, weil ungeprüfter Seelen, die den freien Geistern des Ostens sofort ins Auge fällt. In seinen Staaten war geistige Unschuld ausschließliches Erbteil der Führer, hingegen Gewitztheit – ideenskeptisch, oft ironisch durchsäuert – das Lebensmedium der Völker. Man lebte im Kosmos blamabler Ideen, seinsschwacher Wesenheiten, kurz: im Feingefühl für Qualitäten. Der ›idealistische‹ Glaube an deren bewegend-bezwingende Kraft schien bei den Führern des Ostens häufiger vorzukommen als bei ihren Völkern. (Materialismus der philosophischen Theorie, Idealismus der politischen Praxis; vielleicht eine Perversion der Westlichkeit, die lückenloser Seinsverwertung disparate Formen des Sinns anklebt.) Der Mangel an geistiger Unschuld, der Unglaube überhaupt betreffs einer Vereinbarkeit von Industrieprinzip und Ideenform, ist nicht unfromm, im Gegenteil. Die Skepsis richtet sich gegen den Afterglauben des Okzidents, durch Verwertung aller vorfindlichen Qualitäten, durch industrielle Einebnung im Denken, Wollen und Fühlen, kurz: durch umfassende Quantifikation, hätte er selbst einen ›Wert‹ geschaffen und diesem eine Heimstatt gegeben. Der grenzenlose Verwertungseifer verkauft sich als (lokal, historisch) begrenzbares Kulturspiel, der Westen entdeckt das Abendland in sich. Ein Prinzip, das, wie alle Prinzipien, jedermann zugänglich sein muß. Die späte Selbstprovinzialisierung eines weltweit tendierenden Westens will diesen als Lebensort, zu dem sich alle Welt aufmachen müsse, an dem aber nicht alle Welt eintreffen dürfe.

Der Niedergang des Westens als Lebensort beginnt damit, daß er bedürftigen Fremden sich selbst als Utopie, ja Unort präsentieren muß, als einen Ort, an den man nie gelangt und nach dem man klüglich nicht ausgreift. Kurz: ein Ort für immer strebend-hoffend Bemühte, denen die Mühe selbst zum Lohn wird. Die feiste Selbstgefälligkeit von Cliquendemokratie und Spekulantenökonomie hätte, zumal nach der fast planmäßigen Selbstabschaffung ihrer Gegenwelt, für sich sprechen und damit gegen sich zeugen können. Doch war und ist sie alles andere als *Selbstgenügsamkeit*. Dazu ist sie zu gesprächig, zu eifrig im Argument: Der Sieg des Kapitalismus sollte nicht bloß die Resistenz der unsterblichen Natur gegenüber all ihren kulturellen Überformungen, sondern auch den Triumph einer überlegenen Moral bezeugen, eines hochmoralisch-kampfestüchtigen *Glaubens* zumal an diese Natur und ihre immanente Gerechtigkeit und schließlich an das unerreichbare Jenseits dieses Glaubens, das »Für alle reicht es nicht.« Und tatsächlich, wo Menschenverhältnisse in Dingqualitäten umzurechnen sind, erweist sich das Eigentum als ein stets zu kompaktes, zu wenig aufteilbares Ding; ein Ding somit, das Langeweile zu Angst, Ausschweifung zu Sorge verhärtet. Der Westen, der sich, zumindest in seinen fortgeschrittensten Geistern, bereits bloß noch Formalie, Relation, Quantität, Kulturspiel gedünkt hatte, wagte noch einmal als Substanz, Gehalt, Qualität, Daseinsernst zu posieren und mußte das auch bald. Sein Sieg, von ihm selbst als Endsieg über ein falsches Welt- und Menschen*bild* ideologisch mißdeutet, war ja nur zu sichern als ausgerufenes Endreich der Minderzahl, der Elite des richtigen Wohnorts. Kapitalistische Erdverwertung als ›Idee‹, das bedeutete nicht einfach Zynismus bzw. nicht einfachen Zynismus des »So sind wir und so bleiben wir«, sondern etwas

Ähnliches wie die hegelisch-marxistische Synthese: der Geist, in seinem Arbeiten und Deuten zwar übers bloße Dasein hinausschießend, jedoch gestützt auf die ihm zugefallene Materie. Nur daß es diesmal der Geist einer so ausdrücklich wie angstvoll *festgehaltenen (wortgewordenen)* Materie sein sollte. Die Materie des Westens mit ihrer Kraft, alle Materie umher als Antimaterie zu vernutzen, ein schwarzes Loch von höchster Dichte, heilt durch ihre Ausrufung als Idee zwar bald die Düpierten, Überrumpelten, Beiseitegestellten, Aus- oder Angeschlossenen, Abhängiggemachten von ideologischen Flausen. Doch ist sie dann auf diese Flausen stärker angewiesen als zuvor. Die Idee Europa, anders als die Tatsache Amerika mit ihrer rigiden Nichttatsächlichkeit für Ausgeplünderte und Ausgesperrte weltweit, ist der selbstbewußt vorgetragene, mithin gewollt einfältige Glaube des Kapitalismus, er könne Lebensraum und Heimstatt sein; eine Kontraktion des Weltbeherrschenden ins Illusionäre einer Kleinwelt, um das Faktum gewisser Sattheiten und Vorteile zu sichern. Als Idee aber ist der Kapitalismus zugleich auch Kirche, eine Religion der Beschämung jener Volksmassen, die nach dem Himmelreich ausgriffen mit allzu weltsicheren, allzu erdschmutzigen Pranken. Ihnen wird, aus der Tiefe von Weltmagen und Digestionsrumpeln, eine Läuterung des Appetits, eine Reinigung der Psychophysis empfohlen. Das Europagesäusel westlicher Spätlinge macht den Eintritt ins Himmelreich von einem Verzicht auf irdische Ansprüche abhängig. Jene, denen außer Kapitalismus bzw. Freiheit-Wohlstand-Parteigewimmel nichts zu glauben blieb, sollen auf eine demütige, zurückhaltende Art glauben, sollen glauben, daß Westlersein moralische Leistung mit unerrechenbarem Lohn am Materiellen bedeute.

In keinem der Planwerke Amerikas umgab und umgibt das bloße Geldverdienen soviel Feierlichkeit wie in Deutschland. Nicht einmal Amerikas Kapitalismus selbst konnte hier mithalten, war er doch von Anbeginn eine überwältigende *Tatsache*, die nur aus Senilität oder Schwachsinnigkeit zuweilen auf Idee macht. In Westdeutschland erst wurde der Kapitalismus eine daseinsverklärende wie welterklärende Idee; ja, er wurde das, was ihm manche Soziologen immer wieder nachgesagt haben, Religion. Nicht bloß Kirche und Kultus, sondern echtes Herzensbedürfnis, weil tiefempfundene Seelennot! Der vollständigen Seins entledigte, dem geschichtlichen Leben entwischte Typus ist aufs Haben verwiesen wie kein anderer. Seine Bedürfnisse, seine Begierden sogar eignet er sich an wie ein Fremder, er bestaunt sich in seiner Neuerschaffenheit, könnte fast beten zu sich; sein Knie wird weich wie zum Niederfall. Selbst seinen Fleiß mußte er neu und rein erwerben; man denke der ›skeptischen Generation‹ jener einst Stacheldraht, dann Drahtbürsten gestaltenden Ingenieure, die es fromm vor ihrer eigenen Nüchternheit schauderte, ihrem Ethos der Ideenlosigkeit. Wie sollte derlei frommes Schaudern nicht seinerseits zur Idee gerinnen? Die Idee ist das Jawort des Seins zu sich selbst, in seiner hierfür geschrumpften, umgrenzten Gestalt; Sein als Sollen – Formel des Zynismus – wird möglich, wo Sein nur mehr Fähigkeiten, Fertigkeiten, sprich: guten Willen und nutzfrohen Sinn bedeutet. Zum puren Zynismus der Selbstbejahung hatten freilich die wenigsten den Mumm. Man wußte sich als Kopie, Machwerk, eine Sekundärschöpfung und also der Auslegung bedürftig. Wen der wortlose Zynismus ängstigt, der muß der wortreichen Langeweile opfern. Die Angst des Westens davor, wortloser Zynismus zu sein, seine Entscheidung dafür, Ideologie des Zynismus zu werden (zum Sein ernanntes Haben, zum Wert ernanntes Sein), also Prätention, Behauptung, Auftritt, ermuntert die Gebildeten unter seinen Gläubigen im Osten, eine im Westen längst abgewirtschaftete Ideenkunst und -geistigkeit wieder anzukurbeln. Als Erstklässler der liberalen Emanzipation und ihrer Götzen benehmen sich dissidentische Geister des Ostens wie Schüler (je östlicher, desto eifriger), die ihrem Lehrer jede Lehre von den Lippen ablesen, ja, die am Ende den Westen selbst belehren im Haupt- und Elementarfach ›Freiheit‹. Die Sehnsucht danach ist wiederum hier, wo man sich für frei (geboren) hält, naturgemäß gering. Die Ideenverwalter des Westens, stets gefährdet durch Langeweile und schlechtes Gewissen, geben den Emanzipationseifrigen des Ostens die allerbesten Kopfnoten; ihre Angst vor einem eiferlosen, gelassenen Gegengeschlecht ist derart gewaltig, daß sie keinen Moment zu gähnen wagen.

Die meisten Völker der Erde erleben ›den Westen‹ in strikter Dualität von Werteverkündung und Rohstofferschließung; die lokale Gebildetenschicht lernt das Ideenidiom nachsprechen und sich einfügen oder empören, die Ungebildeten bleiben leibseelisches Kräftepotential, mit Vernutzung und Verschleiß als sicherer Perspektive. In Ost- und Mitteleuropa hingegen konnte der Westen als Freiheits- und Wohlstandsversprechen *in einem* erscheinen, allein hier war jedermann der Anblick seines Doppelgesichts von soziokultureller Regression und verwertungstechnischer Avantgarde zumindest möglich. Spießertum, das sich die Welt (die Fremde, den Osten, das Leben) hochtechnologisch erschließt und zugleich vom Leibe hält; Kleinweltlichkeit und -geistigkeit, die wohlmeinend oder gedankenlos ihre Weltmacht ausübt. Es ist die kalte Synthese von Heim und Welt, Umgrenzungsbedürfnis und

Entgrenzungslogik, was ›die Menschen‹ des Westens (wie man dort fromm sagt) so irreal, ja geisterhaft wirken läßt. Erst allmählich faßt das fremde Auge das wenn nicht individuell, so doch kollektiv-kulturell Gewollte dieser Beheimatung im erdweiten Heimsuchungsprinzip. Zum ›Westen‹ gehört man weder durch Geographie noch durch Genealogie, sondern – durch Entschluß? Insofern der ›Westen‹ *Prinzip* ist, durch Entschluß, genauer: Willkür! Jedoch nicht durch eigene, sondern durch zugeteilte. Die germanischen Horden, die einst den Rohstoff des Okzidents bilden mußten, waren ebensowenig dessen Wesenswahl wie die orientalische Sekte, die zu Europas Weltherrschaftskirche aufsteigen sollte. Hilflose Floskeln wie Geschichte, Schicksal, Zufall erklären besser als die Suche nach geistigen Wahlverwandtschaften, wie Einzelne und Kollektive ›westlich‹ wurden. Auch wenn ›der Westen‹ es liebt, gegenüber anderen Weltlandschaften die *civitas* im umfassenden Sinne zu spielen – man gehört dieser doch weder durch ihre Macht noch durch eigene Überzeugung an. Nichts Provinzielleres daher als die Überzeugung eines gewissen Deutschlands, Westen zu sein bzw. seit längerem auf dem Wege dorthin oder gar für immer angekommen. Das Schülerhafte dieser Selbstverwandlung in eine Provinz ›des Westens‹ belehrt sogleich eines Besseren, wenn es zum Lehramt über geschichtliche Normalstraßen bzw. progressive Trampelpfade strebt: der Streber zum Zentrum erhascht immer nur das Partikulare von dort, jene historischen Mobilien, die zu ergreifen und als innerer oder äußerer Trödel der kahlen Seele anzuhängen sind. Was sich ein Teil Westeuropas geworden dünkt, ist lediglich eine Provinz Nordamerikas; wer von der Provinz des Westens spricht, spricht von westdeutscher Provinz. Deutschland als historische Größe war Preußen-Deutschland, ist somit Vergangenheit und belebbar nur als Formel, Pose, Machwerk. Seine Großmannssucht, sein Karriereeifer – ist es ein Zufall, daß die sekundärschöpferischen (imitativen) Geister Westdeutschlands ins östliche Zentrum von einst drängen, um es zur zweiten, vollkommenen bzw. vollkommenkünstlichen Nationalprovinz umzubilden?

Es mag Kontinente geben, die nie zum Westen gehört oder von ihm gehört haben und deshalb zum feilen Objekt der Verwestlichung taugen. Anders liegt der Fall einer Nation, die sich vom welthistorischen Trend der Verwestlichung exiliert sieht, für ein paar Jahre oder Jahrzehnte, durch schicksal- oder schuldhafte, auch schändliche Nationalneigung. Sie wiederholt in der Fabel vom langen Weg nach Westen dessen allgemeinen Ursprungsmythos, wonach es geschichtslose Orte inmitten der Geschichte, eine zeitlose Vorzeit historischen Geschehens gegeben haben müsse, religiös gesprochen: die Verfehlung als ursprüngliche Akkumulation endloser Verzinsung in Erlöstheit und Wohlleben. Die Selbstverkennung – oder der naive Selbstbetrug – des deutschen Westens besteht im Vergessen der Kondition, unter der er ›dem Westen‹ wieder zugeschlagen wurde: daß er, als Reich und Haß und Bestie, dessen leidenschaftlichster, entschlossenster Vorkämpfer gewesen war, nur eben leider *zu allem* entschlossen. Was das ›christliche Abendland‹ sei, hat sich noch immer in Orienten aller Art gezeigt: die Bereitschaft, um der ›westlichen Werte‹ willen auf deren Weltgeltung zu verzichten, die frohe Botschaft durch Bluttaufen zu verbreiten, die Zivilisation durch Barbarei zu beglaubigen. Die Abendlandsschwadroneure der frühen (in ihren Worten: ›jungen‹) Bundesrepublik wirken, von ihrer späten, universalismusfrommen, eher liberalistischen denn liberalen Moral-Prätention her gesehen, als naive Zyniker ohne Furcht vorm Paradox. Haben sie nicht, aus Antikommunisten flugs zu Antitotalitaristen gewendet wie ihre linken Nachtreter vierzig Jahre später, die Kosten der ›westlichen Werte‹ kühn benannt? Man vergißt hierbei leicht, daß die braunen Pflanzer des blühenden Schrebergartens Demokratie nicht als bös Gewissensleidende um allerlei Untat, sondern als Untäter aus gutem Willen exkulpiert wurden … aus dem guten Willen, ›dem Westen‹ notfalls mit barbarischen Mitteln das Fortleben zu sichern. Diese Paradoxie und Spannung aus dem Wesen des Westens verliert sich, gegen Ende, aus seinem Bewußtsein. Der europäische Faschismus war der Versuch, ganz einfach (rücksichtslos) partikulares, zumeist also noch: nationales Interesse zu sein, die Universalität der ›westlichen‹ Mittel Wissenschaft und Technik zu nutzen ohne Glauben und Betrug universaler ›westlicher Werte‹. Der liberalistische Westen der Spätzeit wiederum hält seine Mittel für eine moralische Macht, weil eine Idee; das Mächtige, Sieghafte ist ihm das Wort, das sich überallhin verbreiten läßt – ›die Werte‹, die Phrase. Die Spannung zwischen lokalem Interesse und globalem Anspruch, die kalte Synthese aus partikularem Vorteil und universeller Formel, sie scheint ihm zuletzt unerträglich geworden oder vernachlässigenswert; die politkulturelle Realität des Westens ist rohes Nebeneinander seines Tatsachenglaubens und seines Moraldünkels, seines Naturalismus und seines Universalismus. Das genuin abendländische Unternehmen, jene kaltgeleimte Synthese aus Begrenztheit des natürlich-geschichtlichen Seins und Unbegrenztheit des moralischen Sollens bzw. materiellen Wollens zur warmen zu wenden, in der proletarischen Klassenmoral – entschieden partikular, aber erdballweit gültig – ist verglüht, ja verbrannt, an der Endlichkeit seiner Kräfte.

Endlos das Zetern zwischen linken und rechten Kleinbürgern des Geistes um ›die Utopie‹ – ob sie der Verdauung zuträglich sei oder schwer auf den Magen schlage, ob sie das Verbrechertum oder die Phantasie an die Macht bringe. Was das Geisteskleinbürgertum des Westens eint, ist sein Gebrauch des Begriffs ohne erklärenden Genitiv; das ›Immer mehr‹ und das ›Immer so weiter‹ liegen auf *einer* Linie der Geschichte, einer Geschichte ohne Ende, der Geschichte des Einmal-für-immer in die Welt gebrachten Heils, ganz wie von einer dahingegangenen Religion verheißen. Der endlose Fortschritt, das grenzenlose Wachstum, die Geschichte an sich – Varianten der kulturell anmaßungsfrechsten und intellektuell arglosesten Utopie, die Besitzende wie Bedürftige aussehen läßt und die Bedürftigen zu künftigen Besitzern erniedrigt. Utopiefrei und ohne universalistische Illusion konnte allein der europäische Faschismus sein, ein Volks- und Staats- und Gewaltkörper, der sein physisches Dasein zum Argument ernennt und, wo widerlegt, keinen Moment als Erinnerung dauern will (ganz wie die Seinen). Der Faschist ist so zynisch und so begrenzt wie der entgeistete Körper, der Liberale so grenzenlos in seinen Prätentionen wie ein körperlos sich gebender Geist – die reine, letztlich leblose, jedenfalls nicht lebensfähige Utopie. Man begreift hieraus das zerquälte Kompromißlertum der kommunistischen Arbeiterdiktaturen: dem industriellen Wachstumsprinzip in seiner Unbegrenzbarkeit unterworfen und doch zugleich ein zumindest kulturelles oder geistig-moralisches Ende der Geschichte halluzinierend. Die Kühnheit und Bescheidenheit *dieser* Industriekultur war es, geistig-moralische Kultur sein zu wollen, sich unter Maßstäbe – Ziele, mithin Grenzen – zu stellen. Die Regierten waren befähigt und gezwungen, ihre Wünsche (oder Nöte) zu benennen; die Grenzen überall schlossen namenlose Gier, namenloses Geben, namenloses Glück aus – kurz, jene anonym wütenden Mächte der Industriemoderne, die immer nur an ihren Zerstörungstaten faßbar werden. Welche Regierung, die ihre Versprechungen *datierte*, wäre darüber nicht *mit der Zeit* gestürzt? Und wie die Regierungen, so die Gesellschaften der ›zweiten Welt‹ insgesamt: sie hatten sich ihre Zeit gesetzt, innerhalb derer der Absprung ins zeitlose Wachstum, ins Reich der Freiheit über dünn siedelnden Notwendigkeiten geschafft sein sollte. Zu schwer geworden von erfüllter Geschichte, stürzten sie vor der Zeit.

Seit je nennt man das Dasein im Westen *untragisch*. Muß es darum auch sein Denken sein? An sich selbst fände der Westen nichts, das zur Tragödie taugte. Seine Furcht gilt dem ›Schweifenden‹ (Vagen, Grenzenlosen) des

Ostens, sein Schmerz dem Zerbrechen der Form zu dessen Einhegung. Er erkennt darin nicht die ins Leben übersetzten Extreme seiner eigenen Träume und Verklemmungen. Im Westen ist Entgrenzung Wirtschafts- und damit Staatsräson, das Individuum im Raume zwar beweglich, aber in der Zeit nicht entwickelbar. Der Einzelne im Westen wirkt nicht nur begrenzt und ›früh fertig‹, d. h. abgeschlossen, er muß es auch sein, um sich als Vehikel (Kraft, Form) für die Umläufe grenzenloser Bewegung darbieten zu können. Ein unendlicher Drang, zur Ablösung, Entfaltung, Besonderung usw. kann dadurch nicht entstehen, ein Bedürfnis nach Freiheit ist unbekannt in freiheitlichen Gesellschaften. Es gehört zu jenen Gesellschaften, die der Staat und eine ihm hörige Wirtschaft erzeugt, Formgebungen und Grenzziehungen, die dem Einzelnen erst ein Gefühl von sich wie von etwas außerhalb seiner verschaffen. Individualismus des Gefühls, Originalität des Denkens, Entgrenzung der Seele – alles ›ur‹westliche Phrasen, die nur durch Abkehr von konkreten, darin begrenzten Realitäten ihrerseits Realität werden können. Originär okzidental ist dieser grenzenlose Drang der Ablösung von begrenzter Realität; er bildet den östlichen Mehrheitstypus, klar zu unterscheiden vom Individualistenkollektiv des Westens. Dessen Dramen in Denken wie Dasein spielten und spielen ausschließlich die Laiendarsteller der Freiheit, die Dissidenten des Ostens.

Man hat bis zum Überdruß wiederholt, daß im modernen Westen kein Raum für den Tod und kein Gefühl für Sterblichkeit sei; man könnte anfügen, daß in dieser selbstverordneten Fühllosigkeit einander Angst und Langeweile durchdringen. Fühllosigkeit bezeichnet jedoch alle Kulturen, die unterm Wachstumsgebot, auf industrieller Basis stehen. Ganz gleich, ob diese durch höheren Sinn überbaut oder als für den Sinn des Seins selbst erkannt werde, ganz gleich, ob die Wachstümer despotisch gezügelt oder demokratisch befördert, ideologisch geheiligt oder materiell gepäppelt werden – das Wachstumsdenken unterstellt stets eine Unerträglichkeit der Gegenwart. Es verweist auf die einst bessere Zeit oder auf die ewig bessere Zukunft. In beiden Fällen ängstigt oder bedrückt die Gegenwart, wird sie auf ein Morgen geöffnet, das ihrem Mangel abhelfen soll und das sich zu ihr verhält wie das Grenzenlose zum Umgrenzten. Also eigentlich: ein Unverhältnis. Das kapitalistische Endreich unbegrenzten Fortschritts ist freilich jeden Tag gegenwärtig; der Tag als Maß der Ewigkeit ist die leere, dadurch unveränderbare Form der Gegenwart. Die Langeweile der westlichen Fortschrittsgeschichte – das ist ihre Zusammengesetztheit aus isolierten Gegenwartsräumen (tendenziell:

-punkten). Ständiger Ersatz verhindert hier endgültige Enttäuschung. Der tägliche Wechsel des Gehalts von Gegenwart zeigt den Kampf gegen eine Langeweile, die aus der Anästhesie des Individuums entspringt, der Verschiebung seiner (kreatürlichen) Ängste auf die kulturellen Systeme des Fortschritts. Solche Systeme – der Daseinssicherung, Daseinsverbesserung – haben dauernd mit der kreatürlichen Sorge zu tun, ohne sie fühlbar werden zu lassen; ihr Glück und ihre Langeweile ist die Anästhesie eines auf Dauer gestellten, dem vitalen Verfall entzogenen Daseins. Dergleichen Kulturarbeit ist per se unabschließbar, ja geradezu programmatisch unbegrenzt; das ewig bessere Morgen erzeugt an der politischen und publizistischen Oberfläche nicht zufällig die Programm-Parteien mit ihrer entschiedenen Vagheit. Sie alle vertreten energisch die Idee eines unsterblichen, jedenfalls die Lebensgrenze überschreitenden Daseins. Eine endgültige Enttäuschung ist hier ausgeschlossen, individuell wie kollektivisch. So wird die Gegenwart für den Einzelnen das Gefäß seines Bewußtseins, nicht des Gefühls von wechselndem Gehalt. Der Ennui ist das Bewußtsein der Fühllosigkeit, die im Westen oft als einzig nennbarer Qualitätsunterschied zu allen anderen Kulturen verehrt wird, ob im Kult der Kälte, ob im Kitsch des Sehnens nach verlorener Sehnsucht. Im Kleinen des individuellen Lebens entspricht der Ennui dem ewigen Aufschub der Angst im Kulturganzen. Er macht, anders als die Langeweile in End- und Sterbephasen, nicht schöpferisch. Vielmehr wird die Gegenwart gefüllt mit stets heterogenem Gehalt (dem Neuen, Fremden, das nicht aus Eigenem abgezweigt werden mußte); dieser Gehalt ist streng auf die Grenzen des Tages, der Berechenbarkeit formatiert. Er wird begehrt als sicheres Pfand, abgetrennt von den Versprechungen und Vagheiten unendlicher Progresse und vor allem von einer möglichen Verderblichkeit des Kulturganzen. Ihre einzig konkrete Gestalt zeigt die Angst des Westens im allzeitigen Vorteilsschielen des Westlers. Die kleine Vernunft, die nach dem sicheren Gewinn schielt, malt das Spähende, ewig Besorgte auf die Gesichter. Beim Westler gehen Angst und Ennui ineinander über. In der Lauheit des Gemischs liegt seine Wahrheit. Die Unwahrheit und der Unsinn aller bürgerlichen Moralgründung folgt aus der Isolation individuellen und kulturellen Seins, aus der Kluft zwischen Beschränktheit des einen und Schrankenlosigkeit des anderen. Man denke etwa an Versuche, in einer ›Umweltethik‹ das Konkrete gegenwärtigen Verbrauchs mit dem Vagen nachfolgender Verbrauchergenerationen zu verrechnen. In den aufgeklärten Despotien, den despotisch geregelten Wachstumsgesellschaften des alten (europäischen) Ostens, bestand ein Verhältnis zwischen macht- und sorgenumgrenzter

Gegenwart und einer als Beginn unbegrenzter Sorglosigkeit geplanten Zukunft ganz evident. Das Beängstigende dieses stets unterm Machtwort stehenden Lebens war zugleich das Langweilende darin; der Beängstigung durch eine unsichtbar umgrenzende Macht entsprach die Langeweile angesichts ihrer sichtbaren Manifestation im Wort. Dessen Schrankenlosigkeit – die Schrankenlosigkeit der Verkündigung, der propagierten Idee – war die zur Konkretheit und also Langeweile gebrachte Zukunft. Die Zukunft, der hier – wie anderswo in der wachstumswirtschaftlichen Welt – alles Mühen galt, war in die Gegenwart geholt und inhaltlich ausgemalt, diese Ausmalungen mußten durch Detail wie Dauer langweilen. Form erhielt diese Langeweile, wie jede Langeweile zum Zerfließen geneigt, allein durch äußere Umgrenzung. Diese war gleichermaßen geschichtszeitlich gemeint und lebensräumlich gestaltet; ein Provisorium, worin sich die Agenzien der Zukunft ganz und gar den Augen der Gegenwart zu zeigen hatten. Die Macht, die sich darin spüren ließ, erweckte ebensosehr Angst, wie ihr Wort nur Langeweile erwecken konnte. Es konnte, vom Unendlichen der Zukunft in einer wahren Geschichte des Menschen bzw. einer Nachgeschichte aller bisherigen sprechend, für dieses Unendliche nur Formalien angeben: Entfaltung aller Kräfte und Anlange, unabsehbares Wuchern der Freiheit auf dem Boden gutbestellter Notwendigkeit. Dieses Formale, ein Bündel von lauter gesteigerten Quantitäten, mußte aber als Qualität in begrenztem Zeit- und Lebensraum mit dessen aktueller, materieller Qualität konkurrieren. Die herbeigerufene Zukunft konnte derlei konkrete, bemeßbare Gegenwart weder durchdringen noch verdecken; es mußte diese für ihren natürlichen (geschichtlichen) Verfall freigeben. Im Sozialismus der östlichen Staaten war der Kommunismus des Industriezeitalters, der Produzentenkommunismus, konkret und damit sterblich geworden. Die Langeweile an seinem Verenden bewies die Indifferenz des Lebendigen gegenüber der verderblichen Form.

Der Verfall von Formen, ihre Verewigung im Gedächtnis und ihre – dank solcher Ablösung vom gedächtnislosen Leben – ständige Wiederkehr sind typisch für die Geschichte Europas, eines Kontinents, der nie vornehm genug war, um seiner Neugier zu widerstehen. Die Verwirklichung des Möglichen, sei's auch mit Jahrtausendaufschub, erweist europäische Geschichte als Geschichte von Erschöpfungen, besessen vom Verwirklichungs- und also Enttäuschungseifer. Selbst wo man gar nicht an eine religiöse oder politische oder ideologische Form glaubte, sondern nur an deren materiellen Gehalt – an Kräfte, Güter –, kann dank dessen Begrenztheit der Formverfall doch nach allen Regeln von Logik und Würde, d. h. ungestörtem Niedergang vonstatten gehen. In der logischen Unmöglichkeit und historischen Aufschiebung von Verfall manifestiert sich eine kaum korrigierbare Geschmacksverirrung. Die Unfähigkeit des Kapitalismus, aus eigenen Kräften (und nicht erst nach Verschleiß aller Erd- und Lebenskräfte) zu verfallen, die Indisponiertheit des Bürgers, sich der Sterblichkeit individuellen und kulturellen Lebens zu überlassen, zeigen eine Vulgarität, für die das Abendland nicht zufällig zu klein geworden scheint. Man könnte daher mit Fug fragen, ob Kapitalismus und Bürgertum nach allem, was über sie bekannt geworden ist, in den abendländischen Erinnerungsschatz gehören. Zweifellos haben sie für ihre grenzenlosen Ambitionen auf die begrenzten Ideen und Kräfte dieses Kontinents zurückgreifen können, ebenso zweifellos aber bedürfen sie mittlerweile nicht einmal mehr der Erinnerung an ihn, geschweige der Berufung auf ihn. Bürgerlichkeit und Demokratie, das eine gern als Idee, das andere oft als Projekt bezeichnet, sind Ambitionen, die sich von der Verfallslogik der selbstgezogenen oder aufgezwungenen Idee befreit haben, von der Logik der Verwirklichung der Idee und der Enttäuschung an ihrer Wirklichkeit. Die Gleichsetzung von Idee und Wirklichkeit – in den prinzipiell unbeschränkten Versprechungen des Kapitalismus – ist der erste und zugleich endgültige Schritt in die Unsterblichkeit des Scheinlebens, eines Untotendaseins. Unsterblichkeit aber ist das sichere Anzeichen für Vulgarität. Wer weder von sich selbst noch von der Welt (dem Leben, der Macht, der Idee) enttäuscht sein kann, der verwest in einer unfühlbaren Ewigkeit, der Langeweile des Bürgers. Der Langeweile der europäischen Adelsklasse an sich selbst, an einem restlos formgewordenen, darin erstarrten Leben, der Langeweile der Arbeiter und Angestellten des Sozialismus an dessen Ideen wie Realitäten hat die bürgerliche Klasse nichts Gleichwertiges entgegenzustellen. Sie langweilt sich ideenlos, formlos in einem von allen inneren Qualitäten und Fragilitäten befreiten Dasein. Dieses hat sie auf die Form seiner bloßen Selbstbejahung verkleinert, so daß es endlos verlängerbar scheint. Vulgarität ist diese unfühlbar gemachte, objektive Langeweile des bürgerlichen Daseins, weil seine Selbstbejahung zugleich Selbstdarstellung sein will, pathetisch: Selbstverwirklichung. Da man sich nicht darstellen kann, ohne sich dabei zu verändern, schrumpft die bürgerliche Selbstdarstellung auf Selbstbestätigung des Bürgers in seinem puren Vorhandensein, seinem Vorhandensein ohne Wesen, seinem wesenlosen Dasein für alle Zeit. Was hier stirbt bzw. täglich verfällt, sind allein die Sekundärschöpfungen der bürgerlichen Kultur, die woanders geernteten, noch einmal polierten Früchte seiner weltweit wirkenden Macht. Geklonte

Wesenheiten also, Gespenster zu Lebzeiten. Es war metaphorisch ein Mißgriff ersten Ranges, als Staats- und Parteimarxisten im Bürgertum eine sterbende Klasse erblicken wollten und in den Erzeugnissen der bürgerlichen Kultur eine autochthone Dekadenz. Was am Bürger nach Individualität und Kultur aussah, war von anderen Klassen genommen, ob durch versuchte Imitation (Adel, Klerus), ob durch beanspruchte Repräsentation (Volk, vierter Stand). Genuin bürgerlich und darin unsterblich ist allein der Kapitalismus. In ihm, durch ihn kann kein anderes Wesen leben; es verendete darin an Scham oder Entkräftung. Den Bürger von seiner Vulgarität befreien hieße, ihn vom Kapitalismus, d. h. seinem Eigensten, seinem Eigentum zu befreien. Als bescheidenster und langlebigster aller Egozentriker trachtet er zuerst nach dem Selbstbesitz, dem alle Wesen und Dinge nachgestellt werden sollen. War seine Bürgerlichkeit nicht stets das Urkapital, von dem alle Welt ihm zum Zins werden sollte? Die Ausbreitung seiner grenzenlosen, prinzipiellen, somit niemals von Enttäuschung bedrohten Ansprüche und Ambitionen ist die soziale Erfolgsformel des Bürgers. Zum Eigentümer an sich selbst wird er nicht durch das Opfer seines Lebens, sondern durch das Vorbild seiner Verwertung. Die anderen Klassen und Menschen spüren den tödlichen Anhauch des Gebots, Bürger zu werden oder wertloses Zeug. So wenig der Bürger ruhen kann, ehe nicht alle Welt kapitalistisch verwertet ist, so wenig kann er ruhen, ehe nicht alle Menschheit bürgerlich vulgarisiert ist.

Der Kapitalismus: entweder reine (Selbstoptimierung, Völkervernichtung) oder bemäntelte Industrialität (›Haus Europa‹), entweder die Blicklosigkeit der Macht oder das Wegsehen vom Entmächtigten. Das Industriesystem Sozialismus ist ohne diese Alternative, daher innerlich komplexer: er will und muß Theorie und Praxis in einem sein, eine Industriekultur mit dem Ehrgeiz, zweistöckig zu bauen: ›Freiheit‹ auf ›Notwendigkeit‹ – überm materiellen *negotium* das kulturelle *otium*; ein Aristotelismus für die Massen, der diese für ihre künftige Ungezwungenheit in Haftung nimmt und dafür (all)gegenwärtige Zwänge aufdrückt. Als das durch Integration und zugleich Distanzierung der herbrachten Industrialität kompliziertere Gesellschaftssystem konnte er den Seinen nicht nur zur reflektierteren Geistesexistenz verhelfen, stets ja verdoppelt in Selbst- und Fremdwahrnehmung, sondern, da wesentlich mit sich selbst, d. h. seinen eigenen Verheißungen beschäftigt, weltpolitisch weitaus dezenter auftreten. Als ideenkohärent gemeintes ›Weltsystem‹ war der östliche Sozialismus ohnehin schwerfälliger als die imperialistischen Mächte des Westens mit ihren losen Parolen. Das Defensive, Abwehrende als das

Merkmal desjenigen, der seine Geschichte, wenn auch sehend, eher erleidet als gestaltet; so wie das weltpolitische Tätertum ein Privileg der Geschichtsblinden, Erinnerungsfreien, gewählt und verantwortlich nur dem Vierjahresschütteln der Wahltombola.

Im Osten der industriellen Welt war die Industrialisierung nie reine Natur, d. h. Natur der Zerstörung, die sich in den Naturstoff frißt, sondern Idee, Programm, Ideologie, vor allem aber Propaganda. In Worten radikaler, bei allem Wortradikalismus aber dem Schlendrian des Faktischen unterworfen, schien das Industrieprinzip des Okzidents im Weltosten reiner, weil ohne Geschichts- und Erinnerungslasten durchsetzbar: Rußland als die kollektive bzw. kollektivindividualistische Weltzurichtung durchs Industrieprinzip, als die Herrschaft der industriellen Immanenz; der Himmel nur mehr in der Horizontalen des Fortschritts berührbar. Die transzendente, dem puren Industrialismus abgewandte Seite dieser gestreuten wie gelebten Verheißung war freilich, daß sie Verheißung – Gedachtes und Gewolltes – war und damit Prätention. Das Prätendieren war im Westen aus der Mode gekommen, der westliche Industrialismus ließ Religion, Metaphysik, Kultur, Bildung usw. als historisches Gerümpel achselzuckend links liegen oder stopfte damit die sonntäglichen Leeren seines werktäglichen Zynismus: Zynismus als das Sein, das nichts als sich selbst zum Sollen erklärt. Prätention und Anstrengung der Überbietung des Faktischen sind Altertümer Europas, deren religiöser Furor im östlichen Industrieheroismus auflebte; um so gemütlicher der Skeptizismus des Ostens, der eine Aufklärung über die *vanitas* kultureller Überbauung der materialistischen Fortschrittswelt war. Diese Aufklärung muß der Westen – Europas wie der Welt – wohl nicht fürchten, wegen der Grenzen- als auch Namenlosigkeit seiner industriellen Wünsche und Taten. Der Zynismus der Selbstbestätigung durch Weltverschleiß, des Tätertums bei stets offenem Ende, wirkt darum aber geschichts- und gewissensfreier, auch (unvermutet) naiver als die Ideologismen der industriellen Mobilmachung im Osten. Das Telos des Abendlandes, aus materieller und moralischer Weltherrschaft zum geistigen Selbstbesitz zu kommen, in einem an sich selbst vollbrachten und aller Welt auferlegten Skeptizismus, ist im Osten vielfach durchgeführt, denn nur wer enttäuscht ist, hat begriffen.

Als ›Moderne‹, die keine Illusionen über sich zu haben glaubt, wirkt der Westen seltsam entrückt, entrückt vor allem dem, was er ist: Wunschproduktions- und Illusionserzeugungsmaschine. Die Stärke eines kollektivkulturellen

Glaubens an die eigene Illusionslosigkeit ist es, daß hier vielleicht nie jenes Begreifen zu fürchten ist, das einzig die Enttäuschung ermöglicht. Zur Illusion und Begriffslosigkeit des Westens gehört es, Sturz bzw. Vollendung der östlichen Industriekulturen auf Enttäuschungen an deren Ideologien zurückzuführen, sodurch den ideologischen Steuerungsglauben der Funktionäre an Naivität noch überbietend. Doch im Osten war jede ›Idee‹ ein Versprechen materieller Ausmünzung, was sowohl über die Kraftlosigkeit der Idee wie über die Dürftigkeit ihrer Materien belehren mußte. Dem so entwickelten Sinn fürs Konkrete wird der Westen, in der Verschwommenheit seiner ›Werte‹ (allesamt ins moralisierend Prinzipielle gebrachte Konkreta seiner industriellen Daseinsart) niemals genügen. Begreiflich, daß die Vermittler ›westlicher Werte‹ die Flucht nach vorn antreten, in den Zynismus des Seins oder in die Verblasenheit des Sollens, der Idee, des höheren Zwecks: Der planetarische Glaube an ihn bedarf der Unsichtbarkeit, ›Idealität‹ bzw. Transzendenz seines Heilsguts, wie jeder Glaube. Die Verflüchtigung des Westens in ein Gerede von sich selbst liegt im Kontinuum seiner geistigen Geschichte, die, als ein Immer-Mehr bzw. Immer-Weiter, keine Brüche kennt und so seine materielle abbildet, wo Not unmerklich in Gier, Bedürftigkeit in Surplusproduktion, Wohlstand in Langeweile übergeht. Was er behauptete, war immer nur er selbst, nämlich die fragile Tatsache, daß man im kalten, lichtarmen Winkel der Welt wenn nicht leben, so doch existieren könne, durch schiere Bemühtheit, *industria*. Die aber ist ohne Bruch noch Grenze. Ihr Expansionismus, so anonym wie grenzenlos, ließ den Individuen und den Nationen keine Alternative, als es ihr gleichzutun. Die Entstehung der zweiten Welt, in einer zweiten, reaktiven und defensiven Industrialisierung, begann (und endete vielfach) als nationale Selbstbehauptung. Wer nicht nationales Individuum, nationale Gestalt im Zeichen der Industriekultur war, drohte zu dessen ›natürlichem Rohstoff‹ zu werden.

Die Irrealität des Westens, die unbefangene Beobachter an seinen Menschen wie an seinen Ideen wahrnehmen, muß mit seiner Angst vor Enttäuschungen, vor einer endgültigen Enttäuschung, kurz: vor einem Ende zusammenhängen. Das Abendland hat eines, ist seit je zu ihm unterwegs gewesen; dasjenige, was sich ›der Westen‹ nennt, nimmt aus Angst vor einer sich vollendenden Geschichte seine Ausflucht in diese unendliche Langeweile, Langeweile aus endloser Ambition. Der Ehrgeiz, ob als Arbeits-, Glaubens-, Urteils-, Beglückungseifer, muß kein böses Erwachen fürchten, sein schlafloser Irrsinn läßt ihn mit starren Augen und toten Seelen von Enttäuschung zu Enttäuschung rasen. Eine Raserei, der als weltumspannender Eifer unmöglich eine Illusion entsprechen kann, die ihn antriebe oder auch nur rechtfertigte. Die Irrealität dieses Eifers und der Eifrigen besteht darin, daß er, obgleich unaufhörlich und Fortschritt, doch von den Dingen im Himmel und auf Erden nichts begreifen muß, darin und wozu er sich bewegt. Die Illusionen, aus denen der Westler unaufhörlich erwacht, machen ihn nicht klüger; pfiffig und zugleich blöde glotzt er in die Geschichte, die er immer nur mitmacht, nie beendet. Opportunismus statt Schicksal, Funktion statt Substanz, Erregung statt Geschichte – es versteht sich, daß allein seine Schicksal-, Substanz- und Geschichtslosigkeit nachzuahmen ist und daß sein Erstgeburtsrecht unter den Völkern darin besteht, der erste Schicksallose gewesen zu sein. Das allerzufälligste Faktum seiner Schicksallosigkeit allein ist unnachahmlich und vor allem unbegreiflich, er selbst bestaunt sich ja auf seine späten Tage als das Monstrum ohnegleichen.

Das Stellvertretertum in Fragen des Geistes ist unter den kulturellen Privilegien des Westlers nicht das geringste. In allen nicht-westlichen Kulturen, modernen und antiken, industriellen und nicht-industriellen, wächst die Intelligenz des Einzelnen mit jener der Gesellschaft, der er angehört; ihre Fortschritte mögen zwar nicht die seinigen verbürgen, doch lassen umgekehrt die seinigen die der Gesamtkultur erahnen. Die Intelligenz, die solche Kulturen nötig hatten, war objektiv bedingt, war Abwehr einer Bedrohung, Linderung einer Not – auch in ihrem freien Spiel als *otium cum dignitate* war diese Bedingtheit, in ihrer Dispensation nun, mitgedacht. Freiheit als Privilegium: ein Bewußtsein dafür haben die Gelehrtenrepubliken Alteuropas nicht weniger besessen als die Arbeiterdiktaturen des Ostens, denen Gelehrtentum Vorrecht, Arbeitspflicht und Extralohn in einem war. Ganz anders der bürgerliche Westen, der Intelligenz zu einer Arbeit und Anstrengung zu einer auf Dauer gestellten Aktion erniedrigt hat. Die ›Fortschritte‹, zentral: der Komfort, die Sicherheit, die Berechenbarkeit des Ganzen, sind mit der Regression des Einzelnen darin verbunden. Je ›perfekter‹ geschminkt diese Zivilisationen sind, desto fadenscheiniger ihre Mitglieder. Nicht nur der naive Gelehrte, auch der stumpfsinnige, in Gewißheiten lebende und arbeitende Intellektuelle ist ihr Produkt, wie sie denn überhaupt Geist nur noch als Arbeit, als wissenschaftliche, technologische, pädagogische, moralische usw. Professionalität kennen will. Das Ende des Abendlandes beschenkte seine Völker und Herrscher mit den Delikatessen und Bitternissen der Skepsis; Skepsis eines seine Bedingungen und selbst noch die Freiheit von ihnen reflektierenden Geistes. Der unsterbliche, genauer: des Sterbens unfähige, untote Westen – ›der ewige Westen‹ – ist ängstlich und ungläubig und doch ohne alle Zweifel. Der ›Vertreter der westlichen Werte‹ ist der Prototyp eines Stumpfsinns, innerhalb dessen das *esse est repraesentari* gilt. Während der Westen im Weltmaßstab, als Wissenschaft, Technologie, Ökonomie, Fortschrittsspekulation herrscht, ja expandiert, mit der Naturkraft der Macht, der Bosheit und der Dummheit, werden seine Bevölkerungen und Gebildeten immer einfältiger, weil gegen die – gewiß zerstörerischen – Wachstümer der Skepsis verschlossen. Größe könnte dieses Wachstum nur als Wurmfraß haben, als selbstverzweiflerisches, an sich selbst fressendes Wuchern nach innen; eine Häresie und ein Protestantismus des Geistes, der dessen gemästete und verfestigte Gestalten hinter sich zusammenbrechen läßt. Was die Ehre und das Ende Alteuropas bildete, die Rücksichtslosigkeit seiner Skepsis, was selbst noch in den nur halbbedachten Selbstabschaffungen der Arbeiter(funktionärs)diktaturen möglich war, scheint dem zum Prinzip erstarrten Westen undenkbar: Seine Modernität, nicht länger Zeitalter oder Weltteil, ist Wahrung eines Besitzes, der nie zu bewirtschaften oder zu bewohnen war.

Moderne Bürgerlichkeit, Moderne der Bürgermasse bzw. Massenbürgerlichkeit: typisch hierfür die *ausschweifende Beschränktheit*, eine Verbindung von Unermeßlichkeit der Mittel und Mittelmaß der Ziele. Jahrhundertlang gab dafür Nordamerikas Imperialismus die historische, jahrzehntelang Westdeutschlands Komfortismus die seelische Norm. Der planetarische Vermehrungserfolg des Bürgers beruht auf dieser Gleichzeitigkeit von kultureller Provinzialität und technologischer Weltläufigkeit; eine geschichtliche Gleichzeitigkeit, die als systemisches Gleichgewicht nur allzu fragil ist. Jederzeit kann sich die Angst von der Ambition, der Hang zur Abschließung vom Drang zur Ausweitung lösen. Beruht doch die Vorbildlichkeit des erdweit wuchernden Bürgerwesens gerade darauf, daß es die Mittel seines Erfolgs gegenüber seinem Inneren (›Seele‹, ›Geschichte‹, ›Kultur‹ genannt) als äußerlich erscheinen läßt. So schafft der bürgerlich angetriebene Imperialismus ein Imperium aus läppischen Verheißungen: Man könne ihm beitreten, ohne sich zu verändern, weil umgekehrt die ›Nationalkultur‹ der historisch Erfolgreichen ja nur eine geistig-seelische Minimalanstrengung abfordere, die einfachste, auf rhythmisches Hüpfen, getaktetes Fühlen reduzierte Tradition europäischen Daseins, kurz: transatlantische Folklore. Was in der fragilen Synthese der weltweiten Bürgerlichkeit, also der seelischen wie der sozialen Mitte der Weltgesellschaft, niemand bestimmen könnte, ist deren Kraft und Gestalt. Weder künstlerisch noch intellektuell ist die berühmte bürgerliche Mitte auffindbar, geschweige darstellbar – man darf zweifeln, ob es sie, außer im Glauben oder als Gerücht, überhaupt gibt. Liberalismus? Parteienfinanzierte Ideenlosigkeit! Feuilleton, Engagement? Verwalter und Verbreiter, nicht Erschaffer oder auch nur Entdecker von Ideen! Der tote Blick, die steife Lippe dieses Vertretertyps macht klar, was die von ihm vertretene Kultur im Ganzen ist: eine Vertretung, ein Dasein auf Pump und Abruf. Sensibel ist die Bürgerlichkeit einzig für ihre Außenseiter (die sogenannten Originale), fasziniert haben sie immer nur die künstlerischen und intellektuellen Extreme, der Provinzialismus des Schönen etwa oder der Universalismus des Guten. Kurz: die Präsentation als ein Beschränktes und daher Besitzbares, die Verheißung einer Unbeschränktheit durch Überwindung alles kleinlichen Besitzdenkens. Faschismus, intellektuell ehrgeizfreieste Form der Bürgerlichkeit, ein zynisches Beharren auf der zugefallenen Partikel von Natur, Kraft, Scholle, Heimat, verneint selbstbewußt jede Vertretung durch eine Idee, ja, gibt die natürliche Ideenlosigkeit des Stoffs gerade als dessen Idee vor. Kommunismus als intellektuell ehrgeizigste Form der Bürgerlichkeit steigert umgekehrt den Optimismus der Erziehung und die Unruhe des Fortschritts ins Grenzenlose, nicht mehr irdisch Reale: Jede Seele formbar, selbst die falsche Herkunft, die verfehlte Natur der Einsicht in ihre Verfehltheit zuführbar. Der Faktensinn regierender Kommunisten verrät sich erst wieder als sozialer Egoismus oder politischer Terror; Beschränkung einer dank Bürgerherkunft grenzenlosen Ambition durch national oder staatlich gezogene Grenzen. In seinem Beglückungsvorsatz regrediert dieser Terrorismus überall ins Innere und verkümmert dort. Die Umgrenzung in Zeit und Raum läßt die Größe kollektiven Glücks meßbar werden; das katastrophale Ende des Faschismus liegt umgekehrt im weltsüchtigen Größenwahn heimattümelnder Seelen. Als bürgerliche Schöpfungen überleben Faschismus und Kommunismus ihre staatlichen bzw. nationalen Untergänge: ästhetisch im naiven Trotz des Partikularen, ethisch im weltumarmenden Schwärmen des Engagements.

Kapitalismus ist weltumfassend und ideenfrei, Faschismus weltausschließend und ideenfrei, Liberalismus ideenumfassend und weltfrei, Kommunismus die einzige weltumfassende Idee, darin eine materielle wie moralische Konsequenz der Bürgerlichkeit. Als Idee jederzeit, als Realität erst am Ende der Geschichte möglich, wird ihre innergeschichtliche Gestalt, der Sozialismus, im industriellen Weltalter nicht anders argumentieren können, als der Kapitalismus ohne zu argumentieren verfährt: bemessene Investition um künftig unermeßlichen Vorteils willen. Investiert wird freilich materielle Kraft und Besitztum, auf daß geistig-moralische Unermeßlichkeit sich hierüber, wie überm Kümmerlichen, weil Zeitlichen, großartig erhebe. Arbeitsamkeit, tätige Entfaltung als tieferer Sinn des – nur transitorischen, symbolhaften, weil gegenstandsgebundenen – Konsums: Sozialismus zeigt sich so als Perversion der kapitalistischen Perversion und konkurriert seelisch weniger mit dieser als mit der kirchenchristlichen Lebensverdrehung. Deren wahrhaft satanischer Hochmut hatte das sogleich begriffen und fortan ständig wiederholt: Der Kommunismus ist, neuzeitlich, die einzige und letzte Religion, der Sozialismus seine sichtbare Kirche. Auch sie bringt Unermeßliches auf Welt- und Menschenmaß, unterstellt es so dem Verschleiß des Stofflichen. Unversöhnlich daher der kirchenchristliche, vor allem der römisch-katholische Haß aufs Unverschleißliche, das Unendlich-Vage der kommunistischen Gnosis; ein purer Furor des Glaubens, von keiner institutionellen Vernunft bezähmbar. Am ideenlosen Kapitalismus stößt sich der Katholizismus nur, sofern dieser (›liberale‹) Ideen zu entwickeln vorgibt, die das eigene Regnum über die Seelen beschränken, am Faschismus stört den Katholizismus nur, daß er manchmal schrankenlos wird in seinem Herrschaftsanspruch – daß er in Gärten und Felder und Banken einbricht, über denen das Kreuz aufgerichtet ist. Der Kommunismus hat den Katholizismus nicht atheistisch verspottet wie der Liberalismus, hat nicht seine Macht und seinen Haß in Dienst nehmen wollen wie der Faschismus. Der kommunistische Erziehungsglaube und Umerziehungseifer, die letzte, wenngleich dem rechtgläubigen Bürgertum stets häretische Religion, hat seinen allesbedenkenden, allesumschließenden Ehrgeiz auf eine irdische Weltmacht stützen können. Er hat so den Katholizismus als Weltmacht lächerlich gemacht. Vor den Heeren Stalins, Maos und der anderen Erdteilherrscher schrumpfte das Papsttum zum Hüter eines schwarzen Steins, darum sich murmelnde Massen drängen.

Am meisten könnte erstaunen, daß die Extreme der Bürgerlichkeit – es sind, ob politische, religiöse, intellektuelle, stets zwei – nie eine ironische Spätkultur erzeugt haben. Die Spaltsinnigkeit bürgerlichen Seins darf nicht mit ironischem Doppelsinn verwechselt werden; ironisches Bewußtsein ist nicht gleichzusetzen mit der berühmt-berüchtigten Doppelmoral, der bourgeoisen Synthesis von universellem Anspruch und egoistischer Ambition. All dies sind im Gegenteil ja Formen der seelischen Entlastung, der geistigen Bequemlichkeit, welche der Kultur überlassen, was der Einzelne dann nicht länger vollbringen muß. Dessen Selbstzerlegung mag einer Ironie der Kultur als ganzer entsprechen, die aber das medial bzw. milieuhaft gegliederte Einzeldasein als um so planer erscheinen läßt. Wer dem durchschnittlichen Vertreter der autochthonen Bürgerlichkeit – von Spätbürgerlichkeit zu reden wäre so unsinnig wie eine Rede von Spätmoderne oder Frühantike – begegnet, sieht sich in seiner Erwartung ironischen Selbstbewußtseins daher fast immer enttäuscht; was der Durchschnittsbürger, zumal der bürgerliche Durchschnittsintellektuelle dafür hält, ist meist bloß feister Zynismus oder bigotte Prätention. Es bedarf kaum des Vergleichs zu Spätfeudalismus und Spätsozialismus, um der Inferiorität dieser Geistesform innezuwerden. Die intellektuelle Schlichtheit des medial geschichteten Westlers verweist auf seelische Simplizität, die der frühe Abschluß der individuellen Entwicklung und die totale Selbstübereignung an sein Milieu bedingt. Auch wo es mehrere sind, geraten ihre Loyalitäten nicht aneinander; der bürgerliche Okzidentale vermag in der Schizophrenie eher als in der Nuance zu leben. Sinn und Ohr für die Nuance kann nur eine Macht erwecken, die – ob durch Machtworte, ob durch Machwerk – einen öffentlichen Raum schafft, jenen Einheitsraum, worin Ich und Welt, intellektuelles Innen und institutiongewordener Geist oder Ungeist sich aneinander abarbeiten müssen. Die Späne, die hier fallen, leuchten und glänzen auf dunklem Untergrund, auf dem Boden der Verbindlichkeit. Nicht so im pluralistisch segmentierten Raum! Der durchschnittliche Westler erreicht hier kaum die Trivialform ironischen Bewußtseins, die formelhafte Gewißheit: Machtlosigkeit des Geistes, Geistlosigkeit der Macht. Subtilität ist ihm ebenso unheimlich wie Zweifel oder gar Verzweiflung. Ohne Aufschwung noch Schwermut, zieht oder hebt ihn nichts hinab bzw. hinauf, weil er in der Schwebe von Medien oder Milieus den ihm zugewiesenen Raum präzis ausfüllt: Stets *paßt* er, ein Stellenanwärter und -besetzer von klein auf. Nichts wäre jedoch verfehlter, als in dieser Einpassung des Stoffs in gegebene Form so etwas wie Bescheidenheit, gar Maß und Mitte zu erblicken. Das plane Sprechen und Denken, das den versuchten Betrug des anderen, nicht aber den Trug des Ganzen zu erspüren lehrt, bedarf der homogenen Sprach- und Denksysteme. Das leistet nur ein Formalismus, der Gehalt um Gehalt, Überzeugung um Überzeugung anzustücken erlaubt ohne Ende und so wie von selbst zum Extremismus treibt. Wille und Vernunft unterliegen ihm gleichermaßen, in Form der leeren, mithin nimmer falsifizierbaren Ambition, des Eiferertums aus Seelengrüften. Immer wieder erstaunt am Westler die Beiläufigkeit (in seiner Sprache: Unaufgeregtheit) seiner extremen Überzeugungen, wie ja umgekehrt für ihn die sichtbare, etwa soziale Manifestation eines extremen Denkens den Kulturbruch schlechthin bedeutet. Ihm entgeht die tiefe (objektive) Ironie auf ihn selbst, auf die geistig-seelische Mitte, die es sich in politischen oder intellektuellen Extremen häuslich gemacht hat. Während man an den berühmt-berüchtigten Rändern nach den Extremen von Ideen und Mitteln meistens greift, um ganz unabhängig davon bestehende Wünsche und Nöte zu drapieren, haust der Durchschnittswestler, der bürgerliche Massentypus, in einem milieugewordenen Extremismus. Man findet im Westen alles: Freunde des Gulags, der Inquisition, der Tigerkäfige und Folterstadien, ohne daß dies dort zu einem spürbaren Ausschlagen von Reflexion, gar Gewissen geführt hätte. Der Westen ist der Erdenort, wo man niemals bezahlen mußte, weil stets schon andere bezahlten.

So wie das Ur- und Endprodukt des Westens, der Bürger, hat auch der Westen insgesamt eine linke und eine rechte Hälfte, weshalb ihn die Welt immer nur in seiner Halbheit zu Gesicht bekommt. Als links gilt am Westen inzwischen alles, was seinen Weltausgriff ideologisch begleitet: der Universalismus von Belehrung und Erziehung, von Verbesserung der Existenzmittel und Moralstandards; ein Imperialismus des Guten. Neben dem Prinzipienuniversalismus steht jedoch das Provinzbedürfnis, das in seiner Mischung aus Gehässigkeit und Gemütlichkeit unverkennbar gehemmte Aggressivität ist, Rückbiegung der großräumig ausgreifenden Klaue ins Heimische und Kleinliche. Der kulturelle Stil des heutigen Abendlands, das für die draußen und im dunkeln immer noch Sehnsuchtsprovinz ist, zeigt drinnen nur mehr eine in sich selbst zurückgebogene Angriffslust, die Bösartigkeit der Abwehr. Ist das schon *Faschismus*? Dieser war ein politischer Stil, der mit kulturellen Gesten begann; dem ersehnt Ungeheuren der Kapitalexpansion in oft agrarischer Provinz stellte er – politischer Spätling ohnehin – die Vorliebe für das formal Ungeheure zur Seite, das Monströse. Seine Monstrositäten waren innerlich so ungebrochen wie sein Seeleninneres opak, plumper Wille und pure Ambition, ohne viel Lust an heimatlichem Hintergrund. Ländlichgeborene, die von Welthauptstädten träumten ... Der faschistische Stil blieb deshalb eine historische Besonderheit streberhafter Schichten, von Second-hand-Nationen, sprich: von Parvenüs und Anwärtern. Genau entgegengesetzt ist die Lage von Saturierten der Städte, die es nach ›Herkunft‹ verlangt und unbefleckter Scholle. Der *Nazismus*, vermeintlich bloße Regionalkultur des Schreckens, schält sich als zeitgemäßer Tat- und Denkstil des Abendlands heraus. Wie kein anderer verbindet er universellen Anspruch mit kleinweltlicher Sehnsucht, die monströse Praxis der Weltwirtschaft mit dem Idyll der angekauften Heimat. Wem fielen da nicht westelbische Stadtdichter mit Zweitwohnsitz in der

Uckermark ein, die sich in ihren Arkanlektüren von einströmenden Fremden gestört fühlen, bekennende Wurzelesser und ›letzte Deutsche‹, denen vor den Entwurzelten der Welt graut? Der Nazismus ist auf dem Wege, zum politisch-kulturellen Stil von ›Kerneuropa‹ zu werden, des Glaubens an eine Sonne, deren Strahl alles versengen kann, ohne selbst je zu verglühen.

Allzuleicht fällt die Vermutung, die westliche Seele sei weich und schwammig und umgebe sich daher, ein verletzliches Inneres, mit einem starren Außenwerk von Denke, Mache, Rede. Vom Gegenteil zeugt bereits die allzu bekenntnis-eifrige Rede von den eigenen Zartheiten. Die Verletzlichkeit, die der Okzidentale auf der Zunge trägt, ist Objekt einer Sehnsucht, nirgendwo zu finden in seiner Welt, zu verorten deshalb in der undurchdringlichen Tiefe seiner Seele. Diese ist aber, weil ausschließlich als Denkvermögen und Willenskraft definiert, für sich selbst nicht durchdringbar, geschweige fühlbar. Verstand und Wille sind von lückenloser, seelisch erschöpfender Kohärenz, sie halten das Innere dicht. In ihm haben nur Begierden und Kalküle ihren Raum, denn sie brauchen hier keinen, drängen sogleich in die Welt, um draußen herbeizuschaffen, was sich drinnen nicht fand. Das periodische Bedürfnis nach Schlaffheit, ja Passivität besteht freilich organisch wie kulturell. Es befriedigt sich im Raubbau an der sozialen ›Zwischen‹sphäre der Egoismen, genauer: im Verfallenlassen dieser Sphäre. Härte der Seele mußte der *homo occidentalis*, erst recht der *homo Germaniae occidentalis*, zumal nach Krieg und Niederlage, nicht eigens erlernen; was ihm abgefordert wurde, war das gute Gewissen seines Sentimentalismus. Er gewann es in anerzogener, antrainierter Flegelei. Mit ihr wechselte er das Genre der Formlosigkeit; eine Kulturrevolution ersten Ranges. Feierliches Schwärmen seiner Angestellten von der Vertraulichkeit, die sie ihren Chefs zubilligen, ein universelles Du in Betrieb wie Kirche! Ob durchgedrückt vorm Arbeitgeber, ob langgefläzt vorm Weltenschöpfer, der kulturell befreite Mensch geht stets auf langen Beinen. Jeden Orientalen – von Dessau bis Kyoto – verblüfft die Synthesis von seelischer Verquollenheit und geistiger Erstarrung, die sich hier so überaus unbefangen ins Äußere entbirgt. Die unbewegliche Denke, die schlechten Manieren (das laute und falsche Sprechen, das distanzlos-zudringliche Meinen) zeigen den *homo Germaniae occidentalis* als bereits phänotypisch ungeschlacht; die Physis, wenngleich selten durchgebildet, wirkt dadurch insgesamt grob, gröber selbst als bei seinem Lehrer- und Erziehervolk. Diese Grobheit jedoch ist, wie ein zweiter Blick zeigt, nicht Naturwuchs, sondern kunstvolles Balkenwerk; die Eckigkeit einer planmäßig geschreinerten, einer auch seelisch *gemachten*

Existenz aus Ambition und Kalkül. Sie trägt sich, nach dem Willen ihres Einwohners, dauerhaft und von selbst. Begreiflich daher das Welke in der sozialen Zwischen- und Verkehrssphäre, die kulturelle Reduziertheit. Die unverbindliche Rede, der schlaffe Händedruck, der matte Herzton. Der entgleitende Blick, das mechanische Nicken – ein äußeres Sichgehenlassen, ein kulturelles Verschleifen von Nuance, durch einschlägige Kulturrevolution großzügig erlaubt, eifrig kopiert. Westdeutschland ist Kernland des Westens – des neuen, ›gemachten‹ Europas – durch diese Synthese von Starre und Formlosigkeit geworden. Sie erlaubte die Bildung eines Bürgers als Massentypus, das bürgerliche Mehrheitswesen. Aufgequollen und zugleich unbeweglich, gleicht dieser einem Gallert, der sich durch nichts als seine Konsistenz, seine pure Stofflichkeit im Dasein hält und damit ja auch als Form erkennbar wird. Sie fordert Gleichheitswunsch, Willen zur Mittäterschaft als Norm materieller wie kultureller Zugehörigkeit, auch wenn diese nie zu erlangen sein mag. Die Sicherheit dieser Gesellschaft – man zögert, sie eine Kultur zu nennen – ist ihre Künstlichkeit und damit Unnachahmlichkeit. Man kann die eckig-unbeirrte Unbeweglichkeit ihres Ingenieurstypus, all dieser Söhne von Speer und Braun, imitieren, sich auf Augenblicke auch zu den Flegeleien ihrer ergrauten Revolutionsjünglinge gesellen. Beides zugleich jedoch ist unmöglich. Dadurch erkennt der Außenstehende bzw. Draußengehaltene aber um so deutlicher, worin die unverlierbare Bürgerlichkeit und formsichernde Mittelmäßigkeit besagten Daseins besteht. Es ist seine strikte Zweipoligkeit. Die Einfalt der Seele wohnt seit je am sichersten im geistig-kulturellen Schwarz-Weiß. Wo der bürgerliche Mensch zur sozialen Lebensform aufquellen durfte, da hat er ein politisches, ideologisches, religiöses Doppelgesicht gezeigt. Die Einfachheit seines Daseins, das ohne Mitte und Substanz ist, bedarf der Zweiheit seiner Fraktionen. Lebt der Bürger nur lange genug, wird ihm diese Zweifältigkeit zur Biographie: der Konservative als der Liberale, der die Früchte der Freiheit lieber verfaulen läßt, als sie zu verteilen, der Linke als Kind des Rechten, das die Beute von dessen Raubzügen in Ruhe und Frieden verzehren möchte. Man weiß, wie bei jedem Anhauch von Fremdheit und Freiheit – fürs Leben, für eine Geschichte – die Fraktionen sogleich zueinander streben, sich ineinander verballen zur glatten, harten Oberfläche. Unbegreiflich möchte sie dann sein, zugleich aber alle Welt in sich begreifend. Der angstvoll in sich verballte, auf die östlichen Reichtümer sowie Rohstoffe weiterhin dreist und arglos rechnende Westen wird dadurch als Weltprovinz begreifbar, als Effekt kultureller Perversion. Die weiche Hand, das harte Herz des Einzelnen ergeben kollektiv die alle Welt umher planierende (glatt bzw. ›platt‹ machende)

Kugel, in deren Innern man es gemütlich haben will. Die intellektuelle und materielle Elementarbewegung der Bürgerlichkeit, das Niederreißen zum Zwecke des Aufrichtens (Analyse für Synthese, das gewienerte Parlamentsgebäude auf dem zerbombten Stammessitz): sie überzeugt kulturell, solange die planierten Objekte an die Gemütlichkeit der planierenden Subjekte glauben können – ans Leben in der Achse, an die *Seele* der Walze. An die Seele läßt sich glauben, solange sie unsichtbar bleibt.

Die Oberflächlichkeit war lange das Vorrecht von Gesellschaften, die vor den eigenen Abgründen zurückschauderten; der Abstand zwischen Schründen des eigenen Gefühls und Spiegelglätte des erlaubten Gefühlsausdrucks bildete das heraus, was als Esprit bekannt wurde. Damit war auch klar, was als Dummheit gelten mußte, nämlich der Abgrund, sogar an Weisheit, woraus man aus eigenen Kräften nicht emporsteigen konnte. Selbst die flachste, am eitelsten glänzende Oberflächlichkeit war somit niemals zu verwechseln mit dieser Dummheit in der Tiefe; die Allianz von Dummheit und Oberflächlichkeit ist erst eine Stiftung des heutigen Westens. Eine Intelligenz, die über alles hinweggleitet, als fürchte sie einen verborgenen Magnetismus, die aber doch nur Weißblech ist, leichtes, biegsames Zeug. Oder handelt es sich doch um einen Wiedergänger, etwa der ›kleinen Schlauheit‹ früherer Jahrhunderte, einst den Frauen, Kindern und Knechten vorbehalten, jetzt das Eß- und Arbeitsbesteck der meisten Intellektuellen und Ingenieure? Ein Hinaufschielen – Schwätzen, Spähen und Vorteilsschielen –, das sich nunmehr in der gesellschaftlichen Horizontalen übt, im Drüberweggehen und -reden und -leben? Dazu würde die Leichtigkeit passen, mit der es geübt wird. Hier redete eines übers andere, doch nichts türmt oder kräuselt sich, der Eindruck bleibt: Meeresglätte, Spiegelglanz.

Einen gelebten Zynismus als Gabe, um das Böse, Dumme, Gewöhnliche nicht viele Worte machen zu müssen, haben sich nicht wenige Zivilisationen als Vorzug angerechnet. Um so verwirrter stehen sie vor jenen, ihnen hypermoralisch erscheinenden Kulturen, da man das Böse in ein Ritual- und Götzenreich delegiert hat, sich frei und leicht fühlt in der Gewißheit, dort niemals leben zu müssen oder auch nur zu können. Komplex ist das Dasein und erst recht das Bewußtsein hier ohne Frage, letzteres muß sowohl auf sich selbst wie auf die Sphäre reflektieren können, der es zugehören will. Und diese Komplexität mag auch als Komplikation belasten, als unnötige und unbequeme. Die Bequemlichkeit des Bösen, die Einfachheit der Niedertracht, dergleichen überhaupt *wahrnehmen* zu können ist das Privileg jener Länder und Völker, denen es Gott, Geschichte oder auf den Hals geschickte Gewalttäter ein wenig komplizierter gemacht hatten. Mit einem befremdeten, doch nicht verständnislosen Blick stehen sie vor dem Westen, der mehr sein will als die ins Kulturelle übersetzte Banalität der Natur, vorm Westen, der Worte von sich zu machen versucht. Zweifellos bezeichnet die industrielle Welt einen Abweg der vorindustriellen Kultur wie der vormenschlichen Natur, ebenso zweifellos aber schreitet sie auf diesem Weg, wo sie ihn einmal betreten hat, mit lückenloser Folgerichtigkeit vorwärts. Das Gewaltige wie auch das Gemeine scheinen hier ungeheuer billig geworden; das wirkt auf ein komplexeres Bewußtsein wie eine ontologische Unverschämtheit. Angestrengt späht es nach Anzeichen von Verschämtheit, von Mehr-Aufwand ums Dasein in dieser zweiten, zweckmäßig zugerichteten Gemeinheit der Natur, und es wird fündig in jenem Geschwätz, womit sich eine Kultur als Natur empfiehlt.

Seit der Westen weder einen Ort (Europa) noch eine Zeit (Abend) mehr bezeichnet, sondern ein bloßes Prinzip – nenne man dies nun Grille, Idee oder Obsession –, ist es um seine Exklusivität geschehen. Sie ist jetzt eine Sache von Willkür und Dogma geworden. Nachdem der Okzident aus Europa ausgewandert ist – seine Kräfte nach Westen, seine Ideen nach Osten –, ist alles Westlichsein nur noch Selbstverkauf oder Sentimentalismus, meist beides zugleich: die Völker, die sich jetzt ›dem Westen‹ feilbieten, tun dies mit einem so aufdringlichen wie pathetischen Insistieren darauf, daß sie doch eigentlich schon immer zum Westen gehörten. Einzig das Volk in der Mitte Europas, das niemand haben wollte, war nicht in dieser peinlichen Lage. Halb gelangweilt, halb vorwitzig beendete es seine – und damit die ganze deutsche – Geschichte, indem es sie seiner einst vom Westen eingekauften Hälfte öffnete. Der Wiedereintritt der Westdeutschen in die gesamtdeutsche Geschichte ist die – wahrscheinlich vergebene – Chance für eines jener Völker, die aus Scham oder Überdruß an ihrer Vergangenheit sich ans Imperium der Geschichtslosen verkauften. Doch scheint dieser Verkauf, wie alle Selbstverkäufe, kaum rückgängig zu machen; er würde sonst sogleich zur peinlich-unvergeßlichen Erinnerung. Im Gegenteil, das integrierte Teilvolk bewahrt seinen historischen Phantomstatus am sichersten, wenn es ihn aller Welt anträgt; die Aufblähung des Begriffs Europa und die Ausdünnung der historischen Erinnerung zu einem Register alles desjenigen, das man selbst nicht sein möchte bzw. nie wieder tun würde, forcieren gleichermaßen die

Schemenhaftigkeit der Existenz. Der Westen hat eine zu genaue Vorstellung von dem angenommen, was er sein soll, als daß er es noch sein könnte; diese seine Wesenlosigkeit teilt er allen Erdstrichen mit, die sich in seine segnendfordernde Hand begeben haben. Es geht nicht an, diese Hand auszuschlagen, denn wenn sie sich ausstreckt, hat sie längst gesät, was nunmehr zu ernten ist. Ein ›vom Westen‹ erfaßter Erd-, Zeit- oder Denkstrich läßt nur eine daseinsverleugnende Wesensbejahung übrig, was ja auch die Regel der Verwestlichung ist: Die ihr ausgesetzten Völker und Menschen beginnen mit der Fruchtbarkeit zu geizen. Zum Westen gehören, heißt die von ihm angebotene Absolution unbedingt anzunehmen, indem man erkennt und bekennt, daß man ihm längst zugehöre, mit falschem Wollen gewiß, auf langen Wegen zwar, aber in der richtigen Richtung. Die einzige historische Substanz, die man jetzt als schuldbewußte Erinnerung hersagt und hergibt, ist eben dies: ein Teil des Abendlandes gewesen zu sein, sein spitzester, härtester und darum zerbrechlicher, jener blutig stechende Teil, wo man ›die europäische Zivilisation‹ retten wollte, indem man der ›asiatischen Barbarei‹ zuvorkam. Wie sollte der Westen nicht einem Volk verzeihen, das immer strebend sich bemühte? Mit verschämtem Stolz stehen die Nachkriegsdeutschen des Westens vor ihrer Vergangenheit als seine voreiligen Vorkämpfer.

Die Abgeklärtheit der Nachkriegsdeutschen (Ost) – ihre ganze Geschichte schien eine nicht enden wollende Nachkriegszeit! – gegenüber den politischen und ideologischen ›Werten des Westens‹ hat immer wieder Nachkriegsdeutsche (West) verstört, ja verärgert; der Eiferer ärgert sich über den Gelassenen, der Ersteinwanderer der freien Welt ist eifersüchtig auf die Nachrückenden. Musterschüler und Autodidakten: es sind letztlich die zwei Möglichkeiten, die Verwestlichung zu ertragen. Während der westdeutsche Weg von Schuldenmachen, Vergessensfuror und Totalanpassung an ›den Westen‹ bestimmt war, ein Aufstiegseifer zum Gewichtslosen hin, dem alle Geschichte, auch die abendländische, eher Last denn Erbe bedeuten mußte, ließ sich der Osten Deutschlands vom Westen beinahe tatlos auf-, weniger milde: heimsuchen. Eine Müdigkeit steht am Beginn seiner Verwestlichung, ein Resignieren an der vollen, ausgelittenen und -gelebten deutschen (Nachkriegs)Geschichte, das einer assistierten Grablegung ähnlichsieht. Und war die Selbstübergabe an das Gespensterreich aus wieselnder Geschäftigkeit und seelischer Winterlandschaft nicht tatsächlich eine Selbstbeisetzung oder sogar -opferung: frisches Fleisch für die Mehrwerthecker und Markterschließer von nebenan, ein Verspeistwerden bei lebendigem Leibe, wenngleich sehenden Auges, wissenden Gedächtnisses? Ein Selbstopfer, um dem geschichtsflüchtigen und gedächtnisarmen Nebenvolk einen letzten Schwung zu ermöglichen in dem, was es für Leben hält: eine neue moralisch-materielle Bewirtschaftungszone, eine Verzögerung des Sturzes, zu dem alles Maschinelle – mehr Seinsverbrauchende als -erschaffende – seit je unterwegs ist. Greift hier nicht tatsächlich eines ins andere: das eifrige Sinnen und Trachten der vital doch so dürren einen Hälfte in den lebendigen Leib mit der einsichtsschweren, erkenntnisbetrübten Seele der anderen Hälfte? Daß die letzten Menschen, die noch die *gesamte* deutsche Geschichte in sich fühlen oder wenigstens an sich sehen, gegen die westliche Expansion, Exploitation und Exklusion keine Empörung, keine Gekränktheit zeigen, hat gewiß nicht mit einem Mangel an Empörungsmedien und -erfahrung zu tun. Sie wissen es einfach besser.

Gern hörte sich der Westen durch jene, denen er Überdruß oder Übelkeit erregt, als dekadent geschmäht – der endgültige, bürgerliche Westen wohlgemerkt, nicht der aristokratische, denn der zog es vor, sich durch seine aufgewecktesten eigenen Geister anklagen zu lassen statt durch Niedervolk oder Fremdlinge. Der Bourgeois in seiner Vollendung, ob als reaktionärer Kleineigentümer daheim oder progressiver Großmachtstreber weltweit, möchte ein wenig an den Blumen des Okzidents und also auch an deren Duften, Welken und Fallen teilhaben; er ist nun aber einmal ein Gewächs ohne Stacheln noch Blüten, schwer zu züchten, leicht zu pflegen, ein welthistorischer Sukkulent. Glatt und prall und (meistens) grün, ähnelt er eher überwachsenem Gestein als freiblühender Flora, geschweige einer Fauna; sein seelisch pflegeleichter, materiell anspruchsvoller Bewuchs des Planeten – sein Wasserverbrauch! sein Energiebedarf! – lassen ihn sich als zugleich unheroische und gefährdete Lebensform sehen. *Fühlen* könnte er sich, sobald er sich von Feinden umstellt sähe. So schwärmt seine Sehnsucht nach den bourgeoisfernen, ob nach- oder vor- oder außerbürgerlichen Erdgegenden aus, die er sich als Naturzustände, historische Ferienparadiese oder enterbte Soziallandschaften denkt, wo man voller Vitalität, aber mit wenig Intellekt, Moral und Zivilität den Westen einen Untergang schilt, die unverdorbene Natur und Gesellschaft des Orients der hyperintellektuellen, superindustriellen Unnatur des Okzidents entgegenhält, klein und wütig unter dessen alles überstrahlender Abendsonne. Dem bürgerlichen End- und Massentypus, diesem welthistorischen Sukkulenten und arglos wuchernden Erdpilz, fehlt jede Vorstellung davon, daß er selbst das reine, geist- und spannungslose Dasein ist, mit ›dem Leben‹ als Grundwert und Alltagsgeschäft. Die Dekadenz, deren Odium seine farb- und geruchlose Existenz umwehen soll, ist ihm nämlich, um es mit seinem aufgeklärtesten Wort zu sagen, geradezu ›strukturell‹ verwehrt; er ist zum ewigen oder wenigstens erdhistorisch unbegrenzten Leben verurteilt; ein Untoter, der zwar die Erde in den Untergang, für deren Verschwinden aber unmöglich Ersatz schaffen kann. Ist er doch die Lebensform gewordene, d. h. Leben zu Form und Kruste und Schimmel vernutzende Mache selbst, oder, wie seine eigensten, innersten Stimmen ihm zurufen, ›die große Maschine‹. Es kann keine Dekadenz einer Maschine geben. Allenfalls der Proletarier, der letzte Maschinendiener und dann selbst in den Bürger bzw. die bürgerliche Daseinsmaschine verwandelte Mensch, mag darin seine Dekadenz abgeleistet haben. Der Eifer des Bürgers und Untoten der Erdgeschichte, überall Antiwestler hervorzuziehen, Gegner des Westens und seiner selbst und also seiner Spätblütenpracht – er wirkt ein wenig lächerlich, nicht wenig verlogen auch. Es gab eine Spätantike und einen Spätfeudalismus und einen Spätsozialismus, es gab auch eine Frühbürgerlichkeit – den hoffnungsfrohen Anfang ohne Furcht vorm Ende. Die Existenz einer Spätbürgerlichkeit und ihrer von Stiefeln und Fingern und Zähnen bedrohten Spätblumenpracht ist bloß ein bürgerlich gestreutes Gerücht. Die individuelle Unsterblichkeit, die sein hysterischer Vorläufer und mittlerweile zerfranster Schatten, der Christ, dem Bürger einst versprach, sie ist gleichermaßen Idee und Faktum geworden in seiner historischen Existenz als Machwerk. Der Bürger, eine Ausgeburt seiner eigenen Phantasie, lebt in der Unsterblichkeit des Phantoms. Er kam in die Welt als Glaube an eine Bürgerlichkeit des Menschen an sich, jenseits von Kultur und Klasse, er kann nur existieren als dieser Glaube, nüchterner: diese Idee, so wie umgekehrt sein historisches Faktum der Ur- und Dauerbeweis für die Wahrheit dieser Idee ist. Der Bürger ist unsterblich und damit untalentiert zu jeglicher Dekadenz, weil er zu existieren beginnt, sobald man von ihm redet, d. h. an ihn glaubt, d. h. sich an die Verkündigung seines Glaubens erinnert. Er ist unvergeßlich wie eine frohe Botschaft oder ein Anfang ohne Ende, er ist unverwüstlich wie ein Sein aus dem Bewußtsein. Alles, was sich an Wahrem und Schlechtem vom Bürger sagen läßt, hat er schon selbst einmal von sich gesagt; undenkbar, daß jemand von außen und aus eigenen Kräften ihm auf die Schliche käme.

Das Schimpfen auf die Antiwestler, die Antimodernen und Antibürgerlichen, ist nach der Vollendung des Sozialismus zur Lieblingsexpression des Bürgerwesens geworden; das Schmollen einer weltweit expandierenden, mithin weltweit sich verfolgt fühlenden Unschuld. Die Klage über Antiwestler (bitte ergänzen:

-modernisten, -amerikanisten, ...) ist sentimental, sie träumt sich auf die ideologische Landkarte des 19. Jahrhunderts zurück, als Liberale den Restauratoren, Reaktionären oder auch bloß der ›Romantik‹ gegenüberstanden. Nach seinem ökonomischen Sieg aber ist der Liberalismus nur noch eine ideologische Sentimentalität. Sentimental in seine Feinde verliebt war der Bürger allerdings seit je – hat er sie nicht sämtlich aus sich hervorgezogen? Die Langeweile an sich selbst trieb das europäische Bürgertum zum Kommunismus, die Angst vor dem Kommunismus trieb es davon wieder fort, dorthin, wo es nach geröstetem Menschenfleisch riecht, zu den gerüsteten Kirchen und den getauften Diktatoren. Die Angst vor dem Kommunismus und der Drang zur Selbstentmündigung waren und sind die einzig aufrichtigen unter den bürgerlichen Passionen. Solange einige große Nationen den Kommunismus als Namen bzw. im Munde führten, beeiferte sich die Bourgeoisintelligenz des Westens, ihn als ideologische Schale eines nationalistischen Kerns zu *entlarven* (eine Technik, die sie den kommunistischen Ideologen einst ge- und dann wieder entliehen hatten). Nach der leibseelischen bzw. politisch-ökonomischen Erschöpfung der sozialistischen Staaten lag ›dem Westen‹ viel daran, eben jene Erschöpfung als der Sünde Zoll bzw. den Sieg einer wahren über eine falsche *Idee* zu deuten. Der Sieg des gesunden Menschenverstandes aus Hochtechnologie und -rüstung und -zivilisation hatte die Bedrohung des bürgerlichen Glücks durch seine schiere Verneinung abgewehrt, diese kommunistische Gnosis, die ganze Nationen erschaffen und bewegt zu haben schien. Die Angst vor den Verneinern aber ist der Angst vor den Bejahern gewichen. Denn was wünschen die in den Kapitalismus befreiten Völker anderes als die unbeschränkte Bejahung und Verteilung des industriell-kapitalistisch erschaffenen bzw. bürgerlich-liberal verdienten Glücks?

Angesichts der Bedrohung des Westens durch seine Weltwerdung ist eine jüngste, vorerst letzte Gestalt bürgerlicher Sentimentalität wahrscheinlich: das Seufzen nach der Bescheidenheit und dem Asketismus jener Völker, deren Führer nur nationale, erst in zweiter Linie soziale (bzw. sozialdemokratische, klassenbeglückende, ressourcenverschleißende) Interessen verfolgten. War man nicht auch selbst einmal mit wenigem zufrieden? War die kommunistische Begeisterung der Bourgeoisschmetterlinge, nach der ihre fettgewordenen Raupen nun schmachten, nicht wunderbar illusorisch, phantastisch, anspruchslos – die Phantasie an die Macht und nichts sonst? Gehört zum konservierenden Alter nicht die kommunistische Jugendidee? Die Sentimentalen des Westens verwechseln freilich wieder einmal Ideologie und Idee des Kommunismus mit Realität und Geschichte des Sozialismus, sie verwechseln ihre eigene historische Phantomexistenz als gekaufte Nation mit dem Dasein jener, die deutsche Nationalgeschichte vollständig zu absolvieren hatten. In der Mitte Europas, im Osten Deutschlands war man mit Theorie und Praxis des Sozialismus seit Jahrhunderten vertraut, der Kommunismus hatte hiergegen nur eine bürgerkindliche Grille oder einen fremdländischen Import bedeuten können. Ob arbeiterschaftlicher, preußischer oder erziehungsstaatlicher Sozialismus, all dies sind geschichtliche Spät- und Endgestalten für Länder, wo Wille und Industrie erzwingen müssen, was Leben und Erde nicht hergeben; Ethos der Mittelbeherrschung mit oder ohne höheren Zweck. Allesamt aufgeklärte Absolutismen, zeigen sie sich – die Geister angespannt, die Seelen träumerisch, die Körper bedürfnisarm – gleichermaßen gegen imperiale Invasoren wie gegen bürgerliche Konsumversprechen hilflos. Was von Friedrich II. stammt, weiß stets und oftmals allzufrüh, wann seine Zeit zu Ende ist, anders als abgesetzte Kaiser und altersblöde Kanzler.

Die ›westliche Kultur‹ kann komplex sein, der westliche Mensch ist es nicht: die Umstandslosigkeit, mit der seine Rechte und seine Bedürfnisse kongruieren, braucht und zeugt simple Seelen. Deren Versagen vorm Denken und Dasein aller komplexeren, hilflos ›vormodern‹ oder ›halb-‹ oder gar ›antimodern‹ genannten Kulturen ist notorisch, ebenso wie die Freiheitsangst der bürgerlichen Seele überhaupt. Sie kann unmöglich einen Schritt über sich hinaus tun, sie muß überall Rückständige sehen und Nachrückende fürchten. Was sie als Entwicklungsstau, Nachholbedarf an Modernität u. ä. betitelt hat, ist tatsächlich – man denke der Phänomenologie des *Arbeiters*! – industrielle Radikalmoderne mit dadurch umfassenden Selbstzweifeln und Sinngebungsversuchen, ist über den Bürger und seinen Westen hinaus. Unmöglich, aus dieser komplexeren europäischen Erfahrung (nicht zuletzt mit allerlei ›Osten‹) sich westlich zu versimpeln, zu verbürgerlichen. Sich dümmer zu stellen, als man ist. Unmöglich aber auch, mit der bürgerlichen Versimpelung der Seele zu konkurrieren. Ein Vorsprung an Selbstreduktion und Substanzverlust ist so wenig aufholbar wie ein Vorsprung an Verblödung. Eine durch Erfahrung, Schmerz und Reflexion verfeinerte Kultur kann nicht aus eigenem Willen gröber werden, sondern nur durch fremde Überwältigung. Umgekehrt gilt, daß der *esprit de finesse*, den geschichtliche Erfahrung (vulgo: ein Schicksal) erzwingt, einem Volk nicht von außen verabreicht werden kann, etwa auf dem Weg ›historischer Bildung‹. Der Westen bleibt menschlich und geistig grobkörniger als der Osten Europas, selbst wenn noch ein weiteres Vierteljahrhundert verginge wie bereits das nach Vollendung des Sozialismus.

Die Verwestlichung der ›dritten Welt‹ mag gelingen, die Verbürgerlichung der ›zweiten Welt‹ muß zur Karikatur geraten: Keine Nation, worin der Bürger einst geschichtliche Gestalt gewesen war, kann ihn nach dem Zerbrechen oder Zerfallen wiederbeleben, sowenig wie sich gewisse Lügen ein zweites Mal erzählen, gewisse Witze ein zweites Mal belachen lassen. Als zwieschlächtige Figur aus universellem Anspruch und provinziellem Bedürfnis, aus Kulturführerpose und Naturrechtsglauben war der Bürger gegen die geistlich-weltlichen Gewalten Alteuropas angetreten, auf der Höhe des Industriezeitalters hatte er sich in der Alternative von Freiheitsschwärmerei und Eigentumsängsten wiedergefunden, an der Schwelle seiner Weltherrschaft wird er den agrarischen Ländern zur liberalen Utopie, den industriellen zum kapitalistischen Experiment. In beiden Fällen ist er zum Versprechen für ganze Bevölkerungen radikalisiert, zugleich aber auch reduziert worden; ein Idol, das man hochhält, keine Gewißheit, die man in sich hat. ›Zivilgesellschaft‹ und ›Menschenrechte‹ und ›Naturbedürfnisse‹, das ist jenes weltweite Nachleben des Bürgers, worin sich der globale Aushauch des Abendlandes in der Verwestlichung abspiegelt. Der Bürger und der Westen als posteuropäische Phänomene sind eben nur noch dies: Phänomene, Formen bzw. Gefäße, geräumig und transportabel, außerhalb der Grenzen und damit aber auch der Substanz einer Geschichte (jede historische Substanz lebt von ihrem Ende, aus ihren Grenzen!). Die Verbindung von heroischen Flausen und handfestem Vorteilssinn ist nicht restituierbar. Von der primitiven Kraft der in Radikalismen zerfallenen Bürgerlichkeit gaben die totalitären Einseitigkeiten – linkes Rasen der Ideen, rechter Furor des Rassenleibs – einen Vorgeschmack, freigewordene Elemente der Bürgerlichkeit: Affektiertheit und Brutalismus, Hysterie des Sollens und Zynismus des Seins.

Gut möglich, daß einem zum Neobourgeois geschrumpften Menschentypus ein recht langes historisches Nachleben bzw. ein nachhistorisches Leben gelinge, dessen Fortschritte man freilich lieber ein *Fortdauern* nennen möchte, solange gewisse Rohstoffe hinreichen. Unmöglich jedoch, daß dieser – eher zwergbürgerliche – Neumensch nochmals die Akme des Wohlgefühls erreiche, das er in einem gewissen Geschichtsmoment empfunden hatte, auf jener Höhe zwischen dem Gewinn seiner selbst und dem Vorgefühl seines Anheimfalls an alle Welt. Und war sein Selbstgefühl, sein Bürgersinn nicht sogar in diesem Moment schwankend, als er von seinem Glück zu schwärmen und es aller Welt vorzuleben begann? Er, der doch einst gegen Hoffart und Zeigelust der Notabeln Alteuropas seinen Stolz der Verschwiegenheit, des stummen Wissens um den eigenen Wert mobilisiert hatte … Dem Neubourgeois und zwergmenschlichen Erdherrn dagegen ist aufgetragen, von seinem Wert Worte zu machen um den Preis der Vergessenheit, ja Verlorenheit; er muß von seinen Nöten und Wünschen ein schamloses Gerede anfangen, um in Klassen seine Freiheiten und in Staaten seine Besitztümer zu gewinnen.

Alles, was der Westen angeweht hat, neigt sich erst weg und strebt dann um so stärker zu ihm hin, zu diesem Untotendasein, das sich zur Geschichte der Völker verhält wie die christlich verheißene Unsterblichkeit zum wirklichen Leben der Individuen: Es ist ein Nicht-, ein Unverhältnis, und die intellektuelle Redlichkeit Europas hat stets in seiner Skepsis gegen die verheißene Analogie zwischen Zeit und Ewigkeit bestanden, zwischen Begrenztem und Unbegrenztem. Sobald der Westen allen Erdenorten blüht, ist dies die stärkste Evidenz dagegen, daß er selbst noch fruchtbar und Erdenort sei.

Heraklion, im Mai 2014